바른사회시민회의
바른사회 정책총서 5

혼란과 좌절, 그 4년의 기록

노무현 정부 4주년 평가

바른사회시민회의 편

도서출판 해남

발 간 사

Acknowledgments

노무현 대통령의 참여정부가 출범한 지 벌써 만 4년이 지나고 있다. 이른바 '개혁'을 기치로 내걸으며 출범할 당시만 해도 "참여정부는 과거의 정부와는 무엇인가 다를 것이다"라는 막연한 국민의 기대가 있었던 것도 사실이다. 그러나 4년이 경과한 지금 총체적으로 평가할 때 국민의 기대에 부응하는 데 실패하였다고 할 것이며, 대통령에 대한 지지도가 10%대로 추락하기도 하였던 것은 이를 잘 반증해 주고 있다.

이에 따라 대통령과 참여정부가 무슨 정책을 발표하여도 국민들이 이를 신뢰하지 않는 안타까운 상황에까지 이른 것이 작금의 슬픈 현실이다. 이는 그 동안 추진하려 하였던 여러 정책들이 현실에 부합하기보다는 이상과 이념을 더 앞세웠고, 미래지향적이기보다는 과거회귀적이었으며, 결과적으로 국민의 화합보다는 갈등과 대립을 심화시켰기 때문이라 할 것이다.

한편, 바른사회시민회의는 2003년 참여정부가 출범할 당시 『바른 한국, 이렇게 만들자』라는 제하의 종합적인 정책총서를 발간하여 추진되어야 할 정책방향에 대해 제언을 한 바 있다. 뿐만 아니라 참여정부 출범 100일, 6개월, 1주년, 2주년, 3주년에 맞추어 제반 정책에 대한 평가와 함께 앞으로의 과제에 대한 제언을 지속적으로 해 왔다.

그러나 유감스럽게도 참여정부가 추진한 정책들은 대한민국 헌법의 기본정신인 자유민주주의와 자유시장경제의 입장에서 우리가 지적하거나 제언한 내용들과는 다소 거리가 있었다고 판단한다. 따라서 정치, 경제, 사회, 문화 등 제 부문에서 추진된 수많은 정책 중 몇 개를 제외하고는 긍정적이기보다는 다소 부정적인 평가를 내리고 싶다.

이제 노무현 대통령의 임기가 1년밖에 남지 않았지만 바른사회시민회의는 현 정부의 제반 정책에 대해 다시 한번 종합적으로 평가해 보고, 잔여임기 동안 국정의 방향을 어떻게 마무리해야 할 것인가에 대해 제언을 하기 위해 경제, 정치, 사회 등 3부문으로 나누어 "노무현 정부 4주년 평가 연속토론회"를 기획하고 각 분야의 전문가들에게 지난 4년간의 평가를 의뢰하였다.

본서는 바른사회시민회의가 개최한 동 토론회에서 발표된 내용들을 정리한 것임을 밝혀 둔다. 아울러 본서에 수록된 정책대안들이 반드시 옳다고 주장하는 것은 아니지만 다수 국민들의 공감과 지지를 얻을 수 있을 것으로 기대하며, 그 평가는 국민의 몫으로 남겨 두고자 한다. 아무쪼록 본서가 1년 남짓한 참여정부의 잔여임기 동안 국정을 운영하는 데 참고가 되기를 간절히 소망한다.

끝으로 『혼란과 좌절, 그 4년의 기록』의 발간을 위해 바쁘신 가운데도 시간을 할애하여 주신 모든 집필진 여러분께 깊은 감사를 드리며, 도서출판 해남의 노현철 사장에게도 사의를 표하는 바이다.

2007년 2월

바른사회시민회의

차 례

Contents

제 2 부
정치분야

제 3 부
사회분야

현 진 권

제 1 장

서 장

1. 배 경
2. 경제분야
3. 정치분야
4. 사회분야
5. 결 론

1 배 경

참여정부의 과거 4년을 평가하는 것은 쉬운 일이 아니다. 정책이란 그 효과가 단기적으로 나타날 수도 있지만, 대부분의 정책은 장기적으로 나타나기 때문이다. 따라서 한 정권에 대한 정확한 평가는 상당 시간이 흐른 뒤에야 가능하다. 그럼에도 불구하고 참여정부 4년을 평가하는 또는 평가해야 하는 이유는 두 가지이다. 첫째, 각 분야 전문가들의 평가를 통해 참여정부의 남은 1년 동안 국정운영 방향설정에 도움을 주기 위함이다. 둘째, 향후 1년은 국민들이 차기정부를 선택하는 중요한 시기이므로 좀더 나은 정부를 선택할 수 있도록 정부정책을 보는 시각정립에 도움을 주기 위해서이다.

세계 각국은 개방화라는 국제경제환경의 변화 속에서 정부와 시장 간의 관계에서 급속한 변화를 겪고 있다. 20세기 동안 지배한 이념은 시장보다는 정부에 가중치를 두는 것이었고, 극단적으로는 정부 중심의 사회주의 세계에 대한 실험이 있었다. 그러나 이러한 실험은 국민들에게 가난과 기아라는 성과를 가져다 주었고, 사회주의 이상은 이제 역사의 찌꺼기로서 평가받고 있다. 앞으로 21세기 동안의 이념적 기반은 자유주의와 시장경제이며, 이러한 정책방향에 대해서는 논란의 여지가 없다. 따라서 정책이념의 사상도 마르크스에서 하이에크와 프리드먼으로 흘러가고 있고, 정부보다는 시장에 가중치를 둔 정책방향으로 선진국들은 나아가고 있다.

참여정부의 정책기반은 분배, 형평, 자주, 균형 등으로 표현할 수 있다. 이러한 정책이념은 필연적으로 시장보다는 정부역할에 더 가중치를 둘 수밖에 없다. 이러한 방향설정이 경제논리의 부재, 정부규제의 강화, 공공부문의 비대화 등과 같은 사회주의 경제가 가지는 병폐를 가질 수밖에 없는 것이다. 참여정부 4주년 평가란 참여정부의 정책이념이 4년이 지난 후에 나타나는 현상에 대한 평가로 해석할 수 있다.

참여정부의 4주년을 객관적으로 평가하는 것은 전문지식을 필요로 한다. 정부정책은 한국 사회의 모든 분야에 영향을 미치므로 정부정책을 전부 평가한다는 것은 현실적으로 매우 어렵다. 그러나 전문지식을 바탕으로 한 평가가 현실적으로 이루어질 수 있도록, 크게 경제·정치·사회의 세 분야로 구분하고, 각 분야는 다시 세분하여 전문가들이 중심으로 평가하였다.

2 경제분야

경제분야의 평가는 경제에 대한 전반적인 평가논문과 5개의 세부항목으로 구분하여 평가하였다. 먼저 경제분야의 전반적인 평가를 살펴보면, 경제정책의 패러다임으로 좌파적 국가개입주의로 규정하고 있다. 개인과 시장을 대신하여 국가가 경제질서를 짜도록 하였기 때문에 작은 정부 대신에 일하는 정부, 효과적인 정부에 대한 믿음을 가지고 있었다. 따라서 참여정부 4년은 도덕적으로 온정적이며 일하는 정부가 시장 위에 군림하는 기간이었다. 이러한 패러다임하에서 기득권 위주의 경제구조를 바꾸고, 성장과 분배의 새로운 틀을 짜는 것으로 국정과제를 잡았다. 이러한 정책기조를 통한 4년 후의 평가로서 국제경제환경을 고려할 때 반토막의 성장률인 연평균 4.2%의 경제성장률이라는 성과를 이루었는데, 보다 심각한 것은 투자부진에 따른 저성장구조와 성장잠재력 훼손이다. 저성장구조의 결과로서 양극화 현상을 설명하고, 양극화 해소를 위한 정부정책이 오히려 신빈곤층을 양산한 것으로 평가하고 있다. 정부정책의 결과로 야기된 민간부문의 위축과는 대조적으로 공공부문은 비대화되었고, 재정운영은 방만하게 되었다. 선진경제로 진입하기 위해 패러다임을 전환할 것을 제안하고 구체적으로는 평등주의의 함정을 제시하고, 경제자유의 보장이 곧 경제성장과 소득분배 완화로 이어짐을 제시하였다.

경제정책을 세부정책으로 나누어 평가해 보면, 재정정책의 문제점으로 정부기능에 대한 잘못된 믿음을 지적하고 있다. 정부가 시장에 우선한다는 시혜주의적 정책방향으로는 절대 효율적인 재정정책을 이룰 수 없다. 또한 세금정책의 기본논리는 경제적 효율성과 형평성 간의 조화로운 선택이라는 경제논리보다는 양극화라는 정치적 구호 아래에서 가진 자로부터 가난한 자에게로 소득이전하는 수단으로 사용하였다. 특히, 부동산세제는 가진 자에 대한 극도의 분노가 표출된 제도로서 부동산시장 안정이라는 거시경제 목표를 달성할 수 없는 정책수단임에도 불구하고 무리하게 추진한 정책이다. 온정적인 재정정책으로 인해 큰 정부를 지향하게 되었고, 이를 뒷받침하는 재원확보수단으로 조세 이외의 국민부담을 확대하였다. 또한 정부지출분야에서 여러 가지 비효율적인 구조를 보여 주었다. 대표적인 예로서 자주국방, 노동공급과 연계하지 않는 온정적인 복지지출, 시장규제를 통한 민간시장의 활성화 억제, 정부주도의 획일적인 보육서비스 제공 등을 들 수 있다. 향후 정부가 지향해야 할 재정정책의 기본방향은 작은 정부이며, 효율 및 효과성에 정책의 초점을 둘 필요가 있다.

기업정책에 대한 평가는 개혁 대 반개혁 구도라는 참여정부 정책방향의 커다란 틀 속에서 기업부문에까지 확대적용한 것을 가장 심각한 문제로 지적한다. 특히, 대기업부문을 규제하는 공정거래정책이 개혁정책으로서 명분을 획득하면서, 공정거래위원회가 투자여력이 있는 대기업부문을 지나치게 압박한 것도 상당한 문제를 야기하였다. 즉, 가치중립적이어야 할 기업정책분야에까지 지나친 가치평가의 잣대가 적용되면서 효율성이 저하되고 각종 부작용이 드러나게 된 것이다. 향후 정책의 핵심은 부가가치를 창출하는 부문에 대한 지나친 억제정책을 지양하고 산업·금융·공정거래정책 등 정책부문 간에 조정과 조화가 이루어져서 일관성 있는 정책체계가 시행되는 것이 매우 중요하다. 외환위기 이후 10여 년 동안 지나치게 과거지향적으로 브레이크를 밟는 정책들이 시행되었다면, 이제 무너져 가는 성장동력을 회복하기 위해서 액셀을 밟는 성장우선정책 패키지가 시행되어야 하며, 이 과정에서 불필요하게 기업부문을 제약하는 규제들은 완화 내지 철폐되어야 한다.

FTA분야는 참여정부의 경제정책 중에서 상대적으로 가장 긍정적으로 평가받고 있다. 미국과의 FTA는 우리 나라가 설득하여 협상까지 성사시킨 것으로, 경제효과는 물론이고 어려운 현재의 한미관계를 호전시킬 수 있을 것으로 평가되고 있다. 또한 싱가포르, 유럽자유무역연합(EFTA: 스위스, 노르웨이 등), 아세안과의 협정(상품)을 타결하였고, 싱가포르, EFTA와의 협정을 이행시켰다. 중국이 아세안과 체결한 협정을 2005년 이행하면서 동남아 현지에 진출한 우리 기업의 불이익이 우려되었으나, 단기간 내 아세안과의 FTA 체결로 이를 해소시켰다. 아세안과의 FTA 협상은 일본보다 늦게 시작되었으나, 우리 정부의 적극적인 대동남아국가 접촉 및 제안으로 1년반 만에 협상을 타결하였다. FTA정책은 전반적으로 긍정적인 평가를 받을 수 있지만, 추진과정에서 오점도 있었다. 특히, 대통령 보좌진들의 공개적인 반대 입장 표명은 국민들로 하여금 FTA 정치음모론이라는 의구심을 낳게 되었다. 미국과의 FTA가 타결되면, 이는 참여정부의 최대 치적으로 기록될 것이다. 정부는 금년 상반기중 협상타결을 목표로 제시하고 있으나, 한미 양국 간에 아직도 많은 이슈가 합의되지 않고 있다. 우리 협상단이 국익을 위해 소신 있는 협상을 할 수 있도록 국민들과 정치권이 지원해야 할 것이다.

부동산정책의 기본전제들은 경제원리와 배치되거나 논란의 여지가 있으며, 일부는 외국사례를 오도한 것이다. 그러나 본질적으로 가장 중요한 사실은 공공부문의 역할을 강화하는 데 주력하였다는 점이다. 민간에 대해서는 분양원가 공개, 분양가 상한, 재건축 관련 규제 등을 통해 공급을 억제하는 대신 그로 인한 공급위축은 택지개발과 주택사업 시행에 있어서 토지공사, 주택공사, 지방자치단체 등의 역할을 확대하여 대응한다는 시각이다. 이러한 시각은 정부가 민간부문의 원활한 작동을 촉진하고 시장소외계층 주거문제 해결에 주력하는 선진국들의 접근방식과 대조적이다. 향후 부동산정책의 방향은 우선적으로 정부와 민간의 역할을 재정립하는 것이며, 탄력적인 공급기반을 구축하고, 합리적인 부동산세제를 구축하고, 장기적인 주택금융을 확충하고, 여론의존적인 주택정책을 지양해야 함을 제시하고 있다.

국민연금제도의 정부안에 대한 문제점은 여러 가지 관점에 검토할 수 있다. 먼저 재정안정화 효과가 미흡하며, 현실화된다고 해도 재정안정화 차원에서 다시 개정해야 한다. 둘째, 노인 60%에만 매월 8만 원씩 지급되는 제도는 용돈 차원이지 생계문제가 아니므로, 정책목표에서 문제가 있다. 셋째, 국민연금과 같은 국민들의 합의가 중요한 정책에 대해 표대결 위주로 밀어붙이는 것은 장기적으로 국민들의 신뢰를 받지 못한다. 국민연금의 개혁방향은 재정구조에만 초점을 두기보다는 보다 근본적인 검토가 필요하다. 즉, 국민연금의 다층구조화 가능성을 검토하고, 특히 기초연금과 같이 모든 국민들에게 기본적인 혜택이 돌아가는 구조개혁이 필요하다. 공무원연금은 현재 논의중이지만, 기본방향은 공무원연금과 국민연금 개혁방향을 연계해서 절대 특혜를 인정하지 않는 방식으로 진행되어야 한다. 따라서 개혁은 공무원연금이 우선순위가 되어야 하며, 공무원연금 개혁 없이는 절대 국민연금 개혁을 기대해서는 안 된다. 건강보험의 경우, 재정대책 없이 보장성을 확내하고, 의료급여 지출이 급속히 증가함에 따라 재정구조가 안정적이지 못하게 되었다.

3 정치분야

정치분야의 평가는 정치분야 전반을 평가한 논문과 안보·국방, 국정운영, 외교·북한, 행정으로 구분하여 각각 평가한 4편의 논문으로 구성되어 있다. 먼저 정치분야 전반을 평가한 논문에서는 참여정부의 정치를 '입은 예리하였으나, 눈과 귀는 침침하였던 정부'로 규정하고 있으며, 7가지의 실정으로 설명하고 있다. 즉, ① 새로운 유형의 피통치학의 정립을 요구하였던 정부, ② 통합불감증의 리더십, ③ 패배의 미학을 몰랐던 불패의 리더십, ④ 프로크루스테스의 침대 안에 억지로 맞추어 놓으려 하였던 독선적 개혁, ⑤ 이중적 국가관에서 비롯된 법과 질서에 대한 존경심 실종, ⑥ 두려움 없이 국정을 실험적으로 운영해 온 정부, ⑦ 대북 포용정책의 실패이다. 금년의 대선에서 특정인 중 누가 이기고 누가 지든, 그것이 우리의 관심사는 아니다. 다만 정치의 근본이 바로잡히는 계기가 되어야 한다. 차기 대통령은 선거에서 승리하였기 때문에 비전과 리더십을 가진 존재로 평가받는 것이 아니라 비전과 리더십을 가졌기 때문에 승리하였다는 평가를 받아야 한다. 2007년 대선을 계기로 '껍데기'는 가고 '알맹이'가 오는 정치적 프로젝트가 성공해야 한다.

안보정책은 남북 간에 관계가 개선된 업적도 있지만, 정책수립 과정의 투명성 부족, 국민적 합의부족, 정책선택 폭 축소, 정책 정당성 유지 실패, 안보태세 약화, 국가정체성 및 주권 훼손, 남남갈등 심화 등의 폐단을 야기하였다. 특히, 대북 핵정책에서는 북한이 대량살상무기를 개발하도록 방치하였으며, 북핵 정당화에 기여하고, 장단기 대비책 마련을 지연 및 저해하였고, 북핵관련 몰이해가 확산하여 국민들의 안보의식을 떨어뜨리는 결과를 낳게 되었다. 향후 안보정책의 기본방향은 북한은 동족 겸 안보위협이라는 두 얼굴의 존재로 인식하고, 화해협력과 안보라는 두 개의 수레바퀴가 균형을 이루어야 한다.

국정운영 측면의 총체적 평가는 신드롬(syndrome)으로 시작해서 디스카운트(discount)로 막을 내리고 있다는 것이다. 국정운영의 특징을 5가지 혼동으로 요약하여 실정을 설명하고 있다. 즉, ① 권위와 권위주의의 혼동, ② 막말과 설득의 혼동, ③ 선거게임과 통치게임의 혼동, ④ 방향과 방법의 혼동, ⑤ 권력과 리더십의 혼동이 그것이다. 따라서 참여정부 4년 동안 '국민과 함께 하는 민주주의'는 끊임없이 국민을 꾸짖고 가르치면서 '계도민주주의'로, '더불어 사는 균형발전사회'는 중앙과 지방의 격차가 더 벌어지면서 '더불어 살 수 없는 불균형 양극화 사회'로, '평화와 번영의 동북아시대'는 북한 핵실험과 한미동맹체제의 심각한 균열로 '긴장과 고립의 동북아시대'로 현실화되면서 국정운영목표가 정반대 방향으로 실현되는 기현상이 발생되었다.

외교분야는 보통 이하의 실적으로 평가하고 있다. 외교·국제분야에서 지향한 목표는 자주의 실현과 동북아지역에서의 중심역할을 수행하는 것이었으나 4년간 이 같은 목표를 달성하지 못하였을 뿐만 아니라 그 과정에서 국가이익의 훼손과 정체성을 상실함으로써 향후 우리 외교에 심대한 부담과 과제를 안겨 주었다. 또한 세계화 시대에 주도적으로 참여할 수 있는 기회를 상실한 채 전통적인 한미관계는 이완되고, 한일관계 및 한중관계는 시대적 요구에 부응하지 못하였으며, 통일을 대비한 전략적 기반을 구축하지 못하였다. 세계 10위권의 국력에 걸맞은 외교력을 발휘하지 못하였으며, 세계화 시대를 적극 활용하지 못함으로써 대한민국의 브랜드가치를 하락시켰다.

행정분야는 세 가지 영역에서 평가하고 있다. 먼저 공공부문의 조직 및 인력증원을 통해 생산성을 높이려고 하였는데 이는 개혁의 본질에 어긋난다. 둘째, 정부혁신은 많은 부분에서 상당한 성과를 거두고 있다. 시스템 효율화로 인한 성과향상이 뚜렷하다. 혁신의 필요성과 방법의 교육이 제공되었다. 무엇인가 새롭게 해 보겠다는 노력과 시도는 분명 있었다. 그러나 부작용 또한 많이 나타나고 있다. 그 이유는 무엇보다 혁신이 동시다발적으로 진행되었고, 단기간의 성과를 요구함으로 인한 조급함이 심각하였기 때문이다. 이에 따라 각 부처는 눈에 보이는 성과에 치중하다 보니 새로운 시스템 구축에 계속 관심을 보이고 비가시적인 문화변화와 행태변화의 확산에는 소홀히 하는 결과가 초래되었다. 또한 상당수 부처가 내재적인 혁신이 아니라 혁신부서 혁신에서 몸부림치는 사태가 빚어지기도 하였다. 셋째, 정부정책은 보는 시각에 따라 상반된 평가를 할 수 있다.

4 사회분야

사회분야는 크게 교육, 복지, 문화로 나누어 평가하고 있다. 먼저 교육분야는 전반적으로 현 상황에 대한 인식이나 정책목표의 설정 자체는 크게 잘못되지 않았으나, 정책추진에서 적지 않은 혼선이 있었다고 평가하고 있다. 구체적인 예로, 첫째 교원정책을 들 수 있다. 교원평가, 수석교사제, 교장공모제 등 교원정책은 현 정부 교육개혁의 우선순위에 있었지만 세부정책은 제대로 실행되지 못하고 혼란 속에서 정부와 교사단체, 그리고 학부모단체의 의견대립이 강하게 드러나곤 하였다. 물론 교사들에게 직접적인 영향을 미치는 교원정책이 아무런 반대의견 없이 지나가리라고 기대하는 것 자체가 너무나 단순한 견해일 수 있다. 그렇지만 교원정책과 관련하여 짚고 넘어가야 할 중요한 사실 중 하나는 현 정권하에서 문제가 되었던 교원정책들 중에서 현 정권에서 논의가 출발된 것은 거의 없다는 점이다. 이렇게 오랜 기간 동안 추진되려고 하였던 많은 정책들이라면 사실상 이번 정권에서는 실시되었어야 하였다. 시범운영 등이 이루어지기도 하였지만 오랜 기간 논의되었던 사항들이 다시 갈등을 일으키고 국민들에게 혼란을 준 것은 아쉬운 일이었다.

둘째, 이른바 4대 개혁입법 중 하나인 사립학교법 또한 많은 갈등을 야기하였던 법이다. 아직도 첨예한 입장대립이 있는 이 법은 입법과정과 관련해 많은 혼란이 있었다. 중요한 것은 사학의 자율성 보장과 교육의 공공성 확보라는 두 가지 입장을 조화시킬 방안을 찾기에 앞서 정치계가 이 법과 둘러싼 공방을 이념논쟁쪽으로 몰고 간 데 대해서 큰 아쉬움을 갖는다.

셋째, 교육과정, 대입제도, 사교육문제이다. 실상 현 정권에서 대입제도와 관련해서는 본고사·고교등급제·기여입학제 등을 금지하는 이른바 3불정책의 기조를 유지하는 것을 포함하여 제도의 변화가 논의된 것은 없었다. 물론 지금까지 3불정책은 온 국민의 관심사인 대학입시가 공정하게 이루어지는 데 긍정적인 역할을 해 온 것이 사실이다. 그러나 이러한 제도가 미래에도 필요한지에 대해서는 근본적인 의문을 던져 볼 필요가 있다.

교육정책의 방향은 수혜자인 학생들의 입장을 반영하여 학생들이 지덕체를 겸비한 경쟁력 있는 인재가 되도록 도와야 하는 것이다. 보다 구체적으로 학생들의 경쟁력을 높여 주되 그들 스스로 자신의 경쟁력 있는 분야를 찾고 개발할 수 있도록 도와야 한다. 입시부담은 가능한 한 덜어 주어야겠지만 학생과 학부모들의 부담을 덜어 주는 것이 궁극적 목표는 아니다. 현재와 같은 고등교육의 낮은 경쟁력은 심각하게 받아들이고 그 경쟁력 향상을 염두에 두는 초·중등 교과과정과 입시제도도 심도 있게 논의해야 할 것이다. 물론 이러한 논의는 수많은 전문가들의 진지한 노력이 정부의 정책의지와 수행능력과 결합될 때 가능한 일이다.

복지정책은 역대 정권 중 가장 많은 복지재정지출을 확대해 왔음에도 불구하고 사회안전망의 넓은 사각지대가 존재하고 전달체계의 문제로 인하여 제도의 실효성은 매우 낮은 수준이었다고 평가할 수 있다. 이는 참여정부의 무능함과 부실한 정책운영을 여실히 보여 주는 것이다. 사회보험의 경우, 사회안전망의 사각지대를 방치한 채 복지재원만 투입한다는 것은 말 그대로 "밑 빠진 독에 물붓기"다. 따라서 사각지대가 어느 정도인지 파악하고 이를 메우는 데 중점을 두는 것이 바람직하다. 그래야 복지재원을 확충한 뒤 이를 사용하더라도 복지혜택이 필요한 소외층에게 효과적으로 전달되어 소외탈출의 계기가 될 것이다. 이러한 사각지대 중 특히 연금사각지대, 즉 노후소득 보장의 우산 밖에 있는 자와 고용보험 사각지대, 즉 실업으로부터의 보호에서 벗어나 있는 자에 대한 보호가 가장 중요하다.

공공부조의 경우, 경기침체에 따른 빈곤층의 고착화 문제가 심각한 반면 복지대책이나 빈곤대책이 빈곤탈출에 제대로 기여하지 못하고 있다. 또한 근로능력자를 대상으로 한 자활지원사업에서의 자활성공률도 4.9%의 저조한 성과를 보이고 있다. 이와 같이 자활지원사업은 근로유인형 급여체계가 미흡하고, 일반시장에서 소득활동을 하는 일반근로자에게까지 확대 적용되지 못하고 있는 점 등이 문제점으로 지적되고 있다.

일자리창출 정책의 경우, 저소득계층의 소득향상을 위한 정책적 과제로는 경기활성화를 통한 일자리창출 정책이 우선되어야 한다. 장기적으로 안정적 일자리는 국가예산에 의해 정책적으로 만들어지는 것이 아니라 기업의 투자에 의해 일자리가 창출되어야 한다. 그러나 이러한 당연함에도 불구하고, 우리 정부는 최대한 많은 예산을 투입해야 한다는 강박관념을 갖고 있는 듯하다. 정부에서 실시하고 있는 일자리 지원사업은 장기적인 일자리대책이 아닌 일시적·단기적 일자리대책(특히, 직접고용) 비중이 높아 매년 예산을 배정하고 증대하여야 그 효과를 유지할 수 있을 정도다. 또한 정부가 추진하고 있는 일자리 지원사업은 해당 인원이나 예산이 매년 증대하고 있으나 인원 부풀리기, 부실한 사업구성, 부처별 중복사업 등으로 인하여 기대하였던 효과를 거두지 못하고 있다.

참여정부는 비전 2030을 통해, 성장과 복지가 함께 가는 동반성장전략으로 2030년까지 우리 나라를 선진복지국가로 만들겠다는 전략을 보였다. 비전 2030은 우리 복지에 대한 진정한 평가가 결여된 상태에서 현 상태의 복지를 그대로 둔 채 이를 확대하려는 계획을 담고 있다. 우리 복지가 갖고 있는 낭비적 요인과 전달체계상

문제 등을 바로잡는 복지구조 개혁이 없다면 복지지출 확대를 통해 복지지출수준의 목표치는 달성할 수 있을지 몰라도 설정한 복지비전의 달성은 불가능할 것이다.

21세기의 한국은 더 이상 복지를 억제하면서 성장만을 추구할 수 없으며, 성장을 도외시한 복지의 추구 또한 실현성이 없다. 따라서 복지와 성장, 나아가 분배와 성장은 더이상 대립개념이 아니며 동시에 추구하지 않고는 어느 하나도 달성할 수 없다. 성장기반 복지(growth-based welfare)는 성장을 통해, 일자리가 늘고 실업이 줄며, 빈곤문제가 해결됨으로써 복지의 기본수요가 충족될 뿐만 아니라 성장을 통해 정부재정이 건전해지면 안정적 복지재원이 마련되어 복지확충의 원동력이 된다는 것이다. 한편, 복지기반 성장(welfare-based growth)은 소외된 계층의 아픔을 함께 나누는 '더불어 사는 사회'의 기반이 없이는 지속적이고 안정적인 성장이 불가능하다는 것이다.

특히, 세계에서 가장 급속히 진행되고 있는 한국의 고령화는 지속가능 복지가 한국 복지의 새로운 패러다임이 되어야 하는 필요성을 부각하기에 충분하다고 할 수 있다. 고령화는 경제와 재정에 미치는 부정적인 영향이 막대하며, 동시에 고령화 자체가 분배구조를 악화시켜 복지수요의 급증문제를 야기한다는 점에서 미리부터 충분히 대처해야 한다.

참여정부의 문화정책은 문화예술분야의 중요성을 강조하였으나, 각종 정책과 사업을 구상할수록 문화와 예술은 본래의 영역을 벗어나 정치적 사안으로 변질되는 모순을 피하지 못하였다. 노무현 정부에서의 문화예술은 여러 가지 구호와 명분에도 불구하고 이념적 코드를 확장하고, 세력화하며 기존의 가치와 체제를 전복적으로 대체하는 작업에 집중해 왔다. 정치적 전략과 같은 궤적을 그리고 있는 것이다. 결국 참여정부의 문화예술정책은 이념적 과잉에 갇힌 채 우리 사회의 기반을 혁명적으로 개조하기 위한 수단으로 전락시킴으로써 문화와 예술의 위상을 정치화시키고 말았다는 비판에서 벗어나기 어렵다. 공산혁명 직후 영화산업을 국유화하고 모든 문예활동을 이념선전수단으로 동원하고자 하였던 러시아 상황과 별로 달라 보이지 않는다. 역설적으로 이 점은 개인의 창의성과 공동체적 자유와 품위, 그리고 연대감을 살릴 수 있는 건강한 문화와 예술의 회복이 중요한 과제라는 것을 제시하는 것이기도 하다.

5 결 론

참여정부 4주년의 성과를 한마디로 평가하면, '혼란과 좌절'로 표현할 수 있겠다. 세계와의 무한경쟁 속에서 한국의 선진화 진입을 위해 국민들의 단합을 이끌어 내는 대신, 양극화 등과 같은 정치용어를 생산하여 계층 간 갈등을 심화시키고, 시장보다는 정부에 의존하는 정책남발로 '혼란'을 주었다. 정부의 가장 원초적인 기능은 성장이나 분배도 아닌 국민들의 안보이다. 안보 없이는 성장도 분배도 없기 때문이다. 그러나 참여정부는 국민들의 안보보다 민족이 우선함으로써 국민들을 불안하게 하였다. 또한 세계 각국은 경제성장을 위해 모든 정책들을 올인하고 있으나, 우리의 정책기조는 자주, 형평, 균형, 복지 등이다. 이러한 정책이념하에서는 절대 미래의 경제성장은 보장될 수 없으며, 오히려 평준화된 가난만이 있을 뿐이다. 그래서 국민들은 미래 경제에 대해서도 불안하다. 이러한 미래에 대한 불안감은 국민들을 '좌절'하게 한다.

참여정부의 여러 가지 정책들을 전문가들이 진단한 결과를 핵심 단어로 요약하면 다음과 같다.

◘ 경제분야: 무오류의 독선, 확신편향, 이념과잉이 빚은 승자의 저주

- 재정: 형평, 자주, 균형이란 좌파적 사고에 치우쳐 성장기반을 상실
- 기업정책: 개혁 대 반개혁 구도 속의 기업정책으로 인한 효율성 저하 및 각종 부작용 양산
- FTA: 상대적으로 가장 성공한 경제정책은 한·미 FTA
- 부동산: 민간의 공급을 위축하고, 공공부문의 역할강화, 경제원리에 반하는 정책
- 연금·보험
  - 국민연금: 재정안정화 효과미흡, 국민분열 조장, 국민합의과정 무시
  - 건강보험: 보장성 확대 및 의료급여 지출증가로 인한 재정불안

◘ 정치분야: 국가와 국정의 품격을 한 단계 떨어뜨린 4년

- 안보·국방: 안보태세 약화, 남남갈등 심화, 북한 대량살상무기 개발방치 및 기여
- 국정운영: 신드롬으로 시작해서 디스카운트로 막을 내리는 참여정부
- 외교·북한: 국가이익의 훼손과 정체성 상실, 세계화 시대에 부응하지 못한 외교로 인한 한국 브랜드가치 하락
- 행정: 상반된 평가가 공존

◘ 사회분야

- 교육: 상황인식과 정책목표 설정보다는 정책추진과정에서 혼란
- 복지: 백화점식 복지, 양적 확대 위주의 복지, 중앙정부 중심의 획일화된 복지
- 문화예술: 우리 사회의 기반을 혁명적으로 개조하기 위한 수단

1 경제분야

조 동 근

제 2 장

참여정부 경제부문 4년 평가

1. 프롤로그
2. 참여정부의 경제 패러다임 비판: '무오류'의 함정에 빠진 참여정부
3. 참여정부 4년간 경제성장률 평균 4.2%, '적정성장률'인가?
4. '저성장' 결과로서의 양극화: 평등주의, '형평제고'에 기여하였나?
5. '경제체질 개선을 통한 지속성장의 기틀'마련에 대한 평가
6. 참여정부 부동산정책 평가
7. 공공부문 비대화와 방만한 재정운영
8. 선진경제 진입을 위한 패러다임 모색
9. 에필로그

1 프롤로그

참여정부는 '소통(疏通)'의 문제를 제기하곤 하였다. 노무현 대통령은, 자신은 민주주주의 신봉자이며 대화와 타협은 참여정부의 국정원리라고까지 천명하였다. 그런데 서로 언어가 달라 말이 제대로 통하지 않는다는 것이다. 말이 잘 전달되지 않다 보니 대통령의 진정성이 의심받는다는 것이다.[1] '대화와 타협'으로 문제를 풀려면 상대방을 인정하고 관용해야 한다. 그러나 유감스럽게도 노무현 대통령(참여정부)은 자신과 다른 생각과 욕구를 가진 사람들을 수용하지 않았다. 타인들이 자신을 바라보는 시선을 이해하려 하지 않은 것이다. 그러다 보니 언론이 교묘하게 왜곡한다며 '언론'을 탓하게 된 것이다.

참여정부의 모든 파행은, 참여정부가 추구하고 지향하는 '이념과 가치'는 무오류(無誤謬)이고 절대선(絶對善)이라고 믿는 데서 비롯되고 있다. 참여정부에게 정당한 것은 "모두에게도 정당하다"고 믿고 있다. 따라서 모든 국민들은 하나의 시스템이나 이념으로 통합되어야 한다. 상황에 대한 판단, 타당성, 그리고 사회적 공감은 그리 중요하지 않다. 참여정부는 스스로를 '시대정신'을 구현하는 역사적 주체로 '자리매김'하고 있다. 그만큼 철저히 '이념'에 구속되어 있다.

참여정부의 2분법적 사고는 기본적으로 '선(善)과 악(惡)'의 구도이다. 참여정부가 주창하는 이념, 가치 그리고 당위(當爲)에 동의

[1] 청와대 홍보수석은 "대통령은 21세기에 사는데 국민들은 아직도 20세기의 낡은 사고를 갖고 있다"고까지 하였다. 21세기에 빚어진 20세기식 설화(舌禍)가 아닐 수 없다.

하면 선(善)이고, 그렇지 못하면 악(惡)이 되는 것이다. 대립구도는 지지세력을 결집시킬 수 있는 매력적인 수단이다. '너와 나'를 나누되, 그와 같은 구분에 선·악의 가치를 결부시켜 자신이 도덕적 우위를 차지하도록 하였다. 그만큼 참여정부는 '도덕적'이다.

노무현 대통령의 신년연설에서 그의 경제관(經濟觀)을 또렷이 읽을 수 있다. 노 대통령은 그의 임기 동안 누가 대통령이 되었어도 경제는 어쩔 수 없었으며, 앞으로 누가 온들 크게 달라질 수 없을 것이라고 말하였다. 대통령후보들이 몇 %의 경제성장률을 올릴 수 있는지 지켜보겠단다. 하지만 경제는 결코 우연히 전개되는 것이 아니다. 5년 만 손을 놓고 있으면 회복할 수 없는 지경에 빠지게 된다. "누가 대통령이 되었어도 경제는 어쩔 수 없었다"는 그의 생각은, 경제성장률 같은 '현상'은 자신의 관심사항이 아니라는 것을 시사한 것이다. 균형발전, 혁신, 동북아 허브, 성장과 복지의 조화, 동반성장 같은 '시대정신(時代精神)'을 구현하는 것이 자신의 역할이라는 것이다. 구름 같은 거대담론이 그대로 현실의 '어젠더(agenda)'가 될 수는 없다. 이 때 대통령은 어김없이 '소통'의 문제와 '진정성'의 문제를 거론한다. 경제에 '현실'과 동떨어진 '미래'는 없다.

대통령은 민생이란 말은 4년 동안 자신의 마음을 내리누른 송곳이었다고 하였다. 그러나 민생문제를 만든 책임은 없다고 하였다. 지금 국민들이 먹고 살기 어려운 것은, 지금의 야당과 뿌리가 같은 문민정부 때 정책을 잘못해 문제가 쌓였기 때문이라는 것이다. 민생문제와 관련해 자신의 잘못은 없다는 것이다. 절망감을 느끼지 않을 수 없다. 권력에는 임기가 있지만 민생에는 임기가 없다. 이 같은 대통령의 논리가 맞는다면, 오늘은 어제의 연장에 지나지 않는다. 아버지세대가 가난하면 자식세대도 가난해야 맞다. 참여정부는 '사회적 약자'의 눈물을 닦아 준다고 하였다. 정치는 싸움을 말리고 감동을 주는 기술일 수 있다. 참여정부가 지난 대선에서 이길 수 있었던 것은, 바로 이 같은 '감동'을 주었기 때문이다. 그러나 참여정부의 사회적 약자를 위한 정책이 사회적 약자를 더욱 고통스러운 상황으로 빠지게 하였다. 노무현 대통령은 '2030의 비전'을 제시함으로써, 약자의 눈물을 닦아 주려 하고 있다. 대통령의 현실인식을 잘 보여 주고 있다.

이 글은 참여정부 4년간 경제부문에 대한 총론적 평가를 위해 쓰여진 것이다. 이 글에서는 경제부문의 총체적 실패의 원인을 참여정부의 "무오류의 독선, 확신편향(confirmation bias), 이념과잉"에서 찾고자 한다. 경제는 경제변수만으로 그 성과가 결정되는 것이 아니기 때문에, 경제운영의 '인프라(infra)'라 할 수 있는 정책의 철학적 기조가 중요하다. 따라서 종국적으로는 경제 패러다임(paradigm)의 문제로 귀착된다.

이 글의 전개순서는 다음과 같다. 문제제기에 이어 제2절에서는 참여정부 경제 패러다임을 비판하고 새로운 패러다임 모색의 당위성을 설명한다. 제3절과 제4절에서는 참여정부 4년간의 평균경제성장률 4.2%가 결코 적정성장률이 아니었음을 보이고, 저(低)성장기조가 배태한 문제점을 '투자부진'과 '양극화 심화'의 관점에서 논의한다. 제5절에서는 인위적 경기부양 대신 경제체질을 개선해 지속성장의 기틀을 마련하였다는, 참여정부 주장의 타당성을 검토한다. 제6절과 제7절은 참여정부에 대한 각론적 평가로서, 부동산 정책과 공공부문의 비대화를 비판한다. 제8절에서는 '평등주의'의 잔재를 불식하고 선진경제 진입을 위한 패러다임을 모색한다. 그리고 제9절의 결론으로 이 글을 맺고자 한다.

2 참여정부의 경제 패러다임 비판: '무오류'의 함정에 빠진 참여정부

패러다임은 인간의 경제행위를 광범위하게 규율하는 규칙체계, 세계관 내지 사유방식을 의미한다. 패러다임을 경제운영에 적용하기 위해서는 『과학혁명의 구조』의 핵심적 명제를 이해할 필요가 있다.[2]

패러다임은 일정한 시대의 특정한 학문과 학술조류의 근간이 되며, 최소한 그 시대에서 일반적으로 받아들여지는(generally accepted) 기본적 이론모형을 의미한다. 일단 패러다임이 형성되면 '자기강화(自己强化)'과정을 통해 패러다임을 공고화시키기 위한 노력이 경주된다. 즉, 패러다임을 다듬고 정교화시키며, 더 나아가 패러다임이 적용되는 영역을 확장하려는 노력(articulation of paradigm)을 기울이게 된다. 그러나 기존의 패러다임으로 해결하지 못하거나 문제해결방안을 제시하지 못하는 '이례적 현상(anomaly)'이 누적적으로 전개되면 기존 패러다임은 도전에 직면하게 되며, 자기방어에 실패하는 경우 과학적 변혁이 일어나게 된다. 그 후 새로운 패러다임이 형성되기 시작하면서 이를 '확인'하고 '적용'하는 과정을 통해 널리 '활용'되면 새로운 패러다임이 정착된다. 이 때 신구(新舊) 패러다임은 같은 표준으로 비교할 수 없는(incommensurable) 전혀 새로운 세계관과 논리의 규칙체계를 반영하기 때문에 양자를 연결하는 연결고리를 찾을 수 없어, 패러다임 전환(shift)은 '불연속적'으

[2] 쿤은 헤겔(Hegel)의 역사발전 동학을 과학발달에 접목시킨 것으로 볼 수 있다. 헤겔이 역사발전에서 변증법을 주장하였다면 쿤은 패러다임의 전환을 주장하고 있기 때문이다. 그 구조는 '위기-대응-변혁-질적 전환'이라는 상호대응과 전개순서에 있어서 서로 일치하고 있다.

로 일어나게 된다. 따라서 과학혁명은 기존 질서(낡은 패러다임)와 단절하고 사물을 새로운 방법으로 보는 질적 전환을 의미하며, 이를 통해 과학이 발전한다는 것이다.

2003년 노무현 정부의 출범은 패러다임의 전환을 가져왔다. 참여정부는 "기득권 위주의 경제구조를 바꾸고 성장과 분배의 새로운 틀을 짜는 것"을 국정과제로 천명하였다. 균형, 분배, 형평, 복지, 약자보호가 그 핵심이다. 참여정부는 '작은 정부' 대신 '일하는 정부', '효과적인 정부'에 대한 굳은 믿음을 가졌다. 참여정부 이론가들은 '평등주의'를 핵심 가치로 한 정책을 개발해 그 외연을 넓혀 나갈 수 있도록 하였다. 따라서 참여정부 4년은 "도덕적이고 온정적이며 일하는 정부"가 시장 위에 군림해 온 기간이었다. 그러나 참여정부의 평등주의에 경도된 경제 패러다임은 '이례적 현상'의 누적으로 심각한 도전에 직면하고 있다. "저성장의 구조화, 양극화 심화, 국민의 국가에의 의존 심화, 복지 기대심리 확대, 근로유인 상실, 국가채무 누적, 성장잠재력 저상(沮喪)" 등이 그 근거이다. '2030 희망한국'이 우리에게 희망을 주지 못하는 것이 우리가 직면한 가장 큰 문제이자 '모순'이다.

참여정부 패러다임의 요체는 좌파적 '국가개입주의'의 강화이다. 개인과 시장을 대신해 국가가 경제질서의 대강(大綱)을 짜 주는 체제이다. 따라서 국가개입주의는, 오류(誤謬)에서 자유로운 그리고 지고지선(地高至善)한 지도자의 존재를 전제로 한다. 이처럼 좌파는 역사적으로 인간의 이성(reason)에 신뢰를 보내 왔다. 좌파에게 인간의 이성은 "대문자 R로 시작되는 빈틈없는 능력"인 것이다.[3] 따

[3] 데카르트의 합리주의, 루소의 사회계약론적 개인주의 모두 사회제도에 대한 설계이론(design theory of social institution)에 기초하고 있다. 따라서 이성에 의해 설계되지 못하거나 이성에 의해 설명되지 않는 것은 경시된다. 좌파에게는 자생적 질서로서의 시장은 무질서하고 비윤리적으로 비추어질 수밖에 없다. 하이에크는 이를 '치명적 자만(fatal conceit)'으로 경계하였다.

라서 그들은 이성에 기초한 정부조직을 통해 시장을 통제·관리함으로써 윤리적이고 이상적인 사회를 설계할 수 있다는 믿음을 가져왔다. 친(親)시장, 친(親)기업, 경제우선 대신 시장간섭적·기업규제적 그리고 사회우선 정책에 치중한 것은 오히려 당연한 것이다.

참여정부가 '소통의 문제'를 제기한 것은, 그들의 현실인식이 여론동향과 동떨어지고 있다는 증거인 것이다. 참여정권의 독선과 오만은 '무오류'의 확신에서 비롯된 것이다. 인간의 제한된 합리성(bounded rationality)을 받아들여 '오류가능성'을 열어 놓으면, 오류는 사회적 논의과정을 통해 충분히 걸러진다. 따라서 역설적으로 확신에 차 있을수록, '무오류의 함정'에 빠질수록 오류는 걸러지지 못한다. 그래서 실패는 '남의 몫'인 것이다. '큰 정부, 작은 시장' 조합은 무오류의 확신을 가진 데서, 인간의 인지능력을 과신한 데서 비롯된 것이다. 정부의 사회적 일자리 창출, 국토 다시 짜기 등은 그들에게 자연스러운 발상이 아닐 수 없다. "시장 이기는 정부 없다"라는 역사적으로 검증된 사실을 받아들일 때, 무오류의 함정에서 벗어날 수 있을 것이다.

한국의 경제발전은 도전과 응전으로 이루어져 왔다. 선진한국의 길을 열기 위해서는, 좀더 절박하게 우리 경제가 뒷걸음치지 않기 위해서는, 이미 그 적합성을 상실한 참여정부 패러다임을 버려야 한다. 패러다임의 전환이 절실하다 하겠다.[4]

[4] 경제발전은 경제문제를 해결할 때 이루어진다. 패러다임은 문제의 해결방법을 제공하기 때문에, 경제발전은 패러다임의 전환을 통해 이루어진다고 볼 수 있다.

3 참여정부 4년간 경제성장률 평균 4.2%, '적정성장률'인가?

3.1. 참여정부 4.2% 경제성장률, '저성장의 구조화'

노무현 대통령은 2007년 신년연설에서 참여정부의 지난 4년간 경제성장률 평균은 4.2%로, 이는 OECD 30개 회원국 중 7위 성적이라고 하였다. 그리고 2006년 성장률 추정치인 5%는 OECD 국가 중에서 최상위권이라고 하였다. 이 같은 경제성장률을 가지고 한국 경제를 파탄이라고 한다면, 한국 경제는 영영 파탄상태를 벗어날 수 없을 것이라고 주장하였다. 1인당 소득 2만 달러 진입을 눈앞에 둔 한국은 더 이상 개발도상국이 아니라는 것이다.

경제성장률 평균 4.2%가 적정성장률인지를 다각도로 살펴볼 필요가 있다. [표 1]은 노태우 대통령 이후 역대 정권의 평균실질 경제성장률을 표시한 것이다. 경제규모가 커지면 경제성장률은 낮아진다. 감속성장은 불가피하다. 그러나 문제는 성장률이 '낮아지는 속도'이다. 평균 4.2% 성장률은 음(陰)의 성장을 기록한 1998년을 포함시켰을 때의 김대중 정권의 평균성장률(4.39%)보다도 낮은 수치이다. 한국은 아직은 '성장페달'을 힘차게 밟아야 할 경제이기 때문에, 평균성장률 4.2%는 '반토막' 성장률인 것이다. 너무 어린 나이에 '성장판'이 닫힌 청소년에 비견될 수 있다.

경제성장률 평균을 같은 기간의 아시아 국가와 비교해 보자. [표 2]에서와 같이 15개 주요 아시아 국가 중 13위를 차지하고 있다. 한국과 함께 '아시아의 네 마리 용'으로 불리는 홍콩, 싱가포르, 대만이 모두 한국을 앞질렀다. 중국 경제는 지난해 10.7% 성장률을 기록, 4년 연속 10%대 성장을 기록하는 등 경제신화를 창조

표 1 역대 정권별 평균실질경제성장률

행정부	연 도	실질경제성장률(%)	평균경제성장률(%)
노태우	1988	10.64	8.36
	1989	6.74	
	1990	9.16	
	1991	9.39	
	1992	5.88	
김영삼	1993	6.13	7.10
	1994	8.54	
	1995	9.17	
	1996	7.00	
	1997	4.65	
김대중	1998	−6.85	4.39(1998년 포함) 7.20(1998년 제외)
	1999	9.49	
	2000	8.49	
	2001	3.84	
	2002	6.97	
노무현	2003	3.10	4.20
	2004	4.73	
	2005	3.96	
	2006	5.00	

주: 국내총생산에 대한 지출기준(2000년 가격).
자료: 한국은행 Database.

하고 있다. 중국과 함께 '친디아(Chindia)' 신화를 만들어 가는 인도도 8.4%의 실질성장률을 기록하고 있다. 지난 4년 동안 경쟁국들은 더욱 빠른 속도로 한국과의 성장률 격차를 벌리고 있으며, 후발주자는 우리와의 거리를 좁히고 있다. 한국에 뒤진 것은 브루나이

표 2 아시아 국가의 2003~2006년 평균성장률

(단위: %)

순 위	국 가	성 장 률
1	미 얀 마	13.2*
2	중 국	10.3
3	인 도	8.4
4	베 트 남	7.9*
5	캄보디아	7.7*
6	라 오 스	6.6*
7	홍 콩	6.5
8	싱가포르	6.4
9	말레이시아	5.9
10	태 국	5.7*
11	인도네시아	5.2*
12	대 만	4.5
13	한 국	4.2
14	브루나이	2.7*
15	일 본	2.2

주: *는 2003~2005년 성장률, 2006년 자료는 추정치.
자료: IMF 등.

와 일본뿐이다.

[표 3]은 2004년 세계 주요 국가의 성장률을 정리한 것이다. 참여정부의 2004년 성장률이 상대적으로 높았기 때문에, '보수적' 판단을 위해 비교연도를 2004년으로 선택하였다. 만약 상대적으로 높았던 우리 성장률이 세계평균성장률에 비해 낮다면, 그만큼 우리 경제가 상대적으로 '저성장'기조를 보인 것으로 평가할 수 있기 때문이다. [표 3]은 Heritage Foundation의 *2006 Index of Economic*

표 3 1인당 국민소득 구간별 세계경제성장률(2004년 기준)

국　　가	성장률(%)	1인당 GDP($)	인　　구
Japan	2.7	39,941	127,687,000
Norway	2.9	39,259	4,562,000
United States	4.4	36,067	296,667,612
Switzerland	1.9	34,369	7,364,000
Denmark	2.0	30,828	5,397,640
Ireland	4.9	28,762	4,040,600
Sweden	3.5	28,471	9,104,000
Hong Kong	8.1	27,114	6,882,600
United Kingdom	3.1	26,391	59,800,000
Finland	3.7	25,288	5,200,000
Singapore	8.4	25,186	4,240,300
Austria	2.0	24,756	8,200,000
Canada	3.0	24,568	32,147,000
Netherlands, The	1.4	23,319	6,300,000
Belgium	2.7	23,211	10,400,000
Germany	1.6	23,002	82,600,000
France	2.1	22,723	62,230,800
Australia	3.6	22,103	20,200,000
2만 달러 이상 소득국가군	3.44		
United Arab Emirates	11.9	19,717	4,041,000
New Zealand	4.8	19,243	4,009,000
Italy	1.2	18,932	58,100,000
Israel	4.3	17,014	6,800,000
Kuwait	9.9	16,738	2,396,417
Spain	2.7	14,709	42,300,000
Taiwan	5.7	13,569	22,500,000
Korea, Republic of	4.6*	12,783	48,100,000
Greece	4.2	12,128	11,040,650
Portugal	1.0	10,398	10,444,000
1만~2만 달러 소득국가군	5.03		20,973,106

주: 단, 인구 200만 명 이하 국가 제외.

* 한국의 성장률은 4.6%로 국내통계치인 4.7%와 차이가 있으나, 횡단면 분석을 위해 Heritage Foundation의 자료를 그대로 인용.

자료: Heritage Foundation, *2006 Index of Economic Freedom*.

*Freedom*의 데이터를 기초로 작성한 것이다.

〔표 3〕에서와 같이, 1인당 국민소득 2만 달러 이상인 국가군(群)의 경제성장률 평균은 3.44%이며, 1만~2만 달러 국가군의 성장률 평균은 5.03%이다. 한국의 성장률 평균은 1인당 국민소득을 기준으로 한 '같은 조건'의 국가들보다 낮다. 한편, 국민소득 1만 달러 이상 2만 달러 미만 국가군의 인구수 평균은 약 2,000만 명으로 한국의 절반 이하이다. 한국은 상대적으로 '인구과잉국'이기 때문에, 1인당 국민소득을 증가시키기 위해서는 그만큼 성장페달을 힘 있게 밟아야 한다. 우리의 인구학적 특성이 다른 '북유럽'의 복지 모델(스웨덴)이 한국에 적합한지를 냉정하게 성찰할 필요가 있다.

참여정부 경제성장의 특성은 어떠한가. 〔표 4〕는 역대 정권별로 실질국내총생산의 지출구성비 추이를 정리한 것이다. 이를 통해 유효수요를 구성하는 각 요인의 성장에의 기여도를 평가할 수 있다. 참여정부의 경우 '상품수출/GDP' 비중 평균은 0.47로, 전임정권보다 현저히 높게 나타나 있다. '상품무역수지/GDP' 평균도 0.11로 역시 현저히 높다. 이는 참여정부의 경제성장에서 수출의 기여도가 결정적이었음을 의미한다.[5] 수출이 크게 신장된 것은 수출경쟁력이 크게 향상되었거나 수출환경이 유리하게 전개되었기 때문일 것이다. 그러나 수출경쟁력은 일종의 '실물변수'이기 때문에 단기간 내에 크게 변화하기 어렵다. 따라서 수출신장의 주요인은 수출환경의 유리한 변화인 것이다. 주지하다시피 '중국 특수(特需)'와 미국을 위시한 세계경제의 호황이 '상품무역수지/GDP'를 통해 경제성장을 그만큼 끌어 올린 것이다.

'중국 특수' 등으로 수출경기가 유례 없는 호황을 누렸음에도 불구하고, 4% 초반대의 성장률을 실현한 것은 투자와 소비로 대표

[5] 2006년에는 사상 처음으로 수출 3,000억 달러를 달성하였다.

표 4 실질국내총생산 지출구성 변화추이

연　도	실질 경제성장률	설비투자/GDP	상품수출/GDP	상품무역수지/GDP
1988	10.64	0.1114	0.1639	−0.0198
1989	6.74	0.1193	0.1461	−0.0511
1990	9.16	0.1293	0.1388	−0.0652
1991	9.39	0.1363	0.1432	−0.0786
1992	5.88	0.1291	0.1500	−0.0677
1988~1992	8.36	0.1251	0.1484	−0.0565
1993	6.13	0.1227	0.1550	−0.0612
1994	8.54	0.1407	0.1635	−0.0783
1995	9.17	0.1525	0.1875	−0.0819
1996	7.00	0.1556	0.1936	−0.0928
1997	4.65	0.1344	0.2250	−0.0574
1993~1997	7.10	0.1412	0.1849	−0.0743
1998	−6.85	0.0833	0.2800	0.0519
1999	9.49	0.1041	0.3037	0.0272
2000	8.49	0.1282	0.3443	0.0356
2001	3.84	0.1123	0.3172	0.0374
2002	6.97	0.1129	0.3455	0.0432
1998~2002	4.39(7.20)[1)]	0.1081(0.1144)[1)]	0.3181(0.3277)[1)]	0.0391(0.0358)[1)]
2003	3.10	0.1082	0.3972	0.0707
2004	4.73	0.1073	0.4588	0.1039
2005	3.96	0.1084	0.4840	0.1217
2006	5.00	0.1109	0.5208	0.1369
2003~2006	4.20	0.1087	0.4652	0.1083

주: 1) IMF 직후 연도인 1998년을 제외시켰을 때의 수치.
자료: 한국은행 DB, 국민소득통계.

되는 '내수부문'의 침체의 골이 깊었기 때문이다. 따라서 대외교역 환경이 유리하게 전개되지 않았다면 3%대의 성장률을 실현하였을 가능성도 배제할 수 없다. 4.2%의 성장률은 그나마도 대외무역환경에 힘 입은 바 크다 하겠다.

평균성장률 4.2%는 결코 성공적인 경제성과일 수는 없다. 따라서 OECD 국가의 성장률에 견주어, "이제 우리 경제의 성장률에 대한 인식을 바꿀 때가 되었다"는 주장은 설득력을 갖기 어렵다. '자신감'과 '오만'은 다르다. 오만은 현상을 잘못 인식하게 하고, 종국적으로 잘못된 처방을 낳게 한다. "우리는 이제 더 이상 개발도상국이 아니다"라는 노무현 대통령의 주장 이면(裏面)에는 아마도 다음과 같은 말이 숨어 있었을 것이다. "국민 여러분, 이제부터 축적된 부(富)를 원칙에 맞게 나누는 사회로 가야 합니다."

3.2. 4.2% 성장률의 '가려진 재앙': '투자부진'에 따른 저성장과 성장잠재력 훼손

최근 수출호조에도 불구하고 저성장을 기록한 것은 내수, 그 중에서도 투자가 부진하였기 때문이다. [표 5]에서 보듯이 국내설비투자[6]는 1986~1990년 동안 연평균 18.1%의 증가세를 보였으나, 최근(2001~2005년)에는 1.2%로 증가세가 크게 둔화되었다. 설비투자가 GDP에서 차지하는 비중도 같은 기간 14.1%에서 10.2%로 하락하였다.

[표 6]은 주요 선진국의 국민소득이 1만 달러에서 2만 달러로 배증(倍增)하는 과정에서 기록한 설비투자 증가율을 나타낸 것이다. 모든 국가에서 설비투자 증가율이 경제성장률보다 높게 나타나고

[6] 총고정자본형성 중 건설투자와 무형자산투자를 제외한 설비투자(facilities investment)로서, 실물 측면에서의 '기계설비 및 장치'를 의미한다.

표 5 국내설비투자 추이

(단위: %)

	1981~1985	1986~1990	1991~1995	1996~2000	2001~2005
설비투자 증가율	6.6	18.1	11.9	5.5	1.2
설비투자/GDP	12.2	14.1	13.5	11.5	10.2

자료: 한국은행.

표 6 주요국의 1인당 1만 달러 국민소득 배증기간의 설비투자 추이

(단위: %)

	미국	영국	독일	일본	싱가포르	한국
경제성장률	3.2	2.4	2.3	3.4	9.3	4.5
설비투자 증가율	4.8	4.5	4.1	8.8	10.8	3.4
1인당 국민소득: 1만 달러→2만 달러	10년 (78→88)	9년 (87→96)	11년 (79→90)	6년 (81→87)	5년 (89→94)	? (95→?)

주: 성장률과 설비투자 증가율은 연평균기준임. 한국의 설비투자 증가율은 1996~2005년 연평균이며, 2000년 가격기준임.
자료: 한국은행, 『최근 설비투자 동향과 특징』, 2003.

있다. 즉, 설비투자가 경제성장을 견인한 것으로 나타나고 있다.[7] 그러나 우리 나라만 경제성장률보다 설비투자 증가율이 낮다.

투자지출 증가율과 경제성장률 간의 장기적인 추세관계는 〔그림 1〕에서와 같이 명확하다. 〔그림 1〕에서 보듯이, 실질GDP 증가율(grgdp) 5년 이동평균선과 실질투자증가율 5년 이동평균선은 기본적으로 같은 궤적을 보이고 있다. 〔그림 2〕는 실질GDP 증가율 추세(5년 이동평균선)와 실질투자증가율 추세(5년 이동평균선) 간의 관계를, '회귀선을 삽입한 산포도'로 나타낸 것이다. 실질GDP 증가율 추세와 실질투자증가율 추세는 양(陽)의 관계를 갖는다. 〔그림 2〕

[7] "말(馬)이 마차를 끈다"의 비유가 적절하다. 이 같은 사실로부터 저투자는 성장잠재력을 저상(沮喪)시킴을 재차 확인할 수 있다.

그림 1 실질GDP 증가율 추세와 실질투자증가율 추세

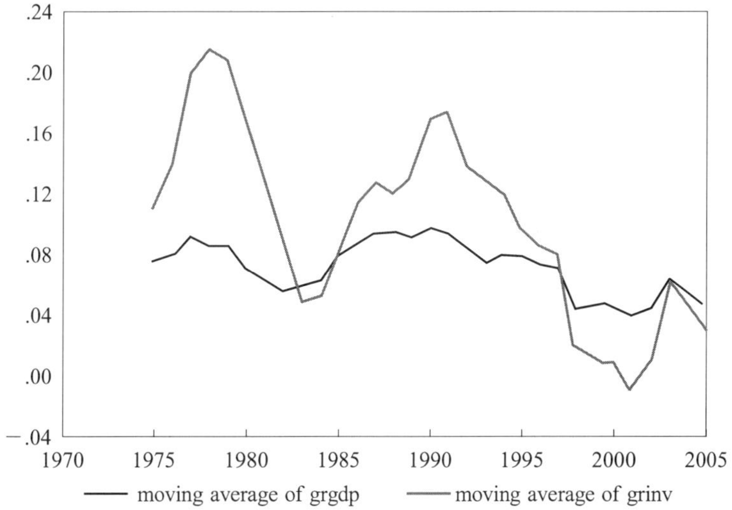

자료: 한국은행, 국민소득계정.

에서 두 변수 모두 'log'변환하였기 때문에, 기울기는 탄력성의 의미를 갖는다. 실질투자증가율 추세치가 낮아질수록(X축에서 왼쪽으로 이동할수록) GDP성장률 추세치(기울기)가 급격하게 낮아짐을 알 수 있다. 최근의 저(低)성장 추세는 저투자를 반영한 것이다. 즉, 저성장의 거시적 요인은 '투자부진'인 것이다.

3.3. 투자부진, 자본의 파업인가?

최근 들어 기업의 투자가 부진한 이유는 무엇인가? "노동만 파업하는 것이 아니라 자본도 파업을 한다" 투자부진에 대한 참여정부 일각의 '속내'는 그랬다. 가계부채 등으로 소비가 늘기 어려운 상황에서 기댈 곳은 기업밖에 없는데, 사내유보금을 쌓아 놓고

그림 2 실질투자증가율 추세와 실질GDP 증가율 추세

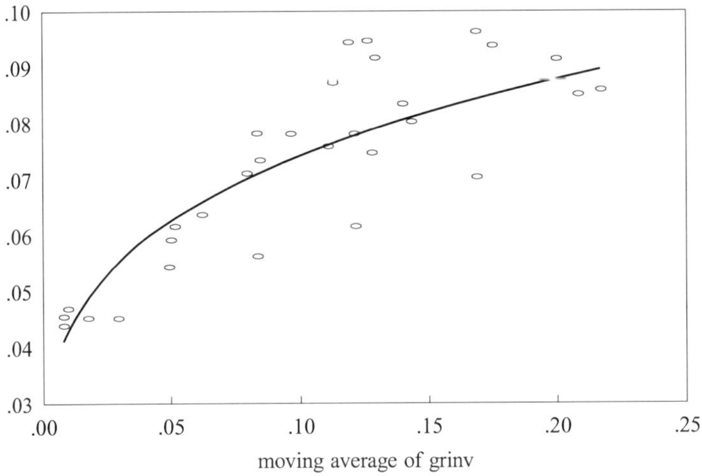

투자를 미루는 것은 정권에 대한 '파업'이라는 것이다. 최근 수출 호조에 따른 설비투자 압력과 금리, 유동성 등을 감안할 때 투자부진이 쉽게 납득되지 않는다는 것이다. 따라서 기업이 투자를 '못하는 것'이 아니라 '안하는 것'이라는 것이다.

그러나 투자는 미래경쟁력의 요체이고 또 때가 있다. 따라서 기업이 망하기로 작심하지 않는 한, 가능한 투자를 스스로 미루지 않는다. 따라서 투자를 놓고 '개혁추진'과 '개혁저지'의 대결구도로 몰아붙일 일이 아니다. 더욱이 한국적 현실에서 기업의 정권과의 '힘겨루기'는 언감생심이다. 투자부진의 1차적 원인은 투자수익률과 리스크면에서 투자가 여의치 못하기 때문이다. 우리 주력산업의 상당 부분은 세계적으로 과잉설비를 우려해야 할 정도로 성숙단계에 있다. 따라서 돌파구는 차세대 신산업에의 투자지만, 시장형성 등 내재적 불확실성이 큰 만큼 아직 본격적인 투자를 기대하기 어렵다. 하지만, 투자수익률보다 결정적인 투자저해요인은 리스크면에서 우리의 ‘기업환경’이 매력적이지 않기 때문이다.

우선 뿌리 깊은 반(反)기업 정서를 들 수 있다. 반기업 정서의 실체는 ‘반(反)기업인’ 정서이다. 예컨대, 삼성과 현대자동차 그룹은 받아들일 수 있지만, 그룹 총수는 심정적으로 받아들일 수 없다는 것이다. 이들 기업은 낮은 품질에도 불구하고 온 국민이 참고 물건을 팔아 준 결과 세계적 기업으로 성장한 ‘국민기업’으로 인식되고 있다. 그러나 이들 기업은 지배주주를 포함한 주주의 사유재산이다. 따라서 일반대중은 이들 지배주주를 “인정하기 싫지만 인정하지 않을 수 없는” 인지부조화에 빠지게 된다. 이 같은 상황에서 지배주주에 대한 부정적 심리가 배태된 것이다. 이 같은 부정적 심리는 “누가 경영하더라도 ‘민주적’으로만 경영하면 지금의 지배주주 일가(一家)보다 더 좋은 성과를 낼 수 있을 것”이라는 억측을 낳기도 한다. 소유경영에 대한 부정적 인식과 전문경영에 대한 맹목에 가까운 추종은 이렇게 해서 뿌리를 내리게 되었다.

‘소유경영’은 한국적 상황에서 만들어진 한국 고유의 과도기적인 경영형태인가? 그렇지 않다. 〔표 7〕은 선진 27개국의 20대 기업의 소유구조 유형별 비중을 분류·비교해 놓은 것이다. 〔표 7〕에서

표 7 선진 27개국의 기업소유구조 유형별 비중 비교

(단위: %)

	각국 상위 20대 기업의 유형별 비중			
	소유분산	소유집중	정부소유	기 타
지배주주 20% 기준	36.5	30.0	18.3	15.2
지배주주 10% 기준	24.1	34.8	20.2	20.9

주: 최대주주의 지분이 기준치(10%, 20%) 이상이면 ‘소유집중’, 아니면 ‘소유분산’.
최대주주가 정부이면 ‘정부소유’. ‘기타’는 타법인, 금융기간, 펀드, 종업원 등의 지분이 기준치 이상인 경우.

자료: La Porta 외(1999).

보는 바와 같이, 지배주주 20%를 기준으로 할 때 30.0%의 기업이 소유집중(소유경영) 유형으로 분류되어 있다. 따라서 소유경영에 대한 편견을 버려야 한다. 참여정부 출범 이래 대통령의 "재벌의 변칙, 반칙론"은 대기업을 옥조여 왔다. 국내대기업은 '역차별'적 규제로 둘러싸여 있다. 주식시장이 완전개방되어 외국인투자 비중이 40%를 넘어서면서, '경영권 방어'는 더 이상 강 건너 등불이 아니다. 이처럼 기업들이 영업활동을 통해 벌어들인 돈으로 투자보다 경영권 방어와 주가부양에 치중할 수밖에 없는 상황에서 투자가 활발할 리 없다. 도덕적, 무오류의 정부가 우리 경제를 '자승자박' 한 것이다.

3.4. 투자부진의 제도적 측면: 출자규제와 투자

"출자규제가 투자를 저해하느냐 아니냐"를 따지는 것만큼 비생산적인 논쟁도 없다. 공정거래위원회는 출자(주식취득)와 투자(실물자본형성)는 별개의 개념이며, 국책연구소의 연구결과를 인용해 출자규제로 투자가 부진한 것이 아니라는 주장을 펴 왔다. 최근의 투자부진요인은 복합적이기 때문에, 그 이유를 출자규제로 돌릴 수만은 없다. 그러나 상식적 관점에서 기업가의 운신의 폭을 제한하는 출자규제가 투자심리에 부정적 영향을 끼치리라는 것은 쉽게 짐작할 수 있다. 출자가 투자로 기계적으로 연결되지는 않지만, 일정한 시차를 두고 투자를 유발할 개연성이 높다. 예컨대, 부실기업 인수는 출자행위지만 부실기업의 경쟁력을 높이기 위해서는 투자를 해야 한다.

참여정부의 '확신편향(confirmation bias)'[8]은 출자규제를 성역화

[8] 인간은 자신의 신념에 응하는 것들은 쉽게 믿게 되는 반면, 자신의 생각과 다른 것은 인정하지 않으려는 경향을 갖는다. 문제는 자신의 경험과 논리에 근거한 신념이

표 8 대기업집단 출자와 투자의 주요 상관계수

구 분	1998	1999	2000	2001	2002	2003	평균
투자율-피출자증가율	0.036	0.095	0.151	−0.029	0.202	0.009	0.064
투자액-피출자증가액	0.112	0.135	0.088	0.096	0.218	−	0.021
초과투자율1)	0.065	0.054	−0.038	−0.055	0.005	−0.009	−

주: 1) 초과투자율은 해당 기업의 투자율에서 해당 연도 해당 산업의 평균투자율을 차감한 것을 연도 및 산업의 효과를 통제하기 위함.
자료: 『시장개혁추진을 위한 평가지표 개발 및 측정』, KDI, 2003. 9.

(聖域化)시켰다. 이른바 "재벌의 변칙과 반칙을 일소한다"는 명분에 함몰되었기 때문이다. 따라서 공정위는 어떻게 해서든지 출자규제로 투자가 저해된다는 재계의 주장을 반증(反證)하려 하였다. [표 8]은 그 같은 노력의 일환이다.

[표 8]은 대기업집단의 출자와 투자의 주요 상관계수를 정리한 것이다. 1998~2003년 대기업집단의 투자율과 피(被)출자증가율의 상관계수는 평균 6.4%이며, 투자액과 피출자증가액 간의 상관계수는 2.1%에 지나지 않는다. 출자총액제한제도가 폐지되어 출자총액이 크게 확대된 2000~2001년에는 기업집단의 투자율이 해당 산업의 평균적인 투자율에도 미치지 못하고 있다. 산업평균투자율 대비 기업집단 초과투자율은 2000년, 2001년 각각 −3.8%, −5.5%로 나타나고 있다. 출자규제가 재도입된 2002~2003년의 초과투자율은 영(零)에 가깝다. 이는 출자규제가 폐지되었음에도 불구하고 실물투자가 증가하지 않았다는 것을 의미한다는 것이다.

[표 8]의 내용을 일반적으로 받아들이기에는 여러 가지 제약이 수반되고 있다. 우선 출자와 투자의 상관관계 분석은 현상을 지나치게 단순화한 것이다. 투자재원의 조달경로는 크게 네 가지로

확신편향에 의해 부정적 독선이 되기 쉽다는 데 있다. 따라서 '확신편향'은 정책입안자에게는 치명적일 수 있다.

대별된다. 내부자금으로서의 현금흐름(cash flow), 외부투자자를 통한 조달자금(소액주주 및 외부기관투자자), 부채를 통한 자금조달, 증자를 통한 자기자본 등이다. 이 때 계열사들로부터 출자받은 피출자는 증자에 해당된다. 하지만 피출자는 기복이 심하고 불안정하기 때문에, 상대적으로 안정적인 투자와 불규칙한 피출자 간의 상관관계를 분석하는 것은 문제가 있다. 출자 이외의 투자에 영향을 미치는 다양한 변수를 통제한 후, 출자규제와 투자행태 간의 효과를 분석한 연구에 따르면, 이들 간에는 유의한 양(陽)의 관계가 성립하는 것으로 나타나 있다(이인권, 2005).

또한 [표 8]의 초과투자율의 의미를 제대로 해석해야 한다. 재벌소속 기업의 투자율이 해당 산업 기업들의 평균투자율보다 일률적으로 높거나 낮을 이유가 없기 때문이다. 투자는 유량변수(flow)로서 '적정자본저량(optimal capital stock)'을 찾아가는 과정이기 때문에 예컨대, 과잉설비가 존재하면 투자율이 낮아지게 된다. IMF 외환위기 이전의 재벌의 과잉설비 존재가 IMF 위기 직후 재벌 계열사의 투자를 조정하게 한 것으로 추론된다(조동근, 2006. 9).

3.5. 혁신은 '구두선'도 '외생변수'도 아님

참여정부는 늘 '혁신'을 주창해 왔다. 투자지출을 높여야 하나 '획기적' 증가가 여의치 않으며, 설령 가능하다손 치더라도 자본축적에 따른 자본의 생산성 체감으로 '요소투입에 의한 성장'은 한계에 봉착하고 있다는 것이다. '혁신주도형' 성장을 꾀하기 위해서는 투자의 내용이 달라져야 한다. [표 9]는 무형고정자산형성의 대(對)투자비중을 표기한 것이다. 1998~2005년까지의 대투자비중은 5%로 IMF 위기 이전의 2%를 상회하고 있지만, 충분한 투자비중인지 여부를 아직은 판단하기는 어렵다.

표 9 무형고정자산의 대투자비중 추이

연　도	무형고정자산 투자비율
1990	0.016680
1992	0.021786
1994	0.025992
1996	0.029879
1990~1996	0.02
1998	0.041953
2000	0.050419
2002	0.057585
2004	0.054269
2005	0.055153
1998~2005	0.05

자료: 한국은행, 국민소득계정.

'혁신주도 단계'로의 이행은 맞는 말이다. 그러나 혁신은 구두선(口頭禪)이 아니며, 외부로부터 주어지는 '외생변수'도 아니다. 혁신의 가능성은 경쟁 등 다양한 요인에 의해 결정되겠지만, 기업투자에 '비례'한다고 보아야 한다. 그리고 현재 요소투입에 의한 경제성장이 한계에 도달하였다는 뚜렷한 증거를 찾을 수 있는 것도 아니다. 따라서 기업의 투자지출은 더 늘어야 한다. 투자는 기업의 가치를 높이려는 전략적 자원투입행위이기 때문에, 투자를 제약하는 각종 규제는 과감하게 완화 내지 폐지되어야 한다.

4 '저성장' 결과로서의 양극화: 평등주의, '형평제고'에 기여하였나?

대통령은 경제성장률이 높아지면 양극화가 더 심화되고 어느 한쪽의 생활수준, 소비수준이 높아져서 서민들 삶이 더 어려워진다고 하였다. 경제만 좋아진다고 민생이 해결되는 것이 아니라는 것이다. 오히려 양극화 문제가 해결되어야 민생이 해결된다는 것이다. 이 같은 정책사고는 '저성장'과 '양극화' 간의 인과관계가 도치되었기 때문이다.

양극화가 대통령이 지적한 바와 같이 "세계화와 정보화 그리고 IMF 구조조정의 결과"인가? 이들 요인이 양극화의 원인을 제공한 것은 부인할 수 없지만, 한 가지 사실을 간과하고 있다. 외환위기 이후 가시화된 양극화 현상이 참여정부 들어 더욱 뚜렷해졌다는 것이다. 즉, 참여정부 출범 이래의 저성장이 양극화를 심화시킨 요인으로 작용한 것이다.

'20 대 80'의 사회, 청와대 양극화 시리즈가 묘사한 한국 사회상이다. 앞서 가는 20%로 인해 나머지 80%가 가난한가? 만약 소득의 크기가 정해져 있다면 맞는 이야기일 수밖에 없다. 소득분배

표 10 소득계층별 평균소득 변화추이

	2003년(A)	2005년(1~9월)(B)	B/A 증가율
1분위 계층 평균소득(C)	76만 원	82만 원	7.9%
2분위 계층 평균소득	169만 원	180만 원	6.5%
5분위 계층 평균소득(D)	537만 원	597만 원	11.2%
소득배율(D/C)	7.07	7.28	

자료: 통계청.

[그림 3 소득 상위 20%/소득 하위 80% vs 소득 상위 10%/소득 하위 90%]

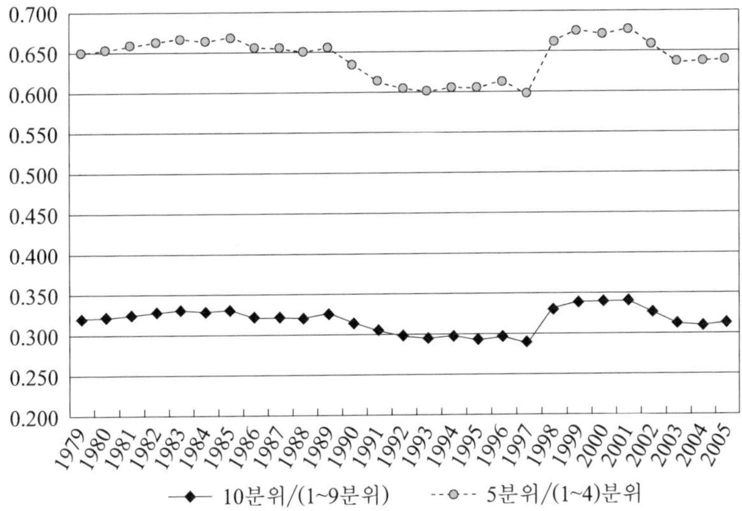

는 영합(zero sum)게임이기 때문이다. 하지만 소득의 크기는 변한다. 따라서 소득분배의 문제는 '동태적'으로 파악되어야 한다.

〔표 10〕은 참여정부 출범 이래 소득계층별 평균소득의 변화 추이를 표시한 것이다. 표에서 보는 바와 같이, 하위 20% 소득계층(1분위)의 평균소득 증가율보다 상위 20% 소득계층(5분위)의 평균소득 증가율이 높다. 그리고 '소득배율'을 기준으로 하더라도, 소득배율이 7.07에서 7.28로 악화되었다. 이처럼 참여정부 들어 양극화가 심화된 것이다. 〔그림 3〕은 통계청 도시가계조사에 의한 계층별 소득배율을 시계열(1979~2005년)로 표시한 것이다(강석훈, 2006).[9]

[9] 통계청의 도시가계 조사는 1963년에 시작하였으나, 자료의 신뢰성 측면에서 장기적으로 일관성이 있다고 여겨지는 자료는 1979년부터의 자료이다. 통계청의 도시가계조사에서 조사된 가구소득은 2인 이상 도시근로자가구를 대상으로 한 자료이기 때문에 비도시거주가구, 비근로자가구, 1인 가구 등이 제외되어 있다. 따라서 전체 가구의 소득을 파악하기에는 대표성이 다소 떨어지는 문제가 있다.

[그림 4 1분위(소득 하위 20%) 및 5분위(소득 상위 20%) 소득점유율 추이]

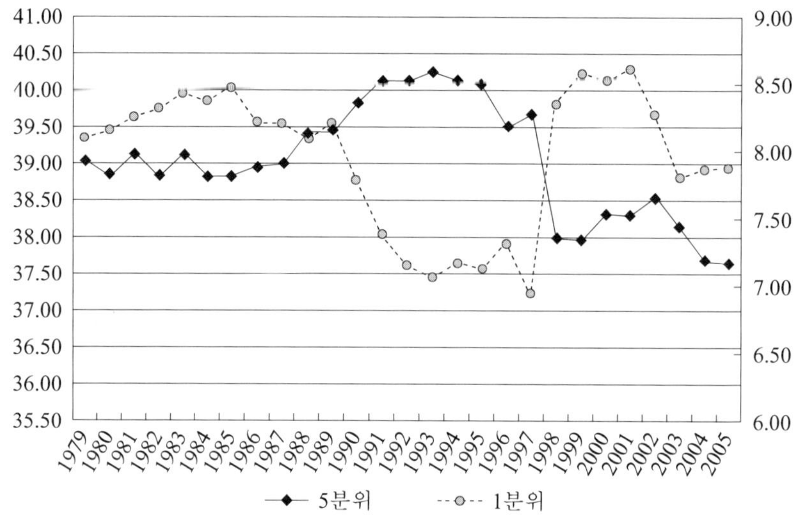

2005년의 '80 대 20'의 배율은[10] 0.638로서, 관치 패러다임이 적용된 1980년대 중반보다 오히려 낮다.[11] 한 가지 유의할 점은, '80 대 20' 배율은 최소한 '경제성장률' 측면에서 경제가 순항하던 1990년대 중반까지 하락추세를 보이고 있다는 것이다. 이는 정상적인 경제성장이 분배를 개선시켰음을 시사하는 것이다.

〔그림 4〕는 1분위(하위 20%)와 5분위(상위 20%)의 소득점유율을 나타낸 것이다. 1분위 소득점유율은 IMF 이후 급락하다 회복세를 보이던 중 2003년 이후 다시 급락하고 있다. 1분위 소득점유율 역시 경제가 순항하던 1990년대 중반까지, 추세적으로 상승세를 보

[10] 상위 20%의 소득이 하위 80% 소득의 몇 배인가를 나타내는 배율을 의미한다. 만약 소득분배가 완전히 균등하다면, 그 값은 '1/4'이 되어야 한다. 한 사람의 소득은 나머지 네 사람 소득의 1/4이기 때문이다.

[11] 양극화가 시한폭탄이었다면, 가장 정점에 있었던 1990년대 말 아니면 2000년대 초에 터졌어야 하였다. 따라서 양극화가 최근에 최고조에 달한 것은 아니다.

이고 있다. 최근의 소득양극화(소득배율 확대 또는 1분위 소득점유율 하락)는[12] 상당 부분 성장의 지체, 즉 잠재성장률을 밑도는 경제성장으로 인해 초래된 측면이 강하다.[13]

'양극화' 용어의 사용은 절제되어야 마땅하다. 양극화는 "중산층 붕괴, 신(新)빈곤층 양산"의 결과이다. 따라서 중산층을 보육하고, 신(新)빈곤층을 사회안전망을 통해 공적으로 부조하면 상황은 나아질 수 있다. 하지만 양극화라는 '극과 극'의 대립구도를 설정해 증오를 증폭시키면 문제의 초점이 흐려진다. 극단적으로 모두가 가난해지면 양극화는 해소된다. 참여정부는 양극화를 해소한다는 명분하에 추진한 동반성장, 상생협력, 균형발전 등의 정책이 중산층을 늘리는 데 기여하였는지, 아니면 신(新)빈곤층을 늘려 왔는지를 깊이 성찰해야 한다. 좋은 의도가 좋은 결과를 낳는 것은 아니다.[14]

5 '경제체질 개선을 통한 지속성장의 기틀' 마련에 대한 평가

노무현 대통령이 가장 많이 하는 이야기가 '무리한 경기부양'을 하지 않았다는 것이다. 방점은 '무리한'에 있다. '필요한' 경기부양과 '무리한' 경기부양의 경계가 분명한 것은 아니다. 참여정부

12 양극화 해소를 위한 해법으로 "비정규직의 정규직화, 자영업부문 과다진입 금지, 사회복지 지출확대, 공공부문의 사회적 일자리 창출"이 논의되고 있다. 하지만 이 같은 대책은 대증요법에 지나지 않는다.

13 하지만 이를 뒤집어, "상장률을 높이면 양극화가 해소될 수 있다"고 확대할 수는 없다. 사회현상에 필요조건은 존재하지만 충분조건을 존재하지 않는다.

14 이는 '의도하지 않은 결과 가설(hypothesis of unintended consequences)'로 불린다. 괴테의 소설 『파우스트』에 나오는 메피스토펠레스의 역설을 인용해, '메피스토 법칙'이라고도 한다. 영국에는 '천사가 세상을 지옥으로 만든다'라는 속담이 있다.

표 11 참여정부 출범 이후 주요 경기부양책

2003년	2004년
· 4월 2003년 상반기 재정 조기집행 · 5월 콜금리 0.25%포인트 인하 · 7월 콜금리 0.25%포인트 인하 · 7월 경기부양용 추경예산 편성 (4조 4,775억 원)	· 7월 경기부양용 추경예산 편성(1조 8,283억 원) · 8월 콜금리 0.25%포인트 인하 · 9월 재정지출 확대(6조 8,000억 원)계획 발표 · 9월 에어컨 등 11개 품목 특소세 폐지 · 10월 열린우리당 재정지출 추가확대방침 발표 · 11월 한국형 뉴딜정책방안 발표

출범 이후 [표 11]과 같이 '추경예산 편성, 금리인하, 한국형 뉴딜 정책'에 이르기까지 20여 건에 달하는 경기부양 성격의 정책을 구사한 것은 사실이다. 그러나 이를 두고 '무리한' 경기부양이라고까지 말할 필요는 없다.

5.1. 기업체질 개선증거 없다

참여정부는 인위적인 경기부양을 하지 않는 이유를 "경제체질 개선을 통해 지속성장의 기틀을 마련하기 위함"이라고 누차에 걸쳐 언급하였다. 노무현 대통령의 표현을 빌리면, 원칙대로 일관성 있게 장기적 안목으로 경제를 운영하겠다는 것이다. 대통령은 2007년 신년연설에서, 무리한 경기부양을 하지 않은 데서 오는 '효과'가 다음 정부에서 나타날 것이라고 언급하고 있다. 그 효과가 아직은 나타나지 않았다면, 최소한 나타날 조짐은 보여야 할 것이다. 그리고 '효과'의 내용은 무엇인가? 그것은 "경제체질 개선을 통한 지속성장의 기틀마련"일 것이다. 만약 그 같은 효과를 기대할 수 있다면, 매년 경제성장률을 놓고 일희일비(一喜一悲)할 필요는 없다. 따라서 저(低)성장의 대가로 경제체질이 개선되었다면, 저성장을 그리 부정적으로만 볼 일은 아니다.

경제체질은 기업의 체질이 개선될 때 역시 개선된다. 그리고 기업체질 개선은 구조조정을 통해 기업의 수익성을 높이는 것이다. 따라서 외환위기 이후 그리고 참여정부 들어 기업의 체질이 실제적으로 개선되었는지를 평가하는 것은 중요하다. 그러나 후술(後述)하는 바와 같이, 소리만 요란하였지 실제로 기업의 체질개선에 대한 증거를 유감스럽게 찾기는 어렵다. 〔표 12〕는 한국은행 '기업경영분석'의 제조업부문 '외부감사기업'의 주요 성과지표를 나타낸 것이다. 분석대상 기업이 외감기업의 '표본'이기 때문에, 제조업의 전반적 현황을 조감하기에 적합하다 하겠다.

IMF 외환위기 이후 기업의 효율성이 증진되었다는 주장은 '총자산경상이익률(return on asset/ordinary income to assets: ROA)'의 개선에 기초하고 있다. 〔표 12〕에서 1990~1996년간의 ROA 평균값은 2.10%이며, 1998~2003년간의 ROA 평균은 1.95%로서 외환위기 이전의 ROA에 이미 근접하고 있다. 그리고 그 후 2년간 ROA 값이 크게 개선되어 1998~2005년간의 ROA 평균은 3.60%로, 외환위기 이전의 ROA보다 개선되었다. 1998년 이후 값만 보면, 1998년의 −1.52%에서 2005년에는 7.80%로 ROA 값이 크게 향상되었음을 알 수 있다. 이 때 ROA를 계산하는 과정에 이용된 '매출액경상이익률'은 기업의 '영업활동'과 '재무활동'에 따른 경영성과 모두를 반영한 지표이다. 즉, 매출액경상이익률은 금융비용을 반영한 이익 개념이다.

기업의 '재무활동'을 배제하고 '영업활동'에 의한 성과만을 추정하기 위해, ROA를 '매출액경상이익률'이 아닌 '매출액영업이익률'에 기초해 다시 계산한 것이 'ROA1'이다. 〔표 12〕의 ROA1은 '매출액영업이익률'에 기초한 총자산영업이익률(operating income to

표 12 제조업 주요 성과지표 추이

	1990~1996	1997	1998	1999	2000	2001	2002	2003	2004	2005	1998~2005
부채비율	301.74	396.25	303.02	214.66	210.57	182.20	135.44	123.39	104.24	100.90	171.80
차입금 의존도	45.71	54.22	50.83	42.75	41.22	39.77	31.71	28.30	24.01	22.87	35.18
차입금 평균이자율	11.86	10.59	13.51	11.54	10.49	9.44	7.65	6.82	5.93	5.98	8.92
금융비용 대 매출액	5.73	6.39	8.95	6.89	4.70	4.16	2.59	1.87	1.31	1.16	3.95
기업경상이익률	7.65	5.43	5.86	7.04	5.77	4.44	7.88	7.21	10.96	9.20	7.29
기업순이익률	7.02	4.81	3.79	5.67	2.63	4.10	9.58	6.26	9.01	7.72	6.09
총자산경상이익률 (ROA)	2.06	−0.30	−1.52	1.38	1.24	0.35	5.08	5.15	9.35	7.80	3.60
매출액경상이익률	2.10	−0.34	−1.84	1.68	1.29	0.35	4.69	4.68	7.79	5.50	3.14
총자산회전율	0.98	0.90	0.82	0.82	0.96	0.98	1.08	1.10	1.20	1.20	1.02
총자산영업이익률 (ROA1)	6.91	7.43	5.01	5.43	7.10	5.41	7.28	7.56	9.07	7.34	6.78
매출액영업이익률	7.05	8.25	6.11	6.62	7.40	5.52	6.74	6.87	7.56	6 12	6.62
총자산회전율	0.98	0.90	0.82	0.82	0.96	0.98	1.08	1.10	1.20	1.20	1.02

자료: 한국은행, 경제통계 DB(기업경영분석).

그림 5 ROA과 ROA1의 추이(1990~2003년)

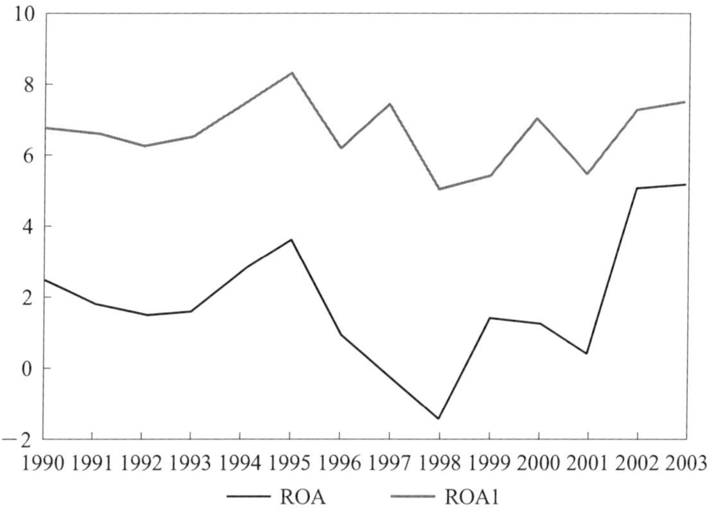

assets)로, 투하된 자산에 대한 경영효율을 '실물적인 측면'에서 평가한 지표라 할 수 있다. ROA1을 기준으로 하면, IMF 외환위기 이후 기업의 효율성이 증진되었다는 주장은 설득력을 잃게 된다. 1990~1996년간의 ROA1 평균값은 6.91%이며, 1998~2005년간의 ROA1 평균은 6.78%로서 외환위기 이전의 ROA에 근접한 수준이다. 아직도 IMF 이전의 값을 회복하지 못하고 있다. 따라서 IMF 이후 구조조정에 따른 효율증진은 "실물 측면에서의 효율증진이라기보다는 재무구조 개선에 따른 금융비용 절감"에서 비롯된 것으로 보는 것이 맞다(〔그림 5〕, 〔그림 6〕 참조). 비유하자면, "재무구조 개선을 통해 기업이 체력을 회복한 것은 사실이지만 체력이 강화된 것"은 아니다.

〔표 12〕와 관련한 특기사항은, 2004~2005년간 총자산경상이익률(ROA)이 총자산영업이익률(ROA1)보다 크다는 점이다. 이는 금융

그림 6 ROA와 ROA1의 추이(1990~2005년)

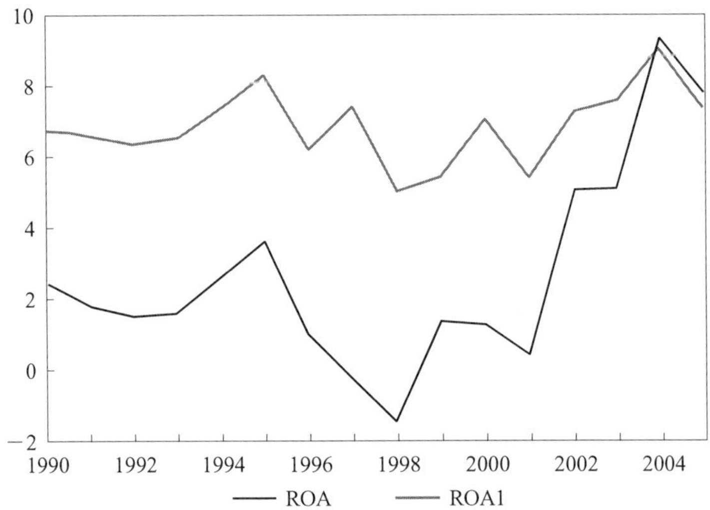

비용이 음(陰)의 값을 갖는다는 것을 의미하는바, 제조업의 수익 중 일부가 금융자산의 운용수익으로부터 나오고 있음을 보여 주고 있다. 전통적으로 기업은 '적자(赤字) 주체'이다. 쉬운 말로, '남의 돈'으로 장사하는 경제단위이다. 따라서 영업이익에서 이자비용을 낸 나머지를 경상수입으로 잡는 것이 보통이다. 하지만 2004~2005년은 정반대이다. 기업이 자금을 굴려 얻은 자산운영수익을 영업이익에 더하였다는 이야기다.

5.2. 실물투자 부진의 또 다른 증거

최근 2년간 ROA와 ROA1의 역전은 기업의 '실물투자'가 그만큼 부진하였음을 보여 주는 또 다른 차원의 증거이다. 그리고 투자 부진은 기업의 현금흐름(cash flow)을 분석함으로써 그 미시적 단초

표 13 기업의 자금흐름 분석

(단위: 백만 원)

연 도	영업활동으로 인한 현금흐름 (I)	투자활동으로 인한 현금흐름 (II)	재무활동으로 인한 현금흐름 (III)	현금증감액 (I+II+III)
1995	6,669	−16,424	10,700	944
1995	100.0	−246.3	160.4	14.2
1996	100.0	−357.1	261.7	4.6
1997	100.0	−428.7	386.0	57.2
1995~1997		−344.0	269.4	
1998	100.0	−134.4	37.6	3.3
1999	100.0	−65.2	−38.0	−3.2
2000	100.0	−87.2	−9.0	3.8
2001	100.0	−70.0	−25.0	4.9
2002	100.0	−61.9	−33.2	4.8
2003	100.0	−74.4	−16.4	9.2
2004	100.0	−76.9	−22.1	1.0
2005	100.0	−89.3	−0.1	10.6
1998~2005		−82.4	−13.3	

자료: 한국은행, 경제통계 DB(기업경영분석).

를 발견할 수 있다. [표 13]은 외부감사법 적용을 받는 제조기업의 '평균치'를 기준으로 '현금흐름'을 나타낸 것이다. 기업의 현금흐름은 '영업활동, 투자활동 그리고 재무활동'에 의해 유입·유출된다. 예컨대, 1995년 1개 기업당 영업활동과 재무활동을 통해 각각 67억 원과 107억 원이 유입되었고, 이를 재원으로 160억 원의 투자(현금유출)가 이루어졌으며, 나머지 9억 원은 현금으로 보유하였다는 것이다. [표 13]에서는 연도별 현금흐름의 상대적 내역을 비교하기 위해 영업활동에 따른 현금흐름을 '100'으로 정규화시켰다.

〔표 13〕에서 보듯이 외환위기 이전에 기업들은 영업활동에 따른 현금흐름만으로 투자지출을 충당할 수 없어 그 차이를 차입을 통해 조달하였다. 1995~1997년간 기업들은 평균적으로 영업활동에 따른 현금흐름의 약 3배 이상을 투자하였다. 그러나 외환위기 이후 기업들의 투자양상은 달라졌다. 기업들은 영업활동에 따른 현금흐름의 범위 내에서 투자를 하고 나머지 여유자금은 부채상환을 위해 사용하였다. 그리고 2005년의 경우 영업현금흐름의 10.6%를 시재금으로 보유하여 현금보유를 그만큼 늘렸다.

6 참여정부 부동산정책 평가

6.1. '증오'를 제어하지 못한 부동산정책: 국지적 현상을 국가 어젠더화

〔표 14〕는 최근 주택가격 상승률에 대한 추이를 정리한 것이다. 〔표 14〕는 청와대의 2006년 '부동산특집' 첫 번째 글 「통계로 본 부동산에 대한 오해와 진실」(이하 「오해와 진실」)에서 인용하였다.

2003년 1월부터 2006년 3월까지 3년 동안 "아파트를 포함한 전국 주택가격 상승률"은 9.3%이며, 서울은 15%이다. 서울을 제외한 전국 집값 상승률은 7.6%로 서울의 절반 수준을 기록하고 있다. 7.6% 상승률은 2003년 1월부터 2006년 3월까지의 '누적'상승률임을 감안하면, 그리 높은 상승률은 아니다. 서울의 집값 상승률 15%를 강남(강남, 서초, 송파)과 비(非)강남으로 분해하면, 각각 21.4%와 4.6%이다. 2004년 이후 강남 집값은 21.4%가 올랐지만, 강남을 뺀

표 14 최근 주택가격 상승률

지 역[1)]	상승률	지 역[2)]	상승률	지 역	상승률
서울	15%	강남	21.4%	버블 세븐	20.7%
서울 제외한 전국	7.6%	강남 제외한 서울	4.6%	버블 세븐 제외한 전국	1.6%
전국	9.3%				
2003. 1~2006. 3		2004. 1~2006. 3			

주: 1) 2003. 1~2006. 3 상승률.
2) 2004. 1~2006. 3 상승률.
자료: 국민은행.

서울지역은 4.6%로 급등하였다고 보기 어렵다. 따라서 최근 부동산 가격 급등은 '국지적 현상'으로 보는 것이 타당하다. 「오해와 진실」도 이를 인정하고 있다. 이는 매우 중요한 대목이다. 강남주택 가격 급상승이라는 국지적 현상을 '국가적 어젠더(agenda)'로 삼은 것은 정책접근에서 첫 단추를 잘못 끼운 것이기 때문이다.

이에 덧붙여 「오해와 진실」은 두 가지 사실을 강조하고 있다. 하나는 "강남 고가 아파트 1채=전국 평균 아파트 8채"[15]이며, 2006년 1월 1일 강남의 아파트수는 전국 아파트(688만 2,000호)의 3.6%에 불과한 24만 8,000호라는 것이다. 참여정부에게 있어 강남 주택 비중 3.6%는 이미 '한줌도 안 되는' 의미로 비추어진 것이다. 참여정부의 부동산정책이 실패한 이유는, '증오의 감정'을 제어하지 못하였기 때문이다. 부동산값도 안정시키지 못하고 분열과 질시 그리고 상처만 남겼다. "내 집값은 그대로인데, 네 집값만 올랐다는 것

15 강남 고가 아파트 1채가 전국평균 아파트 몇 채인가를 문제 삼는다면, BMW 1대가 마티즈 몇 대에 해당되는가도 문제삼아야 한다. 정부는 BMW의 값이 얼마인지 관심을 기울일 필요가 없다. 정부가 해야 할 일은, 웬만한 저소득층도 자신의 소득으로 소형차(entry car)를 가질 수 있게끔 경제환경을 만들어 주면 되는 것이다. 주거도 마찬가지다. 정부가 할 일은, 주거복지 차원에서 주거서비스에의 '접근성'과 최소한의 '주거의 질'을 충족시켜 주는 것이다.

이다.”

6.2. ‘강남불패’ 대 ‘투기필패’

청와대는 ‘강남불패’가 가능하였던 이유로 ‘잘 조직화된 투기세력’의 존재를 거론하고 있다. 그러나 자본시장과 달리 거래단위가 크고 불확실성이 큰 주택시장에 투기세력이 존재하기는 어렵다. 미래에 대한 예측을 공유하는 이질적인 투자자의 행동이 동조화될 수는 있다. 또한 ‘시장의 힘’이 미치지 않는 장외권(場外圈)에 위치하는 재화는 어디에도 존재하지 않는다. 최근 강남 중대형 아파트의 가격이 크게 오른 것은 ‘초과수요’가 존재하기 때문이다. 1990년대 중후반까지 강남아파트 가격이 추세적으로 하락한 것은, 분당, 수서 등 강남을 대체하는 대규모 아파트 신규공급이 이루어졌기 때문이다.

‘강남불패’를 기필코 ‘투기필패’로 만들겠다는 참여정부의 장담은 오기를 넘어 정책을 희극화(戱劇化)한 것이다. 늘 그랬듯이 참여정부는 자신의 부동산정책에 ‘자기최면적’ 가치를 부여하였다. “권력을 기반으로 해서 만들어진 것이 아니라 역사의 흐름과 명분, 그리고 시민사회의 신념과 이해관계를 따라 만들어진 정책”이라는 것이다. 현상의 본질을 벗어나고서야, “헌법만큼 고치기 어려운 부동산정책”을 동원한다고 문제가 해결되는 것은 아니다. 부동산가격이 결정되는 원리를 이해하지 못한 나머지 시장에 역행함으로써 화(禍)를 자초한 것이다.

주택가격이 급상승한 이유는 〔표 15〕, 〔표 16〕 2개만으로도 그 대부분을 설명할 수 있다. 〔표 15〕에서 최근 서울 지역의 중대형 아파트 공급이 급격하게 감소하였음을 볼 수 있다. 그리고 〔표 16〕에서 주택담보대출 비율과 대출금 규모가 급격하게 증가한 것

표 15 지역별·평형별 아파트 공급실적

(단위: 천 호, 평)

연도	전 국			수 도 권			서 울		
	총	25.7~40.9	40.9 이상	총	25.7~40.9	40.9 이상	총	25.7~40.9	40.9 이상
2001	267.4	31.7%	8.3%	120.4	39.2%	9.2%	39.4	60.4%	14.7%
2002	384.7	32.8%	7.0%	188.8	33.9%	5.7%	51.8	65.4%	13.1%
2003	468.7	29.4%	6.6%	237.3	25.3%	5.6%	83.6	35.3%	8.4%
2004	404.9	27.8%	6.7%	184.9	22.2%	5.3%	49.6	30.5%	8.6%
2005	415.5	20.4%	7.1%	181.6	17.6%	6.0%	44.1	15.1%	4.1%

자료: 서승환(2006)에서 재인용.

표 16 은행권 가계대출 현황

(단위: 조 원, 기말잔액 기준)

	2002	2003	2004	2005	2006. 11
기업대출	248.2	281.6	285.3	302.7	342.8
가계대출(A)	249.9	279.1	301.4	329.4	365.3
주택담보대출(B)	131.3	152.4	169.9	190.2	215.1
주택담보대출비율(B/A)(%)	52.5	54.6	56.4	57.7	58.9

주: 2006년은 추정치.
자료: 금융감독원, 한국은행.

을 볼 수 있다. 여기에 국토균형개발 명분으로 참여정부 출범 이래 2006년 말까지 풀린 '65조 원'의 토지보상금은 부동산투기의 '땔감'이었다.[16] 토지는 '규제상품'이기 때문에, 행정중심도시, 혁신도

[16] 참여정부 5년간 풀린 토지보상금은, 2003년 10조 352억 원, 2004년 16조 1,850억 원, 2005년 17조 2,615억 원, 2006년 20조 원이다. 또한 2007년에도 20조 원이 풀릴 전망이다. 이를 모두 합치면 85조 원에 이른다. 이는 2007년 정부예산안(238조 원)의 3분의 1에 달하는 규모다. 2007년만 놓고 보더라도, 보상금의 예산 대비 비중은 8.4%에 이른다.

시, 공공기관 이전 등 개발 재료는 토지가격을 끌어 올린다. 그리고 이들 지역에 연한 지역의 토지가격도 일정 부분 동반상승하게 된다.

6.3. '세금폭탄' 인가, 부동산세금 정상화인가

노무현 대통령의 2007년 신년연설 중 종합부동산세 관련부분을 그대로 인용하면 다음과 같다. "보유세, 거래가격의 공시제도는 가장 오랫동안 주장되어 온 정석적인 정책, 강력한 수단입니다. 전체 주택소유자의 2.4%인 23만여 세대에게만 해당되는 세금이니 뒤집지는 못할 것입니다." "2.4%인 23만여 세대에만 해당되는"에서 참여정부 정책관의 '진면목'을 읽을 수 있다. 이것이 참여정부 정책사고의 '한계'인 것이다.[17]

청와대는 '부동산 시리즈'를 통해, 강남구 삼성동의 한 아파트(63평)를 예를 들어, '2005년 594만 원하던 보유세가 올해에는 1,620만 원으로 약 2.7배 늘어난다고 친절하게 예시까지 해 주고 있다.[18] 세금은 본질적으로 국가서비스(국민의 생명과 재산을 보호한)에 대한 반대급부인 것이다. 1년 사이에 2.7배 세금이 는다면, 이는 세금이

---

[17] 상속세의 경우를 보자. 일관성 쌍둥이 같은 정책사고가 아닐 수 없다. "국세통계연보에 의하면 2004년 사망자는 약 26만 명이다. 그 중 상속세를 낼 만큼 재산을 남긴 사람은 1,808명으로 전체 사망자의 0.7%에 불과하다. 최고상속세율 50%가 적용되는 '과표 30억 원'에 해당한 사람은 겨우 245명에 지나지 않는다는 것이다. 따라서 상속세를 내지 않는 일반인들에게 상속세를 왜 인하해야 하는지를 납득시키지 못한다면 국회통과는 불가능하다는 것이다. 바꾸어 말하면 '245명 범주'에 들어오는 기업의 경영권 승계를 용이하게 하기 위한 법개정에 국민들이 동의할 리 없다는 것이다." 한줌도 안 되는 사람(245명)을 위해 상속세를 인하할 수는 없다는 것이다. 정책은 경우에 따라서는 '국민 한 사람'을 위해서도 시행될 수 있어야 한다.

[18] 이 같은 보유세의 급격한 증가는 과표적용률 인상(2005년 공시지가의 50%→2006년 70%), 과세기준금액 인하(공시가격 9억 원 초과→6억 원 초과), 세율구간 신설(공시가격 9억~20억 원, 세율 1%→1.5%) 등에 이루어진 것이다.

아니라 강탈에 가깝다. 세금은 소득에서 내는 것이지, 원본을 훼손하면서까지 내는 것은 아니다. 만약 주택가격 상승이 '정책실패'에 기인한 것이라면 국민들은 정책실패의 직접적인 '피해자'가 되는 것이다. 좋은 정부는 재정배당(fiscal dividend)을 통해 국민의 세금부담을 줄여 주는 정부이다.

보유세가 부담스러우면 집을 팔고 나가면 된다. 하지만 집을 팔고 나갈 '퇴로'를 차단하면, 이는 문을 걸어 잠그고 독가스를 주입하는 것과 마찬가지다. 양도세는 양도차익에 대한 자본이득과세이다. 그러면 1가구 1주택의 경우 '양도차익'을 어떻게 해석해야 하나? 물론 회계적인 의미의 양도차익을 계산할 수는 있다. 그러나 집을 팔아 현금화하였다 하더라도, 이 돈을 다시 다른 주택을 사는데 지출하였다면 양도차익을 다시 투자한 것이므로 세액공제해 주는 것이 타당하다. 하지만 우리 현실에서는 말도 꺼내기 어렵다. 이를 피할 수 있는 방법은 양도소득세를 집값에 전가시키는 것이다. 주택거래가 활발할 리 없다. 거래량이 충분하지 못하기 때문에 시장가격이 안정적이지 못하고, 호가(呼價)만 높아지게 된다. 거래가 촉진되면 부동산시장은 안정을 찾을 수 있다. 자본시장에서 이익실현 매물이 있듯이 부동산시장도 마찬가지이다. 경제주체의 미래에 대한 전망은 서로 상이하므로, 낮아진 주택가격하에서 새로운 균형이 달성될 수 있다.

부동산시장의 연착륙을 시도하려면, 정책에서 '증오'의 감정을 빼내야 한다. 그리고 비(非)강남을 강남수준으로 개발해 수요를 분산시키고 또한 도시기반시설이 허용되는 범위 내에서 강남의 개발밀도를 높여야 한다. 부동산정책에서 금리가 갖는 역할을 존중해 간접적으로 부동산시장을 규율할 필요가 있다.

7 공공부문 비대화와 방만한 재정운영

7.1. 큰 정부에 대한 믿음 버려야

'참여정부' 4년만큼 공공부문의 지나친 비대화와 방만한 재정운영으로 국가의 재정을 급속도로 악화시킨 예도 드물다. 일본은 2005년 '작은 정부'를 위한 '우정사업' 민영화를 계기로, 2006년 국가공무원 1,502명을 줄인 데 이어 2007년에도 사상 최대인 2,129명을 감축한다고 한다. 일본은 1980~1990년대에 정부규모는 커졌지만 빈부격차는 더욱 벌어졌다. 따라서 빈부격차 해소는 "정부의 규모가 아닌 정책선택과 인력활용의 문제"라는 시각으로 정책접근을 바꾸었다. 이는 양극화 해소를 위해 '큰 정부'가 필요하다는 노무현 대통령의 정책인식과 반대되는 것이다. 최근 경기회복 조짐을 보이고 있는 독일도 2010년까지 공무원의 2.6%를 감축한다고 한다. 최근 인도의 경제활력도 인도 고유의 전략적 변수(미국과의 시차 및 영어구사능력)를 잘 활용한 민간부문의 주도권 행사로 가능해진 것이다.

〔표 17〕은 참여정부 들어 진행된 공공부문 비대화를 정리한 것이다. 기획예산처 자료에 따르면, 국가공무원 총인건비는 2006년 20조 4,000억 원으로, 현 정부 출범 직전인 2002년 15조 3,000억 원과 비교하여 33.3%의 증가율을 보이고 있다. 특히, 대통령 소속 자문위원회는 출범 첫해 19개에서 2006년에는 29개로 증가하였으며, 예산도 3년 만에 10배로 폭증하였다. 참여정부 3년간 행정규제 건수는 2003년부터 2005년까지 7,715건에서 7,926건으로 3% 증가하였으며 같은 기간 공무원수는 2만 2,000명 증가하였다. 하지만

표 17 공공부문의 비대화와 정부행정 효율순위 하락

구 분	내 용
대통령 소속 자문위원회수 및 예산	2003년 18개, 173억 원에서 2006년 29개, 1,976억 원으로 증가
장차관급 공무원수	2002년보다 2006년 말 현재 27명 증가
공무원 총원	2002년보다 2005년 7월 현재 2만 2,000명 증가
공무원 인건비	2002년 15조 3,000억 원, 2003년 16조 8,000억 원, 2006년 20조 4,000억 원으로 증가
행정규제 건수	2003년 7,715건에서 2005년 7,926건으로 증가
IMD의 '정부행정 효율' 순위	2005년 31위에서 2006년 47위로 추락
세계경제포럼(WEF)의 '국가경쟁력' 순위	2005년 19위에서 2006년 24위로 하락

자료: 기획예산처 등.

참여정부의 '조직 및 인력확충'은 국제기구로부터 부정적인 평가를 받고 있다. 스위스 국제경영개발원(IMD)은 우리 '정부의 행정효율'을 2005년 31위에서 2006년에는 60개국 중 47위로 낮추었고, 세계경제포럼(WEF)도 한국의 국가경쟁력을 2005년 19위에서 2006년 24위로 하향조정하였다. 이 같은 '객관적' 평가에 비추어 볼 때, "대(對)국민 서비스 향상을 위한 공공부문 확대"라는 주장은 더 이상 설득력을 갖기 어렵다고 볼 수 있다.

국가부채는 지난 2000년 처음 100조 원을 넘어선 이래, 4년 만에 계속 100조 원씩 늘어나는 모양새이다. 우리 나라의 국가채무는 국내총생산(GDP) 대비 26.1%(2004년 말 기준)로 현재로서는 안정적인 수준이다. 그러나 문제는 '규모'가 아닌 '속도'이다. 지난 2000년부터 2004년까지 4년 동안 국내총생산은 578조 원에서 778조 원으로 200조 원 늘어났다. 같은 기간 국가채무는 111조 9,000억 원에서 203조 1,000억 원으로 91조 2,000억 원 증가해, 국내총생산이

34.6% 늘어날 때, 국가채무는 81.5% 증가하였다.

2004년 말 기준으로 우리 나라의 국내총생산에 대비한 국가부채 비중은 OECD 평균인 78.2%와 견주어 우려할 만한 수준이 아닌 것은 사실이다. 하지만 국가부채비율이 매우 높은 일본(154.6%)과 미국(63.4%), 독일(65.3%)을 제외하면 나머지 국가는 50%대를 넘지 않고 있다. 선진국들이 오랫동안 사회복지분야에 돈을 들여 지금 수준의 국가부채규모를 기록한 것과 이제 막 사회복지분야에 눈을 돌리기 시작한 한국의 현 국가채무수준을 수평비교하는 것은 적절하지 않다. 또 앞으로 한국의 고령화 속도는 세계 어느 나라보다 빠르게 진행될 전망이다. 2000년 전체 인구의 7% 수준인 65세 인구비중은 2019년에는 14%로 늘어날 것으로 예상된다. '고령화 사회'에서 19년 만에 '고령사회'로 진입하는 것이다. 곧 동면(冬眠)에 들어 갈 북극곰이 체지방을 충분히 비축해야 하는 것과 다를 바 없다. '2030 희망'이 역설적으로 재앙이 되지 않기 위해서는, '큰 정부'에 대한 믿음을 버려야 한다. 큰 정부에 대한 믿음을 버리지 않는 한, 사회적 일자리 창출이라는 '미몽'에서 벗어날 수 없다. 창출된 사회적 일자리는 민간부문의 일자리를 구축하게 된다.

8 선진경제 진입을 위한 패러다임 모색

8.1. '평등주의'의 함정

이념은 국가사회의 비공식적인 제도일 뿐만 아니라 공식적 제도의 내용에 영향을 미치는 요소로서, 경제주체의 의사결정과 행동패턴을 결정하는 중요 변수이다(North, 1991). 정치적 평등이념이 정치의 국가제도 결정기능을 통해 경제적 평등으로 전환될 위험은 민주주의 안에 항상 내재되어 있다.[19] 우리 나라의 경우 경제적 평등의 뿌리는 1980년대 정치민주화에서 비롯되었으며, 1987년 헌법개정을 통해 '경제민주주의'가 헌법적 경제질서로 자리매김하였다.[20]

IMF 외환위기 이후 좌파정권의 개혁기조는 1987년의 '경제민주주의'였다. 김대중 정권이 IMF 요구에 의해 자유주의 정책을 일부 시행한 것은 사실이지만, 깊은 기저에는 경제적 평등주의가 자리잡고 있었다. 형평과 균형을 내세운 노무현 정권은 출범부터 평등주의에 함몰되어 있었다. 참여정부의 '경제활력 저하'는 평등주의 이념의 역기능과 무관하지 않다. 경제적 평등을 지향하는 한, 차별화와 경쟁을 기본원리로 하는 시장경제와 양립할 수 없기 때문이다.

자유주의 발전원리는 차별화이며, 차별화는 발전친화적 유인구조이기도 하다. 차별화는 "자신의 시장가치를 높이기 위해 스스로 남과 구별되려는 의도적 노력"인 것이다. 즉, 남과 '차이'가 구별되도록 하는 전략이다.[21] 따라서 차별화는 "다른 것도 같게 취급해야 한다"는 결과 평등주의와 반대의 의미를 가진다. 온정적 간섭주의와 결과 평등주의는 발전역행적 유인구조를 만들어 낸다. 결과의 평등은 스스로 돕는 자를 역차별하고 동시에 스스로 돕지 않는 자

19 같은 민주주주의 이름하에 자유민주주의, 사회민주주의, 인민민주주의 등 다양한 형태의 민주주의가 나타나고 있음이 이를 말해 주고 있다. 그리고 IMF 외환위기는 1987년의 경제민주화와 무관해 보이지 않는다. IMF위기를 초래한 관치경제 패러다임 이상의 요인일 수도 있다. 후속연구가 요구된다.

20 우리 나라 헌법 제119조 제2항은, "국가는 균형 있는 국민경제의 성장 및 안정과 적정한 소득의 분배를 유지하고, 시장의 지배와 경제력의 남용을 방지하며, 경제주체 간의 조화를 통한 경제의 민주화를 위하여 경제에 관한 규제와 조정을 할 수 있다"고 규정하고 있다.

21 여기서 차별화는 통상적으로 '같은 것'을 부당하게 달리 취급하는 행동 또는 관행을 의미하는 것이 아니다. '균형발전'과 '시장이 균형을 이룬다'에서의 균형은 서로 다른 의미를 갖고 있다.

를 도덕적 해이에 빠지게 한다. 온정적 간섭주의는 정부에의 의존을 심화시킬 뿐이다. 평등주의는 사회를 지탱하는 데에는 기여할 수 있을지 모르지만 사회발전의 동력을 만들어 낼 수는 없다. 좌파정권 10년의 공과(功過)에서 '과'는 평등주의에서 연원된 것이기 때문에, 이제 '자유주의'에 기초한 패러다임 전환을 시도해야 한다.

8.2. 경제자유와 경제성장의 관계

'선진경제'를 어떻게 정의할 것인가? 온갖 미사여구를 다 동원할 필요는 없다. '자유민주주의'와 '시장경제'는 헌법적 국기인 만큼, 구성원이 최소한의 '생활의 질'을 누릴 수 있는 '건강하고 지속가능한' 성장이 가능한 시장경제가 선진경제인 것이다. 지속가능한 성장이 가능하려면 효율이 높아야 하며, 효율이 높아야 최소한의 '생활의 질'을 누릴 수 있는 물적 토대를 만들 수 있다. 또한 시장경제는 구성원의 자조(自助)와 자기책임 원리를 원칙으로 하는 경제체제이기 때문에, '개인의 성취동기'를 북돋을 수 있어야 한다. 한편, 경쟁에 실패한 사람에게 패자부활의 기회가 주어지는 '실패에 대한 관용'이 베풀어지는 경제가 선진경제일 것이다.

'자유주의'를 받아들여야 하는 절박한 이유는, 자유가 활력을 낳기 때문이다. 새로운 패러다임 모색을 위해서 경제자유가 경제에 미치는 영향을 살펴볼 필요가 있다. 해리티지(Heritage)재단은 10개 지표를 기준으로 나라별 경제자유도(Index of Economic Freedom)를 매년 작성·발표하고 있다. 2006년 경제자유도 자료에 의하면, 우리 나라는 총괄지표값은 '2.63'으로 경제자유도가 높은 순서로 '45위'를 차지하고 있다. [표 18]은 '경제자유도'와 '1인당 달러표시 평균소득' 간의 관계를 분위별로 정리한 것이다. 경제자유가 가장 많이 허용되는 1분위 국가의 평균국민소득은 약 1만 9,000달러로,

표 18 2006년도 경제자유도 5분위 그룹의 1인당 달러표시 평균국민소득

(2000년 불변 달러기준)

	국가수	1인당 평균국민소득 (달러표시)	자유도
1분위	31	18,989.7	1.26~2.42
2분위	31	9,584.6	2.48~3.02
3분위	31	2,730.6	3.06~3.30
4분위	31	2,244.9	3.32~3.62
5분위	33	845.2	3.66~5.00

[그림 7 경제자유도와 1인당 달러표시 국민소득의 관계]

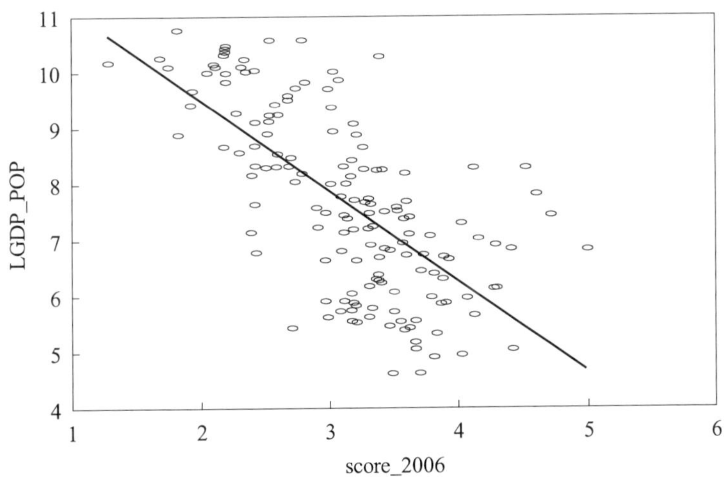

경제자유가 거의 허용되지 않는 통제경제의 평균소득 845달러의 22배에 이르고 있다.

[그림 7]은 경제자유도와 1인당 국민소득의 로그(log)값을 산포도로 표시한 것이다. 실선은 회귀선(regression line)으로, 경제자유

도의 값이 높아질수록(통제경제로 갈수록), 1인당 국민소득의 로그값이 급격하게 감소하는 것을 보여 주고 있다. [표 19]에서 식 E−1)은 1인당 국민소득의 로그값을 종속변수로, 경제자유도를 독립변수로 해 양자 간의 관계를 회귀분석한 것이다. 인구가 작은 나라의 경우 1인당 국민소득이 높은 경향이 있으므로, 인구 200만 명 이하의 국가를 제외하고 다시 회귀분석한 것이 식 E−2)이다. 식 E−1)과 식 E−2)를 통해, 경제자유도가 1인당 국민소득에 미치는 양(陽)의 효과는 매우 안정적(robustness)임을 확인할 수 있다.

경제자유도를 계산하는 데 있어 정부의 크기와 시장개입 정도를 나타내는 지표는, 재정부담(fiscal burden), 정부개입(government intervention), 해외투자(foreign investment) 개방, 규제(regulation) 등 4개이다.[22] 이들 4개 변수가 1인당 달러표시 국민소득에 미치는 개별적 효과를 판별하기 위해 회귀분석을 시도하였다. [표 19]의 식 E−3)과 식 E−4)가 그것이다. '재정부담'과 '정부개입'은 '정부의 크기'를 나타내는 변수이므로, 서로 독립적인 관계가 아니다. 따라서 '정부개입'변수를 버리고, '재정부담'과 '규제'만을[23] 이용해 추정한 것이 식 E−3)이다. 식 E−4)는 설명변수에 '해외투자 개방' 변수를 추가해 회귀분석한 것이다. 식 E−4)가 의미하는 바는, '규

---

22 '재정부담(fiscal burden)'은 소득세율, 법인세율, GDP 대비 정부지출 비중을, '정부개입(government intervention)'은 GDP 대비 정부소비지출 비중, 공기업 및 정부소유 자산운영으로부터의 수입비중을, '해외투자(foreign investment) 개방'은 해외자본의 수입을 금지하는 산업의 수 및 이익송금의 허용 여부, 외국인의 내국인 대접 여부를, '규제(regulation)'는 규제의 투명성, 규제순응과정에서의 관료의 태도, 부패의 개연성 등을 기준으로 작성된다.

23 한국의 규제상황을 설명하는 헤리티지 보고서의 기술이 흥미롭다. "……한국에서는 규제의 잦은 개정으로 관계공무원이 관련규제를 숙지하지 못하는 경우가 많으며, 부처마다 규제에 대한 해석이 달라진다. ……또한 규제를 집행하는 중간 관료층의 경우, 문서화되지 않은 암묵적 행정지침에 따라 행동을 하는 경우도 있다. 그만큼 투명성이 결여되어 있다.……" unpublished ministerial guidelines는 적절한 지적일 수 있다.

표 19 **경제자유도와 1인당 국민소득의 관계**

종속변수: log(GDP_POP)	식 E−1)	식 E−2)	식 E−3)	식 E−4)
C	12.73 (28.50) [0.00]***	12.70 (24.69) [0.00]***	12.63 (26.95) [0.00]***	12.75 (26.96) [0.00]***
총괄지표 SCORE	−1.61 (−11.58) [0.00]***	−1.61 (−10.21) [0.00]***		
규제 REGULATION			−1.19 (−11.21) [0.00]***	−1.06 (−7.89) [0.00]***
재정부담 FISCAL_BURDEN			−0.24 (−2.12) [0.03]**	−0.25 (−2.16) [0.03]**
투자개방 정도 FOREIGN_INV				−0.18 (−1.56) [0.12]
표본수	157	132 (인구 200만 이하 제외)	157	157
R-square	0.46	0.44	0.50	0.51

주: ( ), [ ]는 각각 *t*-값과 유의수준을 각각 나타낸다. ***, **, *는 각각 유의수준이 1%, 5%, 10% 이내임을 의미한다.

제'가 심할수록, 정부의 '재정부담'이 높을수록, 그리고 '해외투자개방'에 소극적일수록 1인당 국민소득이 낮아진다는 것이다. 다만 해외투자 개방변수의 유의수준이 10%를 넘어서(12%), 통계적 의미가 반감(半減)되고 있다. 분명한 사실은 '정부의 크기'와 '정부의 시장개입'이 1인당 국민소득을 낮추는 방향으로 작용한다는 것이다.

8.3. 경제자유와 소득분배의 관계

경제자유도가 높을수록, 1인당 국민소득이 높아지는 경향이 존재한다. 그러면 경제자유도와 소득분배의 관계는 어떠한가? '지속가능한 성장'이 되기 위해서는, 1인당 국민소득이 증가하되 소득의 불균등분배가 일정 부분 제어되어야 한다. 소득분배 개선은 정부의 온정적 시장개입에 의해 이루어진다고 생각되지만, 한편으로는 '시장의 힘'에 의해 내재적으로 이루어지기도 한다.[24]

71개국의 자유주의 연구조직의 연합체인 경제자유네트워크(Economic Freedom Network, Fraser Institutes)의 연구는, 경제자유와 소득분배 간의 관계에 대해 많은 시사점을 던져 주고 있다. 다음의 그림 4개는 프레이저연구소의 '경제자유보고서'에서 인용한 것이다. [그림 8]은 해리티지재단의 데이터를 이용해 분석한 [표 18]에 해당하는 내용이다. 분석대상 국가와 연도가 다르기 때문에 숫자는 일치하지 않지만, 경제자유도가 높을수록 1인당 국민소득이 높아지는 것은 공통적이다. [그림 9]는 경제자유도와 소득 최하위 10% 계층의 소득점유율 간의 관계를 나타낸 것이다. 그림에서 보듯이, 양자 간에는 뚜렷한 상관관계가 보이지 않는다. 따라서 1인당 국민소득이 높은 경제일수록 소득분배가 악화된다는 가설은 지지되지 않는다. [그림 10]은 경제자유도와 최하위 10% 소득계층의 평균소득을 표시한 것이다. 최하위 10% 소득계층의 소득점유율이 아닌 평균소득을 나타낸 것이기 때문에, 1인당 소득이 높은 국가일수록 하위 10% 소득계층의 소득은 높아진다. 따라서 1인당 소득이 높은 경제일수록, '빈곤의 문제'는 상당한 정도로 해결될 수 있다 하겠

24 자본축적은 자본의 한계생산성을 낮추게 된다. 또한 자본이 축적됨에 따라 '노동장비율(capital labor ratio)'이 높아져 노동의 한계생산성이 증가하는 경우, 그 혜택은 가계소득 중 근로소득의 비중이 상대적으로 높은 저소득층에게 돌아간다. 자본계층의 자본축적이 노동계층의 소득을 올리는 '경로'로 기능한다.

그림 8 경제자유와 1인당 국민소득(프레이저연구소)

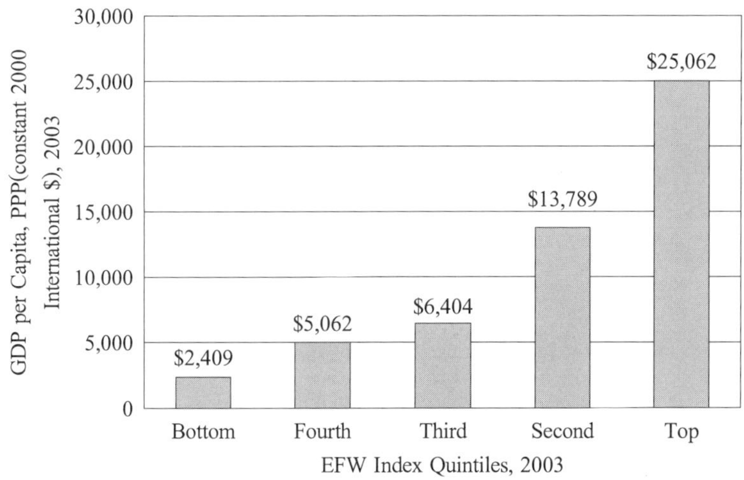

그림 9 경제자유와 소득 최하위 10% 계층의 소득점유율

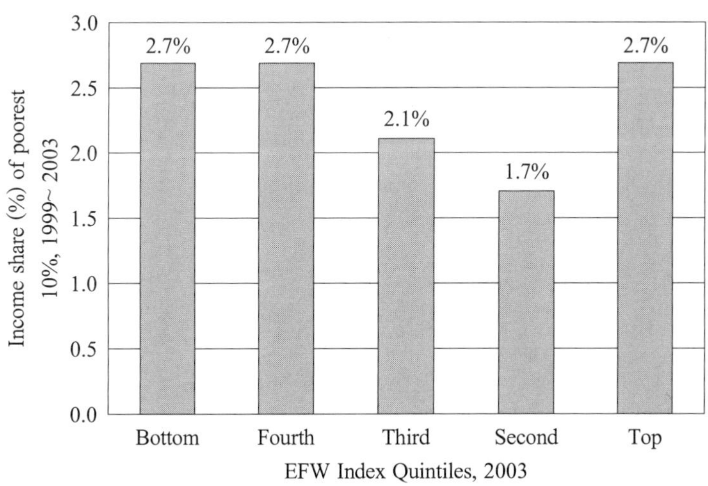

[그림 10 경제자유와 소득 최하위 10% 계층의 평균소득]

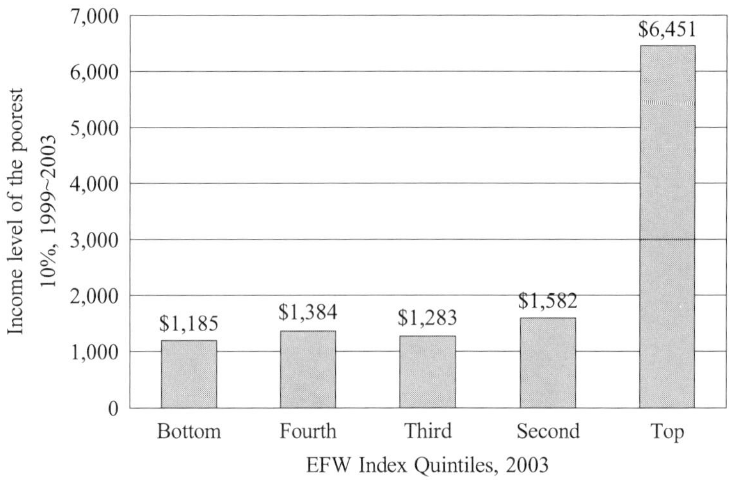

다. 경제자유가 가장 많이 허용된 국가의 최하위 10% 소득계층의 평균소득은 6,451달러로, 경제가 가장 적게 허용된 국가의 평균소득 1,185달러의 5.4배에 이르고 있다.

〔그림 11〕은 경제자유와 '인간빈곤지수' 간의 관계를 나타낸 것이다. 인간빈곤지수(Human Poverty Index)는 인간의 '삶의 질'을 다음의 세 가지 척도, 즉 ① 건강하면서도 오랜 수명, ② 지식과 정보, ③ 생활의 품격유지로 측정할 때, 이 세 가지 기준을 충족하지 못한 인구비율을 나타낸 것이다. 〔그림 11〕에 의하면, 높은 경제자유가 허용되는 국가의 경우 인간다운 삶을 영위하지 못하는 인구비중이 15.7%이나, 경제자유가 허용되지 않는 국가의 경우 전체 인구의 37.4%가 인간다운 삶을 영위하지 못하는 것으로 나타나고 있다.

이상의 4개의 그림은 현상을 묘사하였을 뿐 그 '인과관계'로 설명한 것이 아닐 수도 있다. 상관관계로 그 의미를 낮추어도 좋

그림 11 경제자유와 '인간빈곤'지수

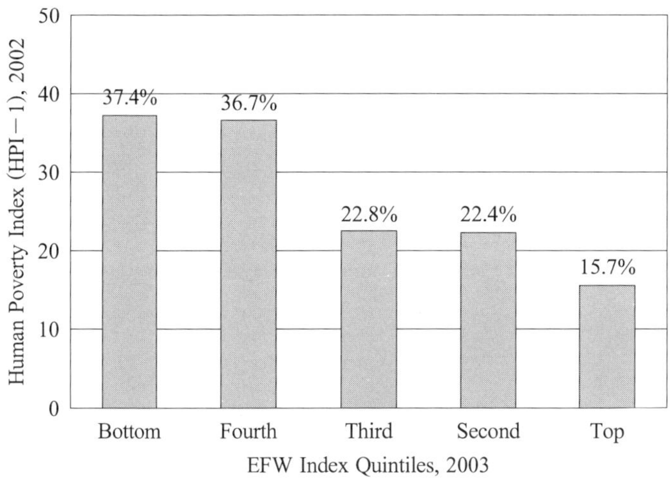

다. 그러나 한 가지 분명한 것은, 위의 4개의 그림에는, 일관된 논점과 기준에 의해 도출된 수많은 정보가 농축되어 있다는 것이다. 따라서 배열된 정보 또는 변수 간의 추세를 부정할 이유는 없다. 좌파의 주장대로 성장이 형평의 문제를 해결해 줄 수 없을지 모른다. 그러나 '섣부른' 형평추구는 장기적으로 우리 모두를 빈곤하게 만들 수 있음에 유의해야 할 것이다. "소득분배문제 이전의 '빈곤문제'를 해결하기 위해서는 경제자유도를 높여야 한다는 주장"을 '입증'하기는 어렵다. 그러나 그것이 진실이 아님을 '반증'하기는 더 어렵다. '사회주의' 몰락의 역사적 경험은 유용한 판단의 준거가 된다.

9 에필로그

좌파는 전통적으로 인간의 이성(reason)에 무한한 신뢰를 보내고 있다. 좌파들은 이성에 기초를 둔 정부조직을 통해 시장을 통제·관리함으로써 윤리적이고 이상적 사회를 설계할 수 있다는 믿음을 갖고 있다. 그러나 사회주의 실험은 모두 실패하였다. 참여정부에도 "저성장의 구조화와 양극화 심화" 형태로 참여정부 패러다임의 '이례적 모순'이 이미 나타나고 있다. 따라서 '자유주의'에 기초한 패러다임의 전환이 절실히 요구된다 하겠다. '2030 희망'을 위한 재정개혁, 복지지출 전달체계 개선보다 중요한 것은 '지금' 시장활력을 제고하는 것이다.

참여정부는 스스로의 이념을 '신자유주의 좌파'로 규정한 적이 있다. 노 대통령은 "이론의 틀 안에 현실을 집어넣지 말고 현실을 해결하는 열쇠로 좌파 이론이든 우파 이론이든 써먹을 수 있으면 써먹자는 것"이라고 설명하였다.[25] 좌우를 아우르는 '제3의 길'은 가능한가? 하이에크(Hayek)는 제3의 길을 최악의 변종으로 혹평하였다. 기든스(Giddens) 역시 "왼편에 있는 것과 오른편에 있는 것은 뒤바뀔지라도, 어떤 것도 좌우 양쪽에 동시에 있을 수 없다"며 좌우를 아우르는 제3의 길은 불가능하다고 하였다. 현실세계에서는 우파의 이념에 좌파 요소가 있을 수 있고, 그 반대도 가능하다. 그

25 "검은 고양이든 흰 고양이든 쥐만 잘 잡으면 된다"는 덩샤오핑(鄧小平)의 흑묘백묘론(黑猫白猫論)이 연상된다. 하지만 분명한 차이가 있다. 등소평의 흑묘백묘론은 경제를 정치체제로부터 분리시키기 위해 한 말이다. 따라서 실용노선을 취한 것으로 해석할 수 있다. 하지만 '좌파 신자유주의'는 '제3의 길'을 모색한 것이다. 엄밀한 의미에서 '제3의 길'은 존재하지 않으며, 실용과는 거리가 멀다. 변종(變種)에 지나지 않는다.

러나 주(主)와 종(從)은 분명히 구분되어야 한다. 일부 좌파 요소를 가진 우파 이념을 좌파 이념으로 부를 이유는 없다. 참여정부는 좌파이면서도 좌파로 불리는 것에 과민반응을 보이고 있다. 한·미 FTA는 좌파로 불리는 것을 막는 방패역할을 하고 있다.[26] 참여정부의 경제적 실패는 참여정부의 이념적 정체성을 분명히 하지 않은 점도 그 이유의 일단(一端)이다. 서로 결합될 수 없는 것을 사회적 협약과 대타협의 이름으로, 억지로 결합하려고 하는 과정에서 정책의 신뢰를 잃게 된 것이다. 따라서 패러다임의 전환을 시도하는 과정에서, '자유주의'에 대한 이념의 정체성을 분명히 해야 한다. 우파 이념에 좌파 요소가 일부 용해된다 하더라도, 이를 빌미로 '제3의 길'인양 하지 말아야 한다.

인간의 이성이 완전하다면 자유는 사치에 지나지 않는다. 전지전능한 인간이 있다면 그의 지시를 따르면 되기 때문이다. 이처럼 자유는 우리 모두의 무지(無知)를 기반으로 하고 있으며, 자유가 허용될 때 무지는 시행착오를 통해 메워지게 된다. 시장의 선별과정으로 인간의 '제한된 합리성(bounded rationality)'의 제약은 그만큼 완화된다. 이 같은 관점에서 볼 때 참여정부의 치명적 잘못은, 무오류(無誤謬)의 지고지선(至高至善)한 지도자가 모든 사회적 교란과 갈등을 조정해 줄 수 있다는 믿음을 가진 것이다. '큰 정부-작은 시장-거미줄규제' 조합은 무오류와 지고지선을 과신하는 데서 비롯된 대단히 위험한 발상이다. 참여정부는 '무오류의 함정'에 빠진 나머지 '화려한 약속'을 쏟아 냈지만, 이미 그 안에 실패요인이 내재되어 '우울한 성과'를 낳을 수밖에 없었다. 참여정부는 보호하고 도움을 주려 하였던 계층을 결과적으로 고통스러운 상황으로 빠지게 하였다. 어찌 보면 참여정부의 4년은 무오류의 독선, 확신편향,

[26] 정치적 반미주의를 희석시키려는 의도로도 읽히는 구석이 있다.

이념과잉이 빚은 '승자의 저주(winner's curse)'일 수 있다.

영국 식민지와 스페인 식민지 국가의 현재를 비교한 노스(North, 1991)의 분석은 시사하는 바가 크다. 영국에서는 전통적으로 왕의 권력이 약하였고 법치주의가 잘 지켜졌다. 반면, 스페인은 왕의 권력이 강하였다. 따라서 영국에서는 시민의 자유와 재산이 제대로 보호되었지만 스페인에서는 그렇지 못하였다. 제도적 차이가 식민지에 그대로 이어졌고, 그 결과 오늘날의 차이가 만들어졌다는 것이다. 경제적 자유가 보장된 국가는 효율을 추구하게 되고, 경제 자유가 통제된 국가에서는 통제로 인해 발생한 지대를 추구하게 되어 비효율이 쌓이게 된다. 우리 사회가 '자유주의'를 그 의미 그대로 받아들이느냐 여부는 참여정부의 잔재를 청산하고 미래 선진경제 진입의 관건이 될 것이다. 그리고 정책은 "시장에서 손을 떼는 것"일 수도 있음을 받아들여야 한다.

참고문헌

강석훈, 「양극화의 오해와 남용—소득양극화를 중심으로—」, 『양극화의 왜곡과 허구』, 바른사회시민회의 시장경제제도연구소 정책심포지엄, 2006. 4.

서승환, 「참여정부 부동산정책 평가」, 『참여정부 부동산정책의 종합적 비판』, 바른사회시민회의 정책심포지엄 발제논문, 2006. 8.

이인권, 『기업지배구조와 출자규제제도의 법리적, 실증적 연구』, 한국경제연구원, 2005. 1.

임영재 외, 『시장개혁 추진을 위한 평가지표 개발 및 측정』, KDI,

2003. 9.

조동근, 『IMF개혁정책의 평가와 한국경제의 신패러다임』, 아산재단연구총서 제58집, 2000. 6.

______, 「부패, 반(反)부패 그리고 자유주의」, 『자유와 법치』, 한국하이에크소사이어티, 에이지, 200. 12.

______, 「무엇이 기업투자를 가로막는가?—뉴딜과 순환출자 논란 정책진단—」, 국회 금융정책연구회 발제논문, 2006. 9.

______, 「선진경제 진입을 위한 정책 패러다임 모색: 자유, 기회, 번영」, 『미래선진한국의 비전과 과제』, 제1회 명지포럼 발제논문, 2006. 10.

조순·안석교 외, 『하이에크 연구』, 대우학술총서, 민음사, 1995. 5.

Hayek F., *Law Legislation and Liberty*, Vol. Ⅲ, University of Chicago, 1979.

La Porta, R. *et al.*, "Corporate Ownership Around the World," *Journal of Finance*, Vol. LIV, No. 2, 1999.

North, D., "Institutions," *Journal of Economic Perspective*, Vol. 5, No. 1, 1991.

현 진 권

제 3 장

참여정부 재정정책 비판

1. 서 론
2. 문 제 점
3. 작은 정부로 가는 길

1 서 론

한국이 갈 길은 큰 정부이어야 하나, 작은 정부이어야 하나? 세계의 경제학자들은 작은 정부를 정책의 기본방향으로 제시하고 있다. 한국은 왜 작은 정부로 가야 하나? 이는 곧 한국은 왜 조세부담수준을 높여서는 안 되느냐와 일맥상통한 질문이다. 참여정부의 정책방향은 가진 자로부터 조세부담을 높여서 가지지 못한 자에게 복지지출을 확대하는 것이다. 명목적으로 보면 매우 바람직한 정책방향인 것 같지만, 이는 조세를 포함한 재정정책의 본질을 전혀 이해하지 못하고 있다. 현 정부의 재정정책은 정부의 역할을 홍길동식으로 생각하고 있기 때문이다. 단지 차이점은 홍길동식 자원배분은 불법이지만, 조세를 통한 배분은 합법적이라는 점이다.

참여정부 4년은 재정관점에서 실패하였다. 재정정책의 목표가 형평, 자주, 균형으로 좌파적 사고에 치우쳐 장기적 경제성장의 기반축소라는 국민 전체의 비용을 치르게 되었다.

2 문 제 점

2.1. 정부기능에 대한 잘못된 믿음

참여정부의 정책기조는 자주, 형평, 균형발전, 복지확대이며 이러한 정책방향은 본질적으로 시장경제원리에 반하는 정책수단을 강구할 수밖에 없다. 과정상의 형평보다는 결과에 대한 형평성을 강조한 정책과, 부자는 가난한 사람을 도와야 한다는 무조건적인 복지정책은 필연적으로 경제성장기반을 잠식시키기 때문이다. 이러한 참여정부의 정책기조는 필연적으로 정부기능을 확대하여야 한다. 과거 압축성장의 정책성과를 전면적으로 부정하고, 압축성장에 따른 계층 간 불균형만을 강조하고서, 경제적 '문화혁명'식 정책집행을 위해서는 큰 정부를 지향할 수밖에 없는 것이다. 큰 정부는 곧 국민의 세금부담 증가로 이어져 절대 경제성장을 이룰 수 없으며, 참여정부 동안의 4% 초반대 경제성장률이 이를 잘 반영하고 있다. 노무현 대통령은 후보시절에 연 7%의 경제성장률을 공약으로 제시하였으나, 정책방향은 성장보다는 분배에 정책적 가중치를 두었다. 이는 곧 경제정책에 대한 기본개념이 없었다고 평가할 수 있다.

2.2. 양극화란 허구논리와 홍길동식 세금

참여정부는 세금정책을 통해 홍길동 역할을 하려고 하였으며, 이러한 논리를 합리화하기 위해 '양극화'라는 정치적 용어를 만들었다. 가진 자 20과 가지지 않은 자 80으로 구체적으로 나누어 양극화로 정의하고, 이들 계층 간의 갈등을 유도하면서 이러한 구조를 해결할 수 있는 홍길동 역할로 세금을 사용하였다. 즉, 가진 자로부터 빼앗아 가난한 자에게 이전하는 수단으로 활용하였다.

소득불균형에 대한 수준을 국제 간 비교해 볼 때, 한국의 경우 유럽 국가들보다는 심하지만 미국보다는 양호하며, 특히 체제전환국과 비교해 볼 때는 월등히 양호하다. 즉, 한국의 소득불균형은 국제적으로 극단치를 가질 정도로 심각한 수준이 아니다. 구체적으로 지니계수를 사용하여 비교해 보면, 한국 0.361(2000년), 미국 0.368(2000년), 영국 0.345(1999년), 러시아 0.447(1995년) 수준이다.

2.3. 부동산세는 가진 자를 징벌하는 수단

가진 자는 부동산 '투기'를 하는 계층이며, 이에 따라 부동산 가격이 급등하자, 이들 계층을 징벌하는 수단으로 종합부동산세를 신설하였으며, 기본골격은 가진 자들의 세부담을 급격하게 높임으로써 투기를 억제할 수 있다는 것이다. 설혹 이러한 신념을 가졌다고 해도 세금을 정책수단으로 사용할 경우에는 세금의 기본원리에 충실해야 한다.

종합부동산세는 세계 어디에서도 찾아볼 수 없는 세제이다. 개인납세자에 대해 인별 합산하여 누진율을 적용하는 국세로서의 종합부동산세는 세계에서 유일한 제도이며, 이는 얼마나 조세원리에 맞지 않는 구조인가를 알 수 있게 한다. 또한 부동산은 조세원리상 지방정부의 세원이므로 지방세의 근간이다. 따라서 지방정부는 주민들의 재정수요에 따라 탄력적으로 부동산세 부담수준을 결정하며, 이는 지방자치제도의 핵심인 재정분권의 본질이다. 종합부동산세제는 지방분권화 시대에 재정분권의 기본골격을 와해시켰다고 평가할 수 있다. 참여정부는 지방분권을 정책의 주요 방향으로 표명하였다. 결과적으로 부동산정책과 지방분권정책은 서로 상충하는 결과를 낳게 되어, 정책기조의 어디에 있는지에 대한 명확한 로드맵도 없이, 스스로 지방분권을 달성하기 위한 중요한 정책수단인 부동산세제를 무력화시켜 버렸다.

종합부동산세 세부담수준은 주택보유자들에게 엄청난 고통을 주게 된다. 정책목표로 삼은 것이 한국의 0.1% 유효세부담을 미국의 1% 수준으로 높이겠다는 것이나, 이는 연소득 대비 주택가격이 한국 전체와 비교하면 6배(2005년 기준)이나 미국은 2.7배(2003년 기준)이므로, 소득을 기준으로 세부담할 경우 엄청난 고통을 주게 된다. 종합부동산세도 실질적으로는 소득에서 부담함에도 불구하고 정책실패로 야기된 높은 부동산가격을 기준으로 세부담을 결정함에 따라 가진 자를 징벌하는 수단이 되었다.

종합부동산세제의 정책목표 중 하나는 부동산가격 상승을 억제하는 것이었으나, 제도도입 이후로 부동산가격이 오히려 더 상승해 참여정부의 대표적인 정책실패 사례가 되었다. 또한 높아진 종합부동산세 부담만큼 임차인에게 전가됨에 따라 결과적으로 가지지 못한 자에게도 고통을 주게 되었다.

종합부동산세제의 과표는 모두 정부에서 보유하고 있음에도 불구하고, 제도를 운영하는 세정 측면에서 정부부과제도를 시행하지 않고, 국세란 형식적인 논리를 통해 신고납부제도로 운영하여 가진 자에 대한 미움을 세정 측면에서도 나타냈다. 다행히 2008년부터는 정부부과제도로 바뀔 예정이다.

2.4. 국민부담을 확대하기 위한 꼼수정부(지하정부)

정부에 대한 국민들의 부담수준을 평가하는 대표적인 지표가 조세부담률이며, 이를 국제 간 비교하여 국민들의 세부담을 높이려는 꼼수를 지속적으로 추진하였다. 한국의 조세부담률은 19.5%(2004년), 20.3%(2005년)이며, OECD 국가들의 평균부담률은 각각 25.2%, 24.6%이다. 단순한 지표를 보면 한국의 세부담이 월등하게 낮은데 이것이 참여정부가 정부기능을 확대하려는 기본논리이다. 그러나 조세라는 제도가 아닌 다른 형태로 국민들에게 실질적인 부담을 전가할 수 있는 방법이 많이 있다. 조세형식은 취하지 않으나 실질적으로 국민들이 부담하는 수준이 높으며, 한국에서만이 존재하는 것으로 한국 정부의 꼼수수법, 지하정부로 볼 수 있다.

첫째, 각종 부담금 등으로 대표하는 '준조세'의 부담으로, 2003년의 경우 기업만이 부담하는 준조세수준이 GDP 대비 3.2%이다.

둘째, 한국의 국민연금은 적립방식으로 대부분 선진국들의 부과방식과는 본질적으로 다르며, 저부담 고혜택으로 디자인된 제도로 인해 발생하는 적자부문도 필연적으로 국민부담에 포함해야 한다.

셋째, 한국은 징병제이나 대부분의 선진국은 모병제이다. 따라서 한국의 현역군인들은 평균소득세율 70% 이상을 부담하는 것이다.

세금형식 이외의 실질적인 국민들의 총부담을 포함해서 GDP로 환산할 경우, 국민총부담률이 31.6%(2004년), 32.1%(2005년)로서 OECD 국가들의 평균보다 훨씬 높은 수치이다. 그 밖에 공기업을 통한 정부행위를 고려할 때, 공기업의 부채규모도 잠재적인 국민부담으로 볼 수 있으며, 이를 고려하면 국민들의 실질부담수준은 더 높아질 것이다.

2.5. 비합리적 · 비생산적 지출체계

참여정부가 추구하는 정책적 이념으로 자주, 형평, 복지를 들 수 있는데, 개별 지출정책방향에 이들이 잘 반영되어 있다. 이러한 이념추구는 국민들에게 감성적으로 호소력을 가질 수 있으나, 이를 현실화시키기 위해 엄청난 비용을 치러야 한다. 문제는 이러한 비용을 치름으로써 얻는 것은 국민들의 감성적 자존심이나, 잃는 것은 미래를 위한 성장기반이다.

국방정책 논란의 핵심은 자주국방이냐, 또는 의존국방이냐이다. 비용을 고려하지 않을 경우 자주국방을 반대하는 사람이 어디 있겠는가. 문제는 자주국방을 하기 위해서는 그만큼 비용을 분담해야 한다. 그런데 한국의 국방문제는 한국이 직접적인 영향을 받는 사안이지만, 한반도 평화질서는 국제질서 속의 한 요소일 뿐이다. 따라서 한국의 국방은 필연적으로 미국, 일본 등 국가들에 외부효과가 발생하므로, 한국의 국방비용은 혜택을 받는 미국, 일본 등도 부담해야 할 이론적 근거가 있는 것이다. 그럼에도 불구하고 자주 국방을 강조하면 그만큼 정부지출은 커질 수밖에 없다. 따라서 국방정책에서 미국과의 공조체계는 비용분담 차원에서 지극히 당연한 것이다.

형평복지를 위한 정부정책은 조심스럽게 접근할 필요가 있다. 형평을 앞세워 시장경제질서를 인정하지 않는 획일적인 정부주도의 정책으로 보육정책을 들 수 있다. 보육의 중요성은 새삼 말할 필요가 없으므로 정부역할은 필연적이다. 그러나 정부정책의 기본방향은 보육시장에 영리법인의 진입을 허용하지 않고, 상한선의 가격규제를 통해 획일적인 보육서비스만 시장에 존재하도록 하여 민간의 보육산업이 발전하지 못하게 한다. 결국 정부의 감독과 규제가 한층 강화되고 수요자들의 다양한 요구는 형평의 이념으로 무시되고 말았다. 획일적인 보육서비스 질을 획기적으로 높이기 위해 보육재정을 확대하자는 것이 보육정책의 근간이다. 시장에서 해결할 수 있는 보육수요도 정부에서 모두 부담하게 되니, 그만큼 재정지출액은 증가할 수밖에 없는 것이다. 보육정책의 기본방향은 저소득계층에 대해 정부에서 무상서비스를 제공하되, 일정 수준 이상의 소득계층에 대해서는 시장에 의해 이루어져야 한다. 따라서 보육재정 확대가 중요한 것이 아니고, 보육시장이 정상적으로 가동하기 위해 정부규제를 모두 철폐해야 한다.

복지의 폭을 확대하기 위해 근로소득지원제도라는 미국의 EITC 제도를 도입하였다. 정부에 의존하지 말고, 일한 만큼 정부가 보조해 주겠다는 제도로 국민기초생활보호제도 같은 노동유인책이 없는 폐단을 개선하자는 것이다. 그러나 미국 제도가 한국에 와서는 국민기초생활보호제도를 유지한 채, 근로소득지원제도를 도입하면서 저소득층을 위한 복지의 확대라고 제도의 본질을 왜곡시키고 있다. 또한 미국에서도 행정비용이 전체 예산액의 30%나 소요되는 비싼 제도를 저소득층의 소득파악에 대한 인프라가 전혀 없는 상태에서 시행할 경우, 향후 많은 재정지출이 수반될 수밖에 없다. 근로소득지원제도는 국민기초생활보호제도의 문제점을 해결하는 수단으로 도입되어야 하며, 일할 수 없는 고령자와 장애인을 제외하고는 모두 근로유인에 의한 복지지출이 전제되어야 한다.

참여정부의 자주, 형평, 복지라는 이념을 현실화하기 위해서 재정지출 확대와 재정적자를 감수해야 한다. 정권은 5년의 수명을 가지지만, 정책효과는 10년 이상 갈 수 있다. 제도가 변화하면 경제주체들은 자신들에게 이윤이 높은 쪽으로 변화하게 되고, 이를 다시 제자리로 옮기는 데 많은 비용이 수반되기 때문이다.

3 작은 정부로 가는 길

재정학의 전통적인 논의과제 중의 하나는 왜 정부는 항상 시간이 감에 따라 커지려는 속성이 있는가인데, 와그너 법칙, 공공선택이론 등과 같은 여러 가지 이론을 가지고 설명하고 있다. 한국뿐 아니라 세계의 대부분의 국가들에서 정부크기가 점차로 증가한 것이 보편적인 현상이었다. 그러나 개방화로 인해 세계경제가 국가간 무한경쟁으로 환경이 바뀜에 따라 정부역할에 대해 많은 변화가 일기 시작하였다. 근본적인 이유는 민간기업의 국제경쟁력을 강화하기 위해서는 정부가 오히려 방해가 된다는 것이다. 즉, 세금을 높이고 정부가 시장에 개입할수록 국제경쟁력은 떨어질 수밖에 없음을 알게 된 것이다. 이러한 이론적 기조하에 선진국의 대표적인 정책변화가 미국 레이건 정부의 공급주의 경제학이며, 영국의 대처

정부의 경제철학이다. 정부의 시장개입을 줄이기 위해 세부담을 낮추는 것이었으며, 이는 장기적으로 국가성장으로 귀결되며, 이로 인해 세수증가도 달성할 수 있다는 것이다. 따라서 정부가 세금을 확보하는 정책방향은 기존의 세율인상을 통해서가 아니고, 세율인하를 통한 경제성장으로 이루어야 한다는 것이다. 이러한 정책변화는 선진국의 세율변화를 통해 확연히 알 수 있다.

참여정부는 양극화 해소를 위해 큰 정부를 통해 적극적으로 시장경제에 개입하였다. 즉, 가진 계층에 세금부담을 올리고, 가지지 않은 계층에는 복지지출을 확대한다는 것이다. 이념적 관점에서 멋있게 보일지 모르지만, 경제적인 관점에서 보면 너무도 비논리적이고 세계의 흐름을 읽지 못하는 구시대적 정책방향이다.

정책목표인 양극화 해소부터가 문제이다. 양극화에 대한 명확한 경제적 정의도 없이 우리 사회가 양극화되었다는 맹목적 믿음만 있다. 그런데 왜 한국에서만 양극화라는 비과학적인 용어가 범람하고 있는가. 결국 사회계층을 가진 자와 가지지 않은 자의 양극으로 분류하여 선거에서 활용하려는 전략이다.

세금인상을 통한 큰 정부의 문제다. 가진 자에 대한 세금인상을 염두에 두고 있으므로, 누진구조를 하고 있는 여러 가지 형태의 소득관련 세금을 인상하려고 한다. 20세기 말부터 세계를 강타한 경제환경의 변화가 개방화이다. 과거 폐쇄경제하에서 조세정책은 소득재분배를 달성하기에 가장 효과적인 정책수단이었다. 노동과 자본이 다른 곳으로 갈 데가 없으므로, 정부에서 올리면 눈감고 부담할 수밖에 없었다. 그러나 개방화로 인해 자본과 노동이 자유롭게 이동할 수 있는 세상이 다가옴에 따라, 세금을 올리면 세금이 낮은 쪽으로 이동하면 되는 것이다. 따라서 폐쇄경제구조하에서의 사고를 토대로 세금을 인상하면, 세수도 확보하지 못한 채 조세기반을 모두 잃어버리는 꼴이 되고 만다. 그래서 세계 각국은 조세인하 경쟁을 하고 있다. 간단한 예로 법인세의 최고한계세율이 1980년과 2002년에 변화한 추이를 보면, 미국이 46%에서 35%, 일본이 40%에서 30%, 독일이 56%에서 25%, 영국이 52%에서 30%로 낮아졌다.

평등, 소득분배 등의 철학으로 이상세계를 건설하려 하였던 과거 사회주의 국가들에서 소득세제의 단일세율을 도입하고 있다. 정부가 모든 선한 것을 다 행할 수 있다는 이상주의가 환상이었음을 깨달았기 때문이다. 지상주의 성장이 전제되지 않는 형평지상주의 정책이 얼마나 국민들을 배고프게 만들었는지를 뼈저리게 체험하였기 때문이다.

세계의 수많은 경제학자들은 세금인상을 통한 큰 정부가 민간경제에 주는 비용에 대한 이론 및 실증분석를 다양하게 제시하고 있고, 이를 토대로 각국의 정치인 및 정책입안자들은 무한경쟁시대를 이겨 나가기 위해서 작은 정부를 지향하고 있다. 그런데 한국에서만 이상한 현상이 일어나고 있다. 비과학적인 정책목표인 양극화 해소를 위해 큰 정부가 필요하며, 가진 자들에게 세금을 인상하겠다는 구시대적 논리가 팽배하고 있는 것이다. 이런 단순논리의 함정을 국민들이 알지 못하면, 한국은 절대 선진국에 진입하지 못한다.

윤 창 현

제 4 장

참여정부의 기업정책

참여정부의 출범이 벌써 4년이 되었다. 수많은 일이 있었고 수많은 프로젝트와 어젠더가 난무하며 요란스런 구호들이 외쳐졌건만, 최근 여당의원의 탈당사태가 웅변해 주듯 그 수많은 구호들은 이제 헌신짝처럼 내던져지면서 누가 언제 그랬냐는듯 역사의 뒤안길로 묻혀져 가고 있다. 완만한 경사도 아닌 급경사의 내리막길을 걷는 이 정부의 모습을 보며 지키지 못한 공수표들과 그로 인해 우리가 지불해야 하였던 많은 수업료가 아깝게 느껴지는 것 또한 사실이다. 노무현 정부의 기업정책들은 한마디로 이상주의에 가까운 유토피아적 공상주의 수준의 정책들이 난무하였다.

배가 항구를 떠나 항해를 시작하고 난 후 바다 위에서 약간의 고장이 나거나 문제가 생겨서 속력이 느려질 수 있다. 그러나 다시 돌아갈 수도 없고 가까운 항구에 정박을 할 수도 없다면 어쨌건 항해는 계속하면서 배가 최소한 가라앉지는 않도록 조치를 하면서 배를 고쳐나가야 한다. 그러나 참여정부는 어떠하였는가. 1인당 1만 6,000달러라는 위업을 달성한 한국경제호를 다 뜯어고칠 듯 덤볐다. 결국 배는 가라앉는 것 아닌가 하는 위기감마저 일반화되고 경제는 힘이 빠지기 시작하였다. 이러한 현상 앞에서도 정부는 자본가의 파업 운운하며 책임을 한쪽으로 떠넘기기 급급하였고, 분배니 성장이니 하는 해묵은 논쟁을 유도하면서 사회는 분열되었다. 그들의 주장은 한마디로 요약된다. 서민·자영업자·중소기업은 아군이요, 대기업집단·부유층은 적군이라는 것이다. 정치적 편가르기의 논리가 그대로 경제분야에 적용이 되었고, 이러한 편가르기가 기업의 투자활동을 위축시키면서 경제적 약자층이 먼저 희생양이 되는 결과가 나타났다. 경제는 전방효과와 후방효과 그리고 승수효과 등을 통해 서로 그물망처럼 연결되어 있는데도 이를 무시한 채 정치적 논리를 섣불리 경제에 적용하면서 적군은 몰아붙이듯 공격하는 정책이 엄청난 부작용을 양산해 낸 것이다. 결국 이 수많은 명분들과 아름다운 구호들을 구체적으로 입법화하거나 실행하는 과정에서 많은 반대와 반발에 부딪쳤고, 결국 이러한 정책들은 초라한 경제적 성과로 인해 이제 그 수명을 다해 가고 있는 느낌이다.

기업은 환경의 산물로서 주어진 환경하에서 최선을 다하는 것이다. 참여정부하에서 기업관련 정책은 정부와 코드를 맞춘 일부 시민단체에 의해 좌지우지되었다. 경제정책을 담당하는 관료들조차 이들의 눈치를 보기에 바빴고, 이들 단체가 기업부문을 공격하는 공격수의 역할을 하고 이를 원군으로 하는 일부 정부부처가 전체적 분위기를 압도하면서 기업들은 몸을 사리는 것이 최선이라는 점을 뼈저리게 느끼게 되었다. 과감하게 움직여서 혹시 실패를 할 경우 엄청난 사회적 매도의 대상이 되고, 성공을 해 보았자 돌아오는 것이 그리 없는 비대칭적 보상체계하에서 기업들은 큰 일을 되도록 벌리지 않게 되었다. 그리고 그렇게 천천히 움직이며 그 동안 벌인 사업이나 챙기는 전략도 꽤 괜찮은 전략이라는 점도 체득하게 된 것이다. 대기업 그룹의 기획실이 구조조정본부가 되고, 자르고 줄이고 파는 것이 선이 되었다. 기업의 가치를 올리는 것이 가장 최우선적 책무가 되어야 할 사외이사가 경영진이 올린 안에 대해 반대를 얼마나 하였는가만을 가지고 평가를 받는 식의 이상야릇한 분위기가 형성된 것도 그 예이다.

정부정책은 쌍방적인 것이다. 정책을 시행하면 반드시 그로 인한 피드백효과가 나타나게 되며 민간이 이 정책을 따르는 과정에서 예상치 못한 부작용이나 예기치 못한 반응이 나타나게 된다. 따라서 가장 훌륭한 정책은 현실적인 피드백 곧 피규제대상이 알아서 최선을 다하면 규제의 목적이 달성되도록 하는 유인적합적 규제가 가장 바람직한 규제라고 볼 수 있다. 그러나 참여정부의 규제는 한마디로 유인적합성을 무시한 채 과거사정리같이 일방적으로 몰아붙이는 정책이 대부분이었다.

흔히들 지적되는 대로 우리 나라의 대기업집단은 오너경영·가족경영·계열경영으로 요약되는 구조를 가지고 있다. 이들은 각각 황제경영·세습경영·선단경영으로 폄하되기도 한다. 외환위기 이후 이 체제가 가지 문제점을 지적하면서 이른바 재벌개혁이라는 구호를 전제로 수많은 내용들이 지적되었지만 문제는 이 체제를 대신할 만한 대안은 딱히 떠오르지 않고 있다는 것이다. 그런데도 이 체제를 악으로 몰아붙이면서 공격을 하면 이 체제가 제대로 작동하지 못하게 되고 결국 기업투자는 위축이 된다. 결국 이 체제가 가진 장점을 제대로 살리지 못한 채 엉뚱하게도 약자들이 도태당하는 악순환이 반복되게 되는 것이다. 강한 바람이 계속 불면 나그네는 움츠린 채 절대로 외투를 벗지 않는다. 그러나 햇볕을 쨍쨍 내리쬐면 나그네는 땀을 흘리다 결국은 외투를 벗는다. 북한 김정일체제에 대해서 그토록 관대하고 관용을 베풀면서 모든 것을 포용하는 정책을 써 왔던 이 정부가 기업부문에 대해서는 그토록 핏발 선 눈으로 명분 위주의 강경한 정책을 써 왔는지 모를 일이다. 정작 햇볕정책이 필요한 부문은 기업부문이었는데도 말이다. 당근 없는 채찍정책은 기업들을 위축시켰고 경제적 성과는 엉망이 되었다.

물론 관료조직을 통해 계획되고 시행되는 정책들 중에는 방향성이나 내용이 바람직한 것도 꽤 있었다. 정부가 최근 발표한 「기업환경개선 종합대책」이 그 예이다. 이 정책패키지는 10개 분야에서 115개 과제가 선정되어 있고, 그 내용은 대단히 광범위한 영역에 걸쳐 있다. 큰 목표 10가지는 다음과 같다. 창업 및 투자활성화(11개), 공장설립 및 입지제도 혁신(30개), 원활한 인력공급체계 확립(7개), 중소기업 금융 선진화(13개), 기업과세 합리화(21개), 경쟁력 있는 물류인프라 구축(6개), 환경규제 정비개선(13개), 지방행정 서비스 혁신(3개), 기업관련 법률제도 선진화(9개), 수도권 공장증설의 선별적 허용 및 공장총량 배정(2개)이다. 이 소제목들이 매우 긍정적이고 의미가 있다. 예를 들어, 창업하거나 공장을 세우는 데 걸림돌로 작용하고 있는 복잡한 절차와 행정규제에 대한 손보기를 시도한 점이나 창업 때 12개에 이르는 부담금을 면제하기로 한 것, 그리고 공장설립을 원스톱으로 대행하기로 한 점도 눈에 띄는 부분이다.

문제는 이 방안들이 발표된 시기이다. 참여정부가 거의 끝나가는 시점에서 중장기적 방안들을 쏟아 낸 것이다. 이러한 부분은 참여정부가 가진 한계점을 여실히 보여 준다. 집권초기에 이런 방안들을 이미 발표하고 시행하였어도 시원찮은데, 초기에는 우왕좌왕하다가 뒤늦게 이러한 방안들은 쏟아 내면서 업적이나 실적만을 의식한 건수 올리기가 아니냐는 비판에 직면하고 있고, 또한 추진과제의 비중이나 내용을 보면 민원사항의 일부를 나열한 수준에 그치는 과제도 많이 있다. 숫자는 좀 줄더라도 이왕이면 큼직큼직한 덩어리 규제를 몇 개라도 선정하여 일괄적인 해결방안을 제시하였더라면 좋았을텐데 그런 큼직한 과제들보다는 단편적이고 부분적인 민원성 과제들이 많이 보이는 것이다.

당초 이 과제의 추진과 관련하여 대한상의는 자체적으로 선정한 100대 과제를 발표하고 이를 반영해 줄 것을 요청한 바 있다. 그런데 당초 상의가 요청한 100대 과제에는 출자총액제도의 조건없는 폐지, 대규모 기업집단 지정제도의 폐지 등 기업활동을 직접 간섭해 온 기존 정책을 획기적으로 전환하여 대기업의 투자의욕을 살려야 한다는 부분이 들어 있었고, 수도권 등 일부 과밀지역을 제외한 지역에 대한 주택규제의 완화, SOC 예산확충, 지방건설업체의 민간자본유치사업(BTL) 참여기회 확대 등을 통한 지방건설경기 부양 등이 포함되어 있었다. 또한 수도권 자연보전지역 내 공장증설규제 완화, 계획관리지역 내 건폐율의 종전수준 환원, 개발완료로 녹지보존 실익이 없는 개발제한구역의 해제 등을 통해 입지경쟁력을 강화해야 한다고 주장한 바 있다. 그런데 실제로 나온 대책에는 상의가 주장한 대기업관련 정책은 거의 다 빠져 있고, 수도권 규제완화와 관련해서는 기존 수도권 규제정책의 틀 속에서 개별 사업계획에 대한 타당성 검토를 통해 예외적·제한적으로 허용을 추진하는 부분과 수도권지역 공장건축총량을 1,224만m^2으로 다소 늘려 설정한 정도만이 반영되었을 뿐이다. 건의된 사항들에 비해 반영되고 다루어진 과제들의 숫자와 무게가 너무 차이가 나고 있는 것이다. 이러한 괴리는 참여정부 기업정책의 특징으로 지적될 만하다. 현장에서 정말로 필요한 정책, 즉 정책의 수요를 고려하지 않은 채 정책의 공급자들이 일방적으로 추진하는 과제들이 포함되고 추진된 것이다.

시장의 정책수요자들을 무시한 채 정책공급자 위주의 정책을 추진한 예로 대표적인 것이 순환출자금지제도이다. 참여정부는 2006년도 초에 출자총액제한제도를 폐지하는 대신 환상형 순환출자를 직접적으로 규제하자는 대안을 제시한 바 있다. 그러나 지리한 공방이 이어진 후 협의과정에서 공정거래법 개정을 통한 도입이 무산되었다. 그러나 공정거래법 시행령 개정을 통해 일부 사항에 대한 금지제도를 시행한다는 방침이 전해지고 있다.

주지하다시피 순환출자는 주로 계열분리를 통해 출자관계를 정리하면서 형성된 경우가 많고, 또한 민영화 기업이나 법정관리 기업의 인수과정에서 발생한 경우도 있다. 두산그룹의 한국중공업 인수, 동부그룹의 아남반도체 인수, 현대자동차그룹의 기아차 인수 등 기업인수로 인하여 확대된 바 있고 친족분할 이후 현대자동차, 현대중공업, 현대그룹에서 모두 지분 5%를 넘는 순환출자가 발생한 바 있다.

순환출자금지제도는 소유권을 초과하는 의결권 행사를 제한하고 지배구조를 단순화하며 가공자본 형성을 시정하자는 의도로 도입이 검토된 바 있다. 그러나 이 제도를 둘러싼 논란이 끊이지 않았고, 결국 도입이 무산된 것은 이 제도의 적용대상이 되는 기업의 규제순응비용이 너무 크다는 점과 이 제도가 과연 추구하는 목표를 제대로 달성할 수 있는 좋은 수단인가의 여부가 불투명한 데에 있었다. 가장 중요한 것은 순환출자 금지를 수용하기 위해서는 기업들이 상당한 지분을 매각해야 한다는 부담감이 있었다. 예를 들어 보자. 중앙일보사가 보유한 에버랜드 주식이 삼성과의 계열분리를 위해 매물화되었을 때 이를 매입한 회사가 삼성캐피탈이었다. 그리고 얼마 후 삼성캐피탈과 삼성카드가 합병되면서 삼성카드의 에버랜드 지분이 25%를 넘게 되었다. 이에 따라 에버랜드→삼성생명→삼성전자→삼성카드→에버랜드로 이어지는 환상형(고리형) 순환출자가 나타나게 되었다. 그런데 이 소유구조가 작년에 주목을 받은 것은 바로 금융회사인 삼성생명과 삼성카드가 각각 비금융회사인 삼성전자와 에버랜드의 지분을 5% 넘게 보유하고 있다는 것이 이른바 「금산법」(금융산업 구조개선에 관한 법률) 위반이냐는 논쟁이 진행되었기 때문이다. 그런데 금산법 위반이라는 지적을 받은 이 출자구조는 만일 순환출자 금지조치가 도입된다면 다시 제재를 받게 될 운명이었던 것이다. 동일한 출자구조에 대해 「금산법」은 금산분리원칙에 위배라며 문제가 있다고 지적을 하고, 「공정거래법」은 순환출자구조 자체를 문제삼는 상황이 가능해졌던 것이다.

지분매각이 어떤 효과를 가져오는가. 만일 정부가 검토한 대로 A→B→C→D→A식으로 연결되는 순환출자를 직접 해소하도록 하는 방안이 통과되었더라면 해당 기업은 고리를 한 개 끊어야 한다. 예를 들어, D가 소유한 A주식을 이 출자고리에 속하지 않은 G에게 넘겨야 한다. 그렇지만 G기업이 기존 계열사 중 하나라고 하면 별로 달라질 것은 없다. 구조가 G→A→B→C→D가 될 뿐이다. 또한 최근 대기업들끼리는 공동으로 설립한 제3의 회사, 예를 들어 사모투자펀드인 F회사를 설립하여 여기에 지분을 넘김으로써 순환출자를 해소하는 방안도 논의되고 있다. 이 경우 지분구조가 F→A→B→C→D로 연결될 뿐 역시 변하는 것은 별로 없다.

그러나 비용은 상당히 든다. G나 F가 A지분을 매입시 필요한 자금이 만만치 않다. 이는 또한 기존에 보유하던 주식을 새로 도입한 법규정에 의해 매각하도록 강제하는 것이므로 소급입법 논란이 있을 수 있었다. 강제매각의 부작용을 완화시키고 소급입법 논란을 줄이기 위해 순환출자라도 지분을 일정 수준까지(예를 들어, 10%) 인정해 주고 그 이상에 대해서만 의결권을 매년 줄여 나가는 방안도 검토된 바 있었다. 현대자동차그룹의 경우 주요 순환출자구조를 제거하는 데 약 1조~2조 원 정도의 계열사 지분매각이 이루어져야 하는데, 이를 감당하기는 매우 어려운 상태이다.

순환출자 금지규제는 결국 또 하나의 정책실험으로서 중복규제이며 일관성 없는 정책으로 기업환경의 불안정성을 증폭시키는 역할을 할 가능성마저 있었다. 사실 순환출자의 완전금지는 현실적으로 곤란하기 때문에 순환출자에 대한 규제기준을 설정하여 제한하였을텐데, 규제기준의 설정과정에서 결국은 적용제외와 예외인정이 나타나게 되어 결과적으로 현행 출총제처럼 누더기 규제로 전락할 가능성이 존재하였던 것이다. 또한 세계 어느 나라도 순환출자 같은 소유구조 자체를 문제삼는 나라는 없다는 점, 그리고 기업지배구조 자체는 가치중립적인 것으로 보고 오히려 기업성과에 따라 평가되어야 한다는 점까지 고려할 경우 이러한 제도는 처음부터 고려대상에서 제외되어야 하였었는데도 무리하게 추진이 되었던 것이다. 이처럼 정책공급자 위주의 명분에 입각한 정책수립과 이에 대한 무리한 추진, 그리고 이 과정에서의 반발과 좌절로 이어지는 모습이 참여정부의 기업정책을 특징짓고 있다. 이러한 과정에서 소모적인 논쟁이 이어지면서 진정으로 필요한 분야에 배분되어야 할 정책수립 및 집행의 에너지가 효율적으로 배분되지 못하는 안타까운 현상이 지속적으로 발생한 것이다.

최근 일본 경제는 15년의 불황에서 벗어나 기지개를 켜고 있다. 설비투자가 2003년 2사분기부터 증가세로 돌아서더니 그 증가세가 가속화되고 있다. 최근 일본의 설비투자 회복은 대기업과 제조업이 견인하고 있다. 또한 대기업의 설비투자 증대는 중견기업의 설비투자 및 소재부품부문의 중소기업의 생산증가로 이어지고 있고, 제조업의 설비투자 증대가 고용증대 소비확대를 거쳐 비제조업까지 연결되는 투자의 선순환효과가 나타나고 있다.

일본의 설비투자가 회복되고 있는 원인 가운데 주목할 부분은 정부의 과감한 규제완화부분이다. 일본 정부는 최근 자금조달 환경개선, 새로운 기업시스템 도입, 각종 규제철폐 등 과감한 개혁을 통해 설비투자 증가를 촉진하였다. 2003년 2월 자본금 1엔으로도 회사설립이 가능한 '최저자본금 규제특례'를 실시하여 기업설립을 자유화하였고, 2004년 7월에는 며칠 내로 융자가 가능한 '중소기업 무담보융자 촉진제도'를 실시하여 중소기업 설비투자를 크게 증가시켰다. 특히, 일본판 수도권 집중억제제도인 「공업등제한법」과 「공장재배치촉진법」을 각각 2002년, 2006년에 폐지함으로써 기업투자관련 규제를 철폐하였다. 결국 글로벌시대에 기업은 최적입지를 찾아 얼마든지 세계를 누빌 수 있는 것이고 보면 국내에서 투자와 관련한 지역을 제한하는 것은 아무 의미가 없다는 사실을 인정한 것이다.

그뿐인가 일본 정부는 자기 스스로 살을 깎는 자기혁신을 단행하였다. 공공부문 스스로 자기의 영역을 축소한 것이다. 일본 정부는 우선 도로, 우편 등 민간부문을 압박하는 사업분야의 민영화를 추진하는 한편 공공사업을 민간에게 적극 개방하였다. 또한 특수법인 합리화 계획에 의거 163개 특수법인 중 16개를 폐지하고 36개를 민영화하는 등 총 136개 공공법인에 대해 폐지 또는 민영화를 추진하였다. 아울러 2004년 12월에는 총 56개 독립행정법인을 32개 법인으로 통·폐합하는 한편 25개 법인의 약 8,300명 임직원을 공무원 직위에서 해제함으로써 공무원 인건비의 절감을 도모하였다. 나아가 31개 특별회계를 절반으로 감축하였고, 8개 정책금융기관을 민영화하고 통·폐합하여 1개 기관으로 축소하는 방안을 추진하였고, 중앙정부 조직을 1부 22성청에서 1부 12성으로 줄이는 행정개혁을 단행하였다. 지방자치단체 간의 합병도 추진한 결과 1999년 3,232개였던 지자체가 2006년 기준 1,822개로 감소하였다. 일본이 분발하는 모습은 우리에게 시사하는 바가 크다. 우선 우리의 이번 조치가 얼마나 미흡한지도 잘 보여 주고 있고, 앞으로 우리가 어느 정도로 노력을 해야 하는지 좋은 사례가 되고 있다.

앨빈 토플러는 그의 저서 『부의 미래』에서 기업은 시속 100마일로 달리는데 노동조합은 시속 30마일, 관료제도와 규제기관은 시속 25마일, 그리고 정치제도는 시속 3마일로 달린다고 질타를 한 바 있다. 이 비유가 맞다고 할 때 정부조직의 변신속도가 기업과 비슷해지려면 지금보다 4배는 빨라져야 한다는 이야기다.

기업환경 개선의 궁극적 목표는 투자촉진을 통해 미래용 씨앗 뿌리기를 활성화하는 것이다. 투자는 심리이다. 돈버는 조직을 우대하고 이들에게 인센티브를 계속 제공해야 한다. 현재 우리 나라 경제가 어려운 지경에 처한 이유 중에 하나는 바로 개혁 대 반개혁구도를 설정한 후 이를 기업부문에까지 확대적용한 데에 있다. 특히, 대기업부문을 규제하는 공정거래정책이 개혁적 정책으로서의 명분을 획득하면서 공정위가 투자여력이 있는 대기업부문을 지나치게 압박하는 수단이 된 것도 상당한 문제점을 야기한 것이 사실이다. 가치중립적이어야 할 부분에까지 지나친 가치평가의 잣대가 적용이 되면서 효율성이 저하되고 각종 부작용이 드러난 것이다.

향후 정책의 핵심은 부가가치를 창출하는 부문에 대한 지나친 억제정책을 지양하고 산업·금융·공정거래정책 등 정책부문 간에 조정과 조화가 이루어져서 일관성 있는 정책체계가 시행되는 것이 매우 중요하다. 외환위기 이후 10여 년 동안 지나치게 과거지향적으로 브레이크를 밟는 정책들이 시행되었다면 이제 무너져 가는 성장동력을 회복하기 위해서 액셀을 밟는 성장우선 정책패키지가 시행되어야 하며, 이 과정에서 불필요하게 기업부문을 제약하는 규제들은 완화 내지 철폐가 되어야 한다. 또한 모든 정책이 잘 조정되어 조화롭게 시행하되 부총리가 경제정책의 최종 조정자로서 정책의 전면선회와 정책 간 조화를 총체적으로 책임질 필요가 있다. 이 과정에서 금융정책과 산업정책 패키지 간의 정책조화가 필요하며, 특히 브레이크 정책의 핵심인 공정거래정책은 전면 재검토되고 조정되어야 할 필요가 있으며, 새로운 시대에 맞는 모습으로 재편될 필요가 있다.

정 인 교

제 5 장

참여정부 4년 평가: FTA

2007년 1월 현재 우리 정부는 미국, 인도, 캐나다, 멕시코, 아세안과의 FTA 협상을 진행중에 있으며, 유럽(EU), 중국, 남미공동시장(브라질, 아르헨티나 등 5개국)과의 협상도 추진하고 있다. 2003년 9월 확정된 FTA 추진 로드맵에 제시된 FTA에 대한 협상이 진행되고 있다. 동 로드맵에 따르면, 우리 정부는 일본, 싱가포르, 아세안 등과의 FTA를 단기적으로 추진하고, 미국, 중국, 유럽 등 거대경제권과의 FTA는 중장기적 추진대상으로 분류되어 있었다. 여기서 중장기라 하면 3~5년의 시간을 의미하는 것으로 해석되었으며, FTA 로드맵에 제시된 대부분 국가와의 FTA가 공식적으로 논의되고 있는 것이다. 4년 전에는 예상하기 어려웠던 진전이다. 특히, 미국과의 FTA는 우리 나라가 설득하여 협상까지 성사시킨 것으로, 경제효과는 물론이고 어려운 현재의 한미관계를 호전시킬 수 있을 것으로 평가되고 있다.

2003~2006년 참여정부 4년의 경제정책 중 가장 높은 평가를 받은 것이 바로 FTA임은 한·미 FTA 협상까지 이끌어 낸 점과 깊은 관계가 있다. 2004년부터 정부는 미국과의 FTA 검토를 제안하였고, 2005년 상반기에는 양국 실무자들이 FTA 검토회의를 3차례 개최하고, 긍정적인 결과를 양국 정부에 보고하였다. 2005년 하반기에는 양측의 통상장관들과 실무자들은 FTA 추진을 기정사실화할 정도로 논의를 성숙시켜 나갔다. 2006년 1월 대통령의 새해연설에서 미국과의 FTA 공식 추진을 언급하고, 양국 간 투자협정(BIT)을 무산시켰던 스크린쿼터 축소의사를 밝혔다.

스크린쿼터는 국산영화를 일정 일수 의무적으로 상영하도록 하는 규정으로, 우리 나라의 제안으로 1999년부터 미국과의 투자협정 체결을 위한 협상이 시작되었다가 스크린쿼터 축소에 반대하는 영화계의 반발로 협상이 중단된 바 있다. FTA에는 투자협정이 포함되므로 FTA에서도 스크린쿼터가 주요 걸림돌의 하나로 작용하게 될 것이란 정부의 판단으로 협상개시 전에 정부는 스크린쿼터를 축소하였다. 누가 보더라도 용이하지 않은 결정이었지만, 정부는 영화인들의 반대를 무릅쓰고 스크린쿼터를 연간 40%에서 20%로 축소시킴으로써 미국과의 FTA 추진의지를 대내외에 과시하였다.

2006년 12월 양국은 제5차 협상을 진행하였으나, 완전 협상타결에는 아직도 많은 쟁점이 남아 있다. 미국에 이끌려 가는 협상이라는 국내 반대론자의 주장과는 달리 우리 정부는 미국과 팽팽한 협상을 전개해 왔다. 과연 금년 3월 말까지 협상타결이 가능할 것인가에 대해서는 확신할 수 없지만, 지금까지의 논의를 바탕으로 양측이 전격적으로 합의할 수 있는 가능성도 없지 않다.

FTA정책은 전반적으로 높은 평가를 받을 수 있다. 앞서 논의한 바와 같이, 미국과의 협상을 이끌어 냈다는 점 외에도 참여정부는 칠레와 체결한 협정에 대한 국회비준을 거쳐 이행시켰다. 김대중 대통령의 국민의 정부가 타결한 협정이었지만 국회비준은 용이하지 않았다. 농업계를 비롯한 반대론자들은 첫 FTA에 대한 국회비준을 저지함으로써 향후 다른 FTA를 차단할 수 있다는 취지에서 시위, 서명 등 다양한 방법으로 국회비준을 저지하려고 하였다. 또한 국회에서는 당적과는 관계없는 농촌출신 의원들이 이른바 '농촌당'이란 별명을 들을 정도로 단결된 모습으로 반대 분위기를 형성시켜 나갔다. 2003년 중반 이후 대통령은 여야를 막론하여 국회의원들에게 비준을 요청하였고, 비준 필요성을 강조하는 여론이 형성됨으로써 국회비준이 가능하였다.

또한 참여정부는 싱가포르, 유럽자유무역연합(EFTA: 스위스, 노르웨이 등), 아세안과의 협정(상품)을 타결하였고, 싱가포르, EFTA와의 협정을 이행시켰다. 중국이 아세안과 체결한 협정을 2005년 이행하면서 동남아 현지에 진출한 우리 기업의 불이익이 우려되었으나, 단기간 내 아세안과의 FTA 체결로 이를 해소시켰다. 아세안과의 FTA 협상은 일본보다 늦게 시작되었으나, 우리 정부의 적극적인 대동남아 국가접촉 및 제안으로 1년 반 만에 협상을 타결하였다.

FTA정책에 있어 참여정부가 긍정적인 평가를 받는 것은 다수 국가와의 FTA 추진실적 때문이지만, 2003년 참여정부가 출범할 당시 FTA 추진여건이 유리한 것은 아니었다. 2002년 10월 칠레와 타결한 FTA에 대해 정치권 및 농업계의 반대가 거셌고, 더 나아가 참여정부가 성장보다는 분배에 치중하는 정책목표를 설정함에 따라 정권인수 초기 참여정부는 FTA정책에 대해 부정적인 입장을 보였다. 한편, 동북아허브(나중에 동북아경제중심으로 개칭) 구축을 강조함에 따라 일본, 중국 등 동북아 국가와의 경제협력 강화가 중요과제로 설정됨에 따라 미국과의 FTA는 검토되기 어려운 상황이었다.

경우에 따라 FTA정책이 중단될 가능성도 있었다. 2003년 말 정부는 일본과의 FTA 협상을 시작하였으나, 협상개시 1년 만에 우리 정부는 일본과의 협상을 더 이상 지속하기 어렵다는 판단을 하게 된다. 일본이 자국에게 유리한 내용만을 협상에서 요구하고, 불리한 부문에 대한 논의는 소극적으로 임하였기 때문이다. 일본과의 협상중단으로 우리 나라의 FTA정책은 위기를 맞게 되었으나, 정부는 멕시코, 캐나다, 인도와의 FTA 논의를 공식화하면서 일본 외 제3국과의 FTA 추진으로 방향을 잡게 되고, 이후 미국과의 논의가 활성화되면서 오히려 과거보다 더 적극적인 입장에서 FTA정책을 추진하게 되었다.

FTA정책은 전반적으로 긍정적인 평가를 받을 수 있지만, 추진과정에서 개선해야 될 점도 다수 지적될 수 있다. 먼저 FTA 추진절차상의 문제를 들 수 있다. 2004년 정부는 FTA에 대한 일반국민들의 지지를 얻고, 국민들의 참여를 제고하기 위해 「FTA추진절차규정」을 대통령령으로 제정하였다. FTA 협상 전 단계와 협상 이후

단계로 나누어서, 일반국민들의 참여기회를 제공하는 절차를 명시하고 있다. 가장 중요한 내용은 협상결정 전에 공청회를 개최하도록 한 것인데, 미국과의 FTA에서는 공청회 개최 여부가 논란으로 제기되어 왔다.

미국의 경우, 통상정책 권한을 의회가 행사함에 따라 미 행정부가 의회로부터 협상개시 승인을 늦게 받았고, 양국 통상장관 발표가 임박한 상황이어서 시간적 여유를 가지고 공청회를 개최할 수 없다는 점은 이해되지만, 공청회 공시기간이 짧았고, '오전 공청회-당일 오후 경제장관회의'를 통해 미국과의 FTA 협상을 개시한다는 결정을 내린 것은 '정부가 너무 서두른다'는 반대론자의 주장에 무게를 실어 주기에 충분하였다. 이후 정부는 한·미 FTA 공청회를 2차례 더 개최하였지만, 협상진행중에 개최된 공청회는 절차 규정상의 목적과는 거리가 있는 것으로 볼 수 있다.

칠레와의 협정을 이행한 것은 높이 평가받을 수 있으나, 1조 2,000억 원의 농업보조금을 제공한 것은 재론의 여지가 있다. 칠레와의 협정비준 마지막 시도에서 국회는 농특세 연장 등 4대 농업입법을 통과시켰는데, 이 가운데는 농업계에 대한 특별지원이 포함되어 있었다. FTA로 인해 피해를 보는 계층을 지원하는 것은 필요하다고 볼 수 있으나, 당초 추산된 농업피해보다 2~3배 많은 금액을 지원하였고, 실제 피해가 발생하지 않았음에도 농업지원이 계속되고 있다. 관련연구기관의 자료에 따르면, 칠레산 포도와 돼지고기 수입이 증가하였지만, 관련품목의 국내가격이 오히려 올라 피해가 발생하지 않았다는 분석이다. 그럼에도 불구하고 2004~2006년간 약 5,000억 원의 재정지원이 이루어졌다. 협정내용을 보면, 농업피해가 발생하지 않을 것이란 짐작이 어렵지 않으나, 과수분야 경쟁력강화 명목으로 1조 2,000억 원을 지원함으로써 향후 다른 FTA에서도 농업지원을 기정사실화시키는 부작용을 초래하였다.

한편, FTA 농업지원이 과연 효율적으로 이루어지고 있는가에 대해서도 검토가 이루어지지 않고 있다. 피해가 없음에도 매년 책정된 예산을 집행하고 있는데, 도덕적 해이, 투명성 등과 같은 문제점에 대해 의문이 제기되고 있다. 농수산물유통공사가 정부의 의뢰를 받아 한·칠레 FTA 농업지원금을 집행하는 기관으로 되어 있으나, 작목별·연도별·지역별 지원액 등에 대한 지원자료를 제시하지 않고 있다. 홈페이지(www.at.or.kr)에는 각 연초에 설정된 예산집행계획만이 제시되어 있을 뿐 실제 집행된 사업내역을 파악할 수 없어 투명성 제고의 필요성이 제기된다.

FTA정책과 관련한 대통령 최측근 보좌진의 반대 입장 공개표명도 문제점의 하나이다. 정부에서 결정된 정책에 대해 대통령의 최측근 참모들이 공개적으로 반대하였고, 일부 인사는 반대의견 표명에도 불구하고 고위직책을 그대로 유지하도록 허용함으로써 대통령의 FTA 추진의지에 흠집을 내곤 하였다. 즉, 최고정책결정 과정에 심각한 문제가 있는 것으로 비추어지게 되었다. 모든 정책사안에 대해 일치된 의견을 도출하기는 어려우나, 가장 민감한 정책현안에 대해 고위인사의 빈번한 공개적 반대는 FTA에 대한 일반국민들의 우려를 확대시키게 되고, FTA 추진동력을 약화시키지 않을 수 없다. 더구나 최측근 보좌진의 반대 입장 표명이 한·미 FTA에 대한 음모설의 배경이 되기도 하였다. 즉, 미국과의 FTA를 추진함에 따라 형성될 반미 분위기를 정치적 목적에 활용하기 위해 참여정부가 한·미 FTA를 기획하였다는 것이다. 하지만 정치학자들은 현재의 국내외 정세로 보아 이러한 음모설은 실현가능하지 않다는 평가를 내놓고 있다.

그 동안 정부는 미국과의 FTA정책 홍보에 다각도로 노력하였으나, 성과를 보지 못하고 있다. 2006년 8월 보다 효율적인 대국민 홍보를 위해 한미FTA체결지원위원회를 설치하고, 위원장에 한덕수

전 부총리를 임명하였다. 미국과의 FTA에서 논의되는 이슈가 다양하고, 반대론자의 근거 없는 선전공세, 이념적 반대 등이 겹쳐 일반국민들의 인식을 개선시키기 어려운 상황이다. 하지만 미국과의 FTA는 일반국민들의 지지 없이는 협상타결은 물론이고, 국회비준 및 협정이행이 어려울 것으로 생각되므로 보다 적극적이고 체계적인 대국민 홍보활동을 전개해야만 한다.

지난 몇 년 사이 대외경제장관회의, FTA장관회의 등을 통해 FTA정책에 대한 정부 부처 간 논의 및 공조체제가 구축되어 가고 있으나, 아직도 개선해야 할 부분이 없지 않다. 약가산정방식, 농업개방 범위 등에 대한 부처이기주의가 문제로 자주 제기되고 있다. 관련부처의 고유 업무영역도 중요하겠으나, 지나친 부처 입장 고수로 국가 차원의 정책추진이 방해받아서는 안 된다.

미국과의 FTA가 타결되면, 이는 참여정부의 최대 치적으로 기록될 것이다. 정부는 금년 상반기중 협상타결을 목표로 제시하고 있으나, 한미 양국 간에 아직도 많은 이슈가 합의되지 않고 있다. 우리 협상단이 국익을 위해 소신적인 협상을 할 수 있도록 국민들과 정치권이 지원해야 할 것이다.

김 경 환

제 6 장

노무현 정부 4주년 평가와 차기정부의 사명: 부동산

1 참여정부 주택정책의 목표와 기본전제

강남 아파트를 중심으로 주택가격이 급상승한 가운데 2003년 2월에 출범한 참여정부는 집값 안정을 주택정책의 목표로 삼았다. 참여정부 주택정책의 기조는 집값 안정을 위해 주택정책을 경기부양수단으로 활용하지 않는다는 기본원칙을 견지하면서 부동산시장의 투명성, 예측가능성 및 형평성을 제고하여 시장질서를 확립함으로써 '가수요와 정책의존형 시장구조'를 개선한다는 것이다. 이러한 기조에서 부동산시장의 투명성 제고를 위해 실거래가격을 신고하도록 의무화하고, 등기부에 매입가격을 기재하는 등 실거래가격을 파악하여 그 결과를 공표하고 실거래가를 기초로 과세하는 체제를 정립하였다. 또한 서민주거 안정을 위해 국민임대주택 건설과 다가구주택 매입 임대 등을 추진하였다. 한편, 보유세 강화-거래세 완화 원칙을 실현하기 위해 종합부동산세를 도입하고 재산세를 강화하는 한편, 취득세와 등록세 세율을 인하하였다. 참여정부는 수요관리와 함께 공급확대를 추진하였으나 재건축 등 민간부문에 의한 주택공급을 억제하고 공공택지 개발을 통한 공급확대를 추진하였다.

참여정부의 주택정책은 몇 가지 기본전제에 입각한 것이다. 첫째, 집값 안정목표와 관련하여 강남지역의 주택가격이 상승하면 다른 지역으로 파급되기 때문에 강남 아파트값을 안정시켜야 한다는 논리이다. 이러한 파급효과는 어느 정도 존재하겠지만 정부 스스로가 '버블세븐'이라고 인정한 지역에 국한되었다.

둘째, 집값 상승 선도지역인 강남 아파트가격 상승의 주된 원인을 투기로 보았다. 그러나 저금리와 담보대출 증가, 유동자금의 유입 등은 투기에 유리한 환경 속에서 지역 간 집값 상승률이 큰 격차를 보인 것은 강남지역의 국지적 수급괴리와 향후 공급위축에 따른 가격상승 기대가 주택구입을 촉발하였기 때문이다.

셋째, 수요억제정책의 골간인 보유세 강화를 통해 집값을 지속적으로 안정시킬 수 있다는 논리이다. 이론적으로 보유세가 강화되면 미래의 세금부담 증가액의 현재가치만큼 주택가격이 당장 하락한다. 그러나 이러한 자본화 효과는 한 번만 나타나며, 그 이후에 구입한 사람들의 수익률에는 영향을 미치지 못한다. 또한 종합부동산세 납부대상자들의 보유세 실효세율을 2009년까지 '선진국수준'인 1% 수준으로 높인다는 목표는 성격이 전혀 다른 미국의 재산세 실효세율이 전국 평균 1% 정도라는 사실 말고는 아무런 논리적 근거가 없다.

넷째, 신규공급 아파트의 분양가를 규제하거나 원가를 공개하는 방식으로 분양가를 낮추면 전반적인 주택가격을 안정시킬 수 있다는 논리이다. 그러나 신규아파트 공급물량이 전체 주택재고에 비해 매우 적고 장기적으로 분양가규제가 민간부문 주택공급의 양적·질적 위축을 초래한다.

이처럼 참여정부 주택정책의 기본전제들은 경제원리와 배치되거나 논란의 여지가 있으며 일부는 외국사례를 오도한 것이다. 그러나 본질적으로 가장 중요한 사실은 공공부문의 역할을 강화하는 데 주력하였다는 점이다. 민간에 대해서는 신규아파트 분양가 및 재건축관련 규제 등을 통해 공급을 억제하는 대신 그로 인한 공급위축은 택지개발과 주택사업 시행에 있어서 토지공사, 주택공사, 지방자치단체 등의 역할을 확대하여 대응한다는 시각이다. 이러한 시각은 정부가 민간부문의 원활한 작동을 촉진하고 시장소외계층 주거문제 해결에 주력하는 선진국들의 접근방식과 대조적이다.

2 참여정부 주택정책의 개괄적 평가

참여정부는 2003년 5·23과 10·29, 2005년 8·31, 2006년 3·30과 11·15, 2007년 1·11과 1·31 등 주요 대책을 포함하여 수십 차례의 대책을 발표하였다. 참여정부 주택정책은 실거래가격 파악과 그에 입각한 과세체제의 정립 등 부동산시장의 투명성 제고에 기여하였으며, 국민임대주택 건설과 다가구주택 매입 임대 등을 통해 서민주거 안정에도 성과를 거둔 것이 사실이다. 반면에 투기억제를 위한 과도한 시장개입과 조세원리를 벗어난 세제개편으로 시장의 원활한 작동을 어렵게 만들었다. 결과적으로 참여정부가 추구한 가장 중요한 정책목표인 집값 안정에 실패하였고, 지역별·주택유형별·규모별 집값 상승률의 격차가 확대되었다.

참여정부 시기의 우리 나라 주택가격 상승은 전국적인 현상이 아니라 강남 및 인근지역 아파트에 국한되었으며, 서민주거 안정에 직결된 전세가격과 소형주택의 매매가격은 2006년 상반기까지 안정세를 유지하였다. 그럼에도 불구하고 참여정부의 대응은 포괄적인 정책수단에 의존하였다. 정부는 공급정책도 꾸준히 추진해 왔다고 주장하지만 실제로는 수요억제책에 치중하였다. 10·29와 8·31 대책을 통해 1가구 다주택 보유에 대한 양도소득세와 고가주택에 대한 보유세를 강화하여 투기수요를 차단하는 데 주력하였다. 3·30 대책에서는 재건축에 대한 개발이익 환수와 고가주택에 대한 대출제한을 추가하였다. 11·15대책에서는 금융규제를 강화하였다. 공급측면에서는 전국적으로는 45만~50만 호의 신규주택이 공급되었지만 수요가 많은 수도권에서는 연평균 20만 호 미만으로 목표에 1/3 정도 미달한 반면, 지방에서는 공급과잉현상이 심화되었다. 결국 수요가 있는 곳에 공급이 이루어지지 않고 거래도 제한되어 자원배분의 효율성이 훼손되고 전반적인 주거수준 향상에도 기여하지 못하였다.

지난 4년 동안 주택정책이 발표되면 거래가 위축되고 가격상승세가 진정되다가 어느 정도 지나면 다시 가격이 오르고 정부가 추가대책을 발표하는 패턴이 이어졌다. [그림 1]은 정부개입과 서울 및 강남 아파트 평당 가격추이를 보여 준다. 그림을 보면 세 차례 주요 정책 중 가격안정효과가 가장 크고 오래 지속된 것은 10·29

그림 1 주요 정책개입과 아파트가격 추이

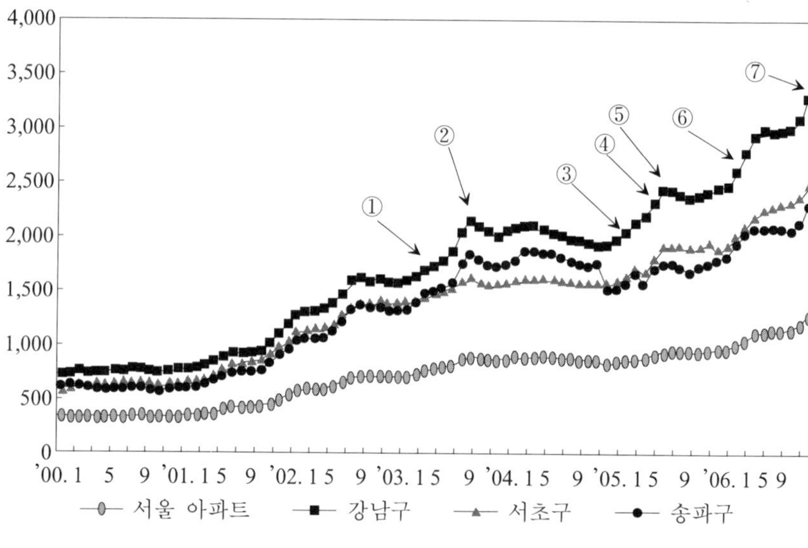

주: ① 2003. 5. 23: 분양권 전매제한 확대, 재건축 안전진단 강화 및 후분양제 도입, ② 2003. 10. 29: 1가구 3주택 양도소득세 중과, 종합부동산세 조기 시행, ③ 2005. 2. 17: 판교대책, 재건축규제, ④ 2005. 4. 25: 재건축대책, ⑤ 2005. 8. 31: 부동산 종합대책(1가구 2주택 양도소득세 중과, 실거래가 신고제 등 수요대책과 송파 신도시건설 등 공급대책), ⑥ 2006. 3. 30: 재건축 개발이익 환수, 주택대출 DTI 규제, 수도권 택지공급 확대, ⑦ 2006. 11. 15: 주택담보대출 규제 강화, 수도권 공급확대 및 분양가 인하

자료: 부동산뱅크.

대책이고 3·30대책이 가장 약한 것을 알 수 있다. 이는 10·29대책이 참여정부가 내놓은 최초의 종합대책으로 인식되었고, 어느 정도 가격안정에 기여할 것이라는 시장의 기대가 형성되었기 때문인 것으로 분석된다. 그 이후 정책개입은 점점 효과가 지속되는 기간이 짧아졌다.

3 차기정부의 과제

3.1. 정부와 민간의 역할 재정립

최근 몇 년간 주택가격 상승은 일본과 독일을 제외한 대부분 선진국이 경험한 현상이며, 물가상승을 감안한 실질주택가격 상승률은 우리 나라가 상대적으로 낮은 편이고 범위도 국지적이다. 유별난 것은 우리 나라 주택가격 상승폭이 아니라 정부의 정책개입이다. 그 이면에는 주택시장에서도 수요와 공급요인에 의해 가격이 움직이며, 주택은 소비재인 동시에 가계가 보유하는 가장 중요한 자산이라는 사실을 인정하지 않는 부동산시장에 대한 우리의 특이한 시각이 있다. 또한 공공부문의 역할을 강화하는 것이 주거안정을 위해 바람직하다는 시각이 주택정책을 지배하고 있다.

주택정책의 궁극적인 목표는 국민들의 평균적인 주거수준을 높이고 시장에서 주택문제를 해결하기 어려운 사회적 약자들을 지원하는 것이다. 후자에 대한 참여정부의 노력은 높이 평가되지만 전자에 관한 한 잘못된 목표설정과 무리한 접근방식으로 성과를 내지 못하였다. 차기 정부는 수요에 부응하는 주택이 공급되고 자유로운 거래가 보장되는 환경을 구축하고 과도한 시장개입을 자제하면서 시장소외계층에 대한 적극적 지원에 주력해야 할 것이다.

3.2. 탄력적인 공급기반의 구축

1980년대 말 이후 주택공급의 획기적인 증가로 서울과 수도권 일부 지역을 제외하고는 주택의 양적 부족현상이 대부분 해소되었다. 그러나 인구 1,000명당 주택수나 1인당 주거면적은 아직 선진국의 50~60%에 불과한 수준이다. 뿐만 아니라 소득증가에 따라 주택규모를 늘리려는 수요, 기존의 노후주택의 대체필요성 등을 감안하면 주택공급의 지속적인 확대가 필요하다.

정부의 중요한 역할은 수요가 있는 주택이 필요한 시기와 입지에 적절하게 공급될 수 있는 기반을 조성하는 일이며, 이를 위해 택지의 원활한 공급이 필수적이다. 특히, 민간택지 개발과 주택공급에 관한 규제완화가 필요하다. 먼저 아파트 분양원가 공개와 분양가 규제는 주택공급에 양적·질적으로 부정적 영향을 미칠 것이다. 당장은 공급이 대폭 감소되지 않을지 모르지만 주택사업 채산성의 악화와 원가절감 인센티브의 박탈로 장기적으로 양질의 주택공급이 감소하여 소득증가에 따른 수요와 공급의 괴리가 심화되고 가격불안요인으로 작용할 것이다. 최악의 경우 분양가 규제를 하더라도 원가공개는 재고해야 하겠다. 다음으로 재건축 규제이다. 재건축은 강남지역의 신규주택 공급에서 절대적인 비중을 차지한다. 그러나 소형주택 의무비율 규제강화, 후분양제, 개발이익 환수 및 임대주택건설 의무화, 기반시설부담금 부과 등의 각종 규제로 재건축이 위축될 가능성이 높다. 1:1 재건축은 양적으로 공급확대에 별 효과가 없다는 주장도 있지만 수요가 있는 주택을 공급하는 다른 수단이 없는 것이 현실이다. 양적 공급확대효과를 높이기 위해서는 용적률 규제를 완화하고 고층화를 허용하여 고밀도 재건축을 유도할 필요가 있다. 소형평형 의무비율 규제는 철폐하는 것이 옳다. 앞으로 주택수요가 어떻게 변할지는 아무도 정확하게 예측할 수 없다. 그러나 변화하는 주택수요를 예측하고 거기에 대응하는 데 있어 정부보다는 민간이 비교우위에 있으며, 예측이 틀릴 경우 정부는 책임질 방법이 없지만 민간사업자들은 시장의 심판을 받기 때문에 그 결정은 민간에 맡기는 것이 바람직하다.

3.3. 부동산세제의 합리적 개편

부동산세제의 개편은 보유세, 거래세, 자본이득과세 등 전체 부동산세금 부담수준을 감안하고 효율성과 공평성을 제고하는 방향으로 추진되어야 한다. 먼저 유념할 사실은 OECD 회원국들과 비교해서 우리 나라 보유세는 낮은 편이지만 부동산세제 전체 부담수준은 가장 높은 편에 속한다는 점이다. 즉, 보유세만 보면 총조세 대비 비율 11위, GDP 대비 비율 17위이지만 재산과세에서 증권거래세를 제외한 부동산 조세의 경우 총조세 대비 부담률은 미국 다음으로 2위이며, GDP 대비 부동산 조세부담은 6위이다. 따라서 부동산세제 개편의 기본전제는 전체 부동산 세금부담액을 늘리지 않는 범위 내에서 보유세와 양도세, 거래세를 조정하는 방식이 되어야 한다. 참여정부는 부동산세제 개편과정에서 보유세 강화, 거래세 완화라는 기본원칙을 주장하였지만, 거래세 명목세율 인하와 함께 종전의 낮은 과표 대신 실거래가를 기준으로 부과함에 따라 실제 거래세 부담은 소폭 완화되는 데 그쳤다. 또한 양도소득세 실거래가 과세, 1가구 2주택에 대한 과세강화 등으로 주택매매를 위축시키는 결과를 초래하였다.

부동산보유세는 이론적으로 이상적인 지방세이며, 많은 나라에서 지방정부의 재원조달을 위한 중요한 세원으로 활용되고 있다.

그러나 우리 나라의 보유세제는 지방정부의 재원조달수단이기보다는 부동산가격 안정을 위한 정책세제로 인식되고 있다. 종합부동산세는 다른 나라에서 예를 찾기 어려운 제한적 부유세이다. 토지와 달리 건물은 중장기적으로 그 공급이 탄력적이므로 자원배분의 왜곡을 피하기 위해서는 건물을 합산대상에서 배제하는 것이 바람직하다. 굳이 종합부동산세를 유지한다면 국세로 하기보다는 광역자치단체가 징수하는 시도세로 하여 같은 시도세인 거래과세 인하와 유기적으로 연계하는 것이 바람직하다.

현실적으로 이러한 본질적인 개편은 표를 중시하는 정치권이 수용하기 어려울 것이다. 그러나 세금은 소득으로 납부하는 것이므로 세금부담의 급격한 증가를 방지할 장치가 필요하다. 2006년의 주택가격 급상승 결과가 반영될 2007년의 보유세 부담과 종부세 납부대상자가 대폭 증가할 것이므로 이에 대한 대비가 필요하다. 종합부동산세 과세대상인 1가구 1주택 보유자 중에서 소득이 일정 수준에 미달하는 65세 이상 노령층에 대해서는 보유세(재산세와 종합부동산세)를 감면하고, 전년 대비 200%로 인상된 종합부동산세 연간 인상 상한도 재조정되어야 한다.

양도소득은 다른 소득과 마찬가지로 정상적인 과세대상이 되어야 한다. 그러나 1가구 1주택에 대한 세제혜택은 많은 나라에서 주택정책수단으로 활용되고 있다. 예컨대, 미국의 양도소득세를 보면 집을 몇 채 가지고 있든 매각시점부터 과거 5년 기간 동안에 2년 동안 소유하고 거주한 주택에서 발생하는 양도차익은 부부합산의 경우 50만 달러까지 세금이 부과되지 않으며, 이러한 혜택은 몇 번이고 받을 수 있다.

양도소득세 실거래가 과세와 1가구 2주택에 대한 중과세가 시행됨에 따라 주거이동을 위한 거래가 위축되고 있다. 주택을 매각할 경우 양도소득세 부담으로 인해 주거의 하향이동이 불가피하기 때문이다. 이러한 거래침체는 신규분양시장의 침체로 이어질 수 있다. 따라서 거래를 활성화하기 위해서는 보유주택을 매각하고 일정 기간 이내에 다른 주택을 구입하려는 1가구 1주택 보유자에 대해 과세를 이연해 주는 제도의 도입을 검토할 가치가 있다. 이 제도는 미국에서 1996년까지 시행되었다. 주택매각에 관한 세무자료를 장기간 보관·추적해야 하는 문제는 있으나 세금감면을 위한 현실적인 방안으로 생각된다.

또한 1가구 1주택 중에서 양도소득세가 과세되는 고가주택의 기준의 상향조정도 필요하다. 현행 고가주택 기준 6억 원은 1999년에 결정된 것으로 그 동안의 주택가격 상승을 감안하면 현재 9억~10억 원에 해당한다. 따라서 고가주택 기준을 인상하고 주택가격 상승률에 연동시키는 방안을 검토할 필요가 있다.

3.4. 주택금융 위험관리와 장기주택금융의 확충

우리 나라의 주택금융규모는 1990년대 이후 급속하게 확대되었으며, 주택금융시장의 자율화로 대출이 쉬워지고 대출상품도 다양해졌다. 2000년대 주택가격 상승의 중요한 원인은 저금리와 주택대출의 급격한 확대에 있었다. 이에 따라 참여정부는 주택수요 관리를 위해 DTI, LTV 규제 등을 통해 주택대출을 억제하고 2006년부터 금리를 인상하였다. 주택가격 하락과 금리상승에 따르는 차입자들의 상환부담 증가와 그로 인한 가계부실 위험을 최소화하기 위한 대출기관의 위험관리 확대는 바람직하다. 그러나 금리인상과 대출규제가 동시에 급격하게 시행될 경우 오히려 가계부실 위험이 증가할 수 있다. 금융기관의 위험은 주택가격 상승기가 아니라 급격한 하락기에 증가한다. 따라서 주택가격의 변동추세를 감안하여 규제속도를 조정할 필요가 있다.

그러나 주택금융이 장기주택대출이 아닌 단기주택담보 가계대출 위주로 이루어져 주택시장의 안정성을 저해하고 있다. 일반적으로 주택대출 잔액에서 장기고정금리 대출이 차지하는 비중이 높을수록 주택가격 등락의 변동성이 낮으며, 주택대출의 대부분이 장기고정금리 대출로 되어 있는 미국에 비해 변동금리 대출의 비중이 높은 영국에서 주택가격의 단기금리 변동에 대한 민감도가 훨씬 높은 것으로 나타났다. 우리 나라의 경우, 2004년 이후 장기대출에 대한 융자비율 우대와 주택담보대출 규제 강화 등으로 인해 주택담보대출 중 만기 10년을 초과하는 장기대출의 비중이 2003년 말 10.3%에서 2004년 말 20.7%, 2005년 말 34.5%, 그리고 2006년 말에는 50.3%로 크게 높아졌다. 그러나 만기 3년 미만 단기대출의 비중이 아직 30.5%이다. 또한 은행권 주택담보대출 중 변동금리 대출의 비중이 97%에 달한다. 따라서 금융시장의 안정과 주택가격의 변동성 완화를 위해서 변동금리 위주의 주택금융구조를 장기고정금리 위주로 개편하는 것이 중요한 과제이다.

장기고정금리 주택대출시장을 확충하기 위해서는 모기지론에 대한 수요를 개발하고, 유동화를 통한 자금조달체제의 효율을 높여가야 할 것이다. 금리가 낮은 상황에서는 단기에 낮은 금리가 적용되는 변동금리 상품이 인기가 높으며 소비자들은 금리상승에 따르는 위험에 상대적으로 둔감한 것이 사실이다. 따라서 고정금리 대출의 장점과 변동금리 대출의 위험성에 대한 보다 적극적인 홍보도 필요하다.

4 여론의존적 주택정책의 지양

우리 나라의 부동산정책은 온 국민의 관심사이다. 참여정부의 주택정책은, 특히 국민여론을 중시하는 정책수립과정을 중시한다. 민주사회에서 여론을 수렴하고 존중하는 것은 당연한 일이다. 그러나 여론은 전문지식보다는 주변에서 일어나는 단편적인 사건과 주관에 의해 좌우되기 쉽다. 특히, 정책변화에 대응하여 많은 경제주체들이 시장을 통해 상호작용하여 어떤 결과가 나타날지를 예상하기는 매우 어렵다. 또한 국민정서는 실현가능성보다는 당위성을 중시하는 경향이 있다. 이러한 상황에서 중요한 정책결정을 여론의 향배에 지나치게 의존하면 의도하지 않은 부작용을 초래할 우려가 있다.

강남의 아파트가격 안정을 위한 참여정부의 정책개입은 여론의존적 정책의 부작용을 보여 주는 좋은 사례이다. 많은 사람들이 최근 주택가격 상승이 강남 아파트가격 상승에서 비롯되었으며, 강남 아파트가격 상승의 중요한 원인은 투기에 있기 때문에 보유세를 강화해야 한다고 생각한다. 이러한 여론을 바탕으로 정부는 보유세를 강화하고 1가구 다주택 보유에 대해 양도소득세를 중과세하면 강남 아파트에 대한 가수요가 줄고 매물이 늘어 가격이 안정될 것으로 기대하였다. 정부는 전체 국민의 98%를 위한 제도개선이라는 명분으로 부동산세제 강화를 골자로 한 8·31대책을 시행하였다.

재건축에 대한 규제 역시 재건축이 강남 아파트가격 상승의 진원이라고 생각하는 여론의 지지를 받았다. 그러나 결과적으로 강남 중대형 아파트가격은 오히려 상승하고 여타 지역과 소형 아파트가격은 하락하여 양극화가 심화되었을 뿐 아니라 전반적인 주거 상향이동이 어려워졌다. 수많은 경제주체들이 정책변화에 대응하여 각자 최선의 방책을 추구하는 시장경제에서 의도가 좋은 정책이라고 해서 반드시 좋은 결과를 보장하지는 않는다. 국민의 98%가 지지하는 정책이라고 이 원칙의 예외가 될 수 없다.

여론에 의존하는 정책은 단기적 성과에 집착하게 된다. 규제완화를 하지 못하는 이유 중의 하나도 장기적인 기대효과에 앞서 당장 닥칠 수 있는 부작용을 여론이 수용하지 않는다는 데 있다. 재건축에 대한 용적률 규제를 완화하면 당장 혜택을 받는 재건축 아파트가격이 상승할 것이다. 그러나 용적률 증가로 공급이 늘게 되면 장기적으로 가격안정효과가 나타나고 보다 많은 사람들이 자신들이 원하는 집에 살 수 있게 된다. 반면에 규제를 계속하면 기존의 강남 아파트의 희소성이 더 높아지고 가격상승 압력도 커진다. 단기적인 부작용을 감내하지 않고는 장기적인 편익을 실현하기 어렵다. 여론의존적 성향에는 여야의 구별이 없다. 이를 극복하는 것은 가장 어려운 과제일 것이다.

김 용 하

제 7 장

참여정부 4년 평가: 연금·보험부문

1. 국민연금
2. 공무원연금
3. 건강보험
4. 사회보험 관리운영

1 국민연금

1.1. 보건복지위 통과 국민연금법 개정안

정부여당은 덜 받고 더 내는 단순계수조정식 국민연금법 개정안을 발의하여 국회보건복지위를 통과시켰다. 보험료율은 9%에서 12.9%(2018년)로 상향조정하고, 급여율은 60%에서 50%(2008년)로 하향조정하는 내용이다. 정부와 여당은 국민연금법 개정안과 함께 기초노령연금법안을 제출하였다. 65세 이상 노인인구 60%에게 국민연금 가입자 평균소득의 5%를 지급하는 내용이다. 개정안에 따른 국민연금 재정전망은 〔표 1〕과 같다.

1.2. 정부개정안의 문제점

1.2.1. 정부개정안의 문제 1: 재정안정화 효과 미흡, 통과되더라도 또 손질해야……

국민연금 급여를 현재의 60%에서 50%로 하향조정하고 보험료 부담은 9%에서 12.9%까지 높이는 한편, 노인 중 60%에게 8.9만 원 상당의 기초노령연금을 지급하는 법 개정안의 효과로서 국민연금 적립기금 고갈시점이 2047년에서 2065년으로 18년 늦추어진다고 보건복지부는 발표하였지만, 계산에 사용된 통계청의 2001년 인구추계 대신에 2006년의 최신 인구추계를 적용하면 정부발표보다 5년 앞당겨진 2060년에 기금이 고갈된다. 유시민 복지부 장관이 주장하듯 국민연금을 이대로 두면 하루에 800억 원씩 늘어난다던 연금부채가 동법이 통과된다 하여도 하루에 650억 원씩 늘어난다. 보

표 1 보건복지위 통과 국민연금법 개정안에 따른 재정전망

(단위: 십억 원)

연 도	적립기금	수 입			지 출		수 지 차	적립률 (배)	보험료율 (%)	적립기금 (불변가격)
		총 수 입	보험료수입	이자수입	총 지 출	연금급여				
2005	160,396	29,687	19,024	10,663	4,219	4,093	25,468	32.0	9.00	136,897
2010	333,007	52,690	30,143	22,547	10,834	10,661	41,857	26.9	9.78	245,170
2015	623,728	89,168	49,393	39,776	18,454	18,223	70,715	30.0	11.73	396,117
2020	1,098,174	142,459	71,916	70,542	32,811	32,502	109,648	30.1	12.90	601,607
2025	1,684,391	186,187	91,808	94,379	58,233	57,830	127,953	26.7	12.90	795,974
2030	2,402,088	250,457	115,003	135,454	97,121	96,594	153,335	23.2	12.90	979,171
2035	3,123,566	298,564	135,179	163,386	155,840	155,167	142,724	19.1	12.90	1,098,334
2040	3,747,117	356,811	159,158	197,653	246,436	245,577	110,375	14.8	12.90	1,136,566
2045	4,146,061	406,547	186,055	220,492	350,592	349,496	55,955	11.7	12.90	1,084,794
2048	4,218,495	432,579	206,887	225,692	425,335	424,066	7,244	9.9	12.90	1,010,083
2049	4,208,257	439,844	214,226	225,618	450,083	448,750	−10,238	9.4	12.90	978,283
2050	4,180,173	446,206	221,608	224,598	474,289	472,890	−28,084	8.9	12.90	943,451
2055	3,604,611	432,501	252,514	179,987	598,517	596,773	−166,016	6.3	12.90	701,774
2060	2,264,289	408,284	289,278	119,005	753,265	751,092	−344,981	3.5	12.90	380,264
2065	−144,349	335,345	335,345	0	918,688	915,980	−583,343	0.5	12.90	−20,911
2070		388,735	388,735	0	1,081,389	1,078,015	−692,654		12.90	

험료 인상에 따른 저소득층의 고통의 가중도 문제이다. 하위 40% 가계수지는 적자상태에 있어 9%의 보험료도 감당하기 어려운데, 12.9%까지 높이면 저소득층은 국민연금에서 더욱 멀어지게 된다. 오늘도 살기 어려운 이들에게는 과중한 보험료 납입을 강요하는 것은 사회보장의 기본취지를 잊은 폭정이라 할 수 있다.

1.2.2. 정부개정안의 문제 2: 기초노령연금은 국민분열만 조장

정부와 여당은 기초노령연금이라고 해서 노인 60%에게 매월 8만 원씩 지급하는 제도를 제안하고 있지만, 이 정도 연금으로는 노인의 용돈문제는 해결하겠지만 생계문제를 해결할 수는 없다. 지급대상 노인과 비대상 노인 간의 구분이 쉽지 않고 보험료 납입 국민연금 수급자의 연금액이 8만 원 수준인 사람이 있는 것을 감안하면 형평성 논란이 불거질 것으로 예상된다.

1.2.3. 정부개정안의 문제 3: 국민 합의과정 무시

국민연금법 개정을 열린우리당·민주당(11명)과 한나라당·민노동(9명)의 표대결로 통과시킨 것도 문제이다. 이런 식으로 여야 합의 없이 표대결로, 그것도 별 내용도 없는 연금개혁을 하려고 하였다면 이전에 복지부 장관도 이미 법을 통과시켰을 것이다. 국민연금과 같이 중요한 사안은 여야 합의, 노사정 합의, 더 나아가 국민합의가 중요하고 스위스 같은 경우에는 심지어 국민투표로 개혁한 경우도 있다. 이러한 연금개정안에 대하여 한국노총, 민주노총, 시민단체, 여성계, 종교계까지도 반대성명을 내고 반대의사를 분명히 하고 있다. 공무원연금 개혁 없는 국민연금 개혁은 일반국민을 우습게 보는 후안무치한 행위라고 할 수 있다.

1.2.4. 바람직한 개혁방안: 국민연금의 다층구조화 및 기초연금 도입

2월 임시국회 때 정부는 보건복지위를 통과한 국민연금법 개정안을 본회의에서 통과강행할 전망이다. 이렇게 중요한 사안을 날치기 통과시키려고 하는 배경이 의심스럽다. 국민연금을 기초연금과 소득비례연금으로 이원화하여, 현재의 노인에 대한 소득보장을 돈독히 하면서 장기적인 재정안정화를 유도하여야 할 것이다.

2 공무원연금

2.1. 공무원연금제도발전위 안

신규공무원은 독립적인 공무원연금체계를 유지하면서 기능별 다층체제로 재구조화하도록 되어 있다. 공무원연금은 국민연금수준으로 바뀌고, 퇴직금은 민간퇴직금수준으로 상향조정하고, 저축계정은 matching fund 형태로 지원한다.

기존 공무원은 연금수준을 국민연금보다 높은 수준(높은 부담률 고려)으로 조정하되, 퇴직수당은 민간퇴직금수준으로 상향조정하여 연금 또는 일시금으로 지급된다.

2.2. 문 제 점

2.2.1. 문제 1: 정부의 재정적자 보전금액의 급속한 증가

공무원연금 재정적자폭이 빠르게 증대하고 있다. 2015년경에

표 2 제도발전위 공무원연금제도 개정안에 따른 재정전망

(단위: 억 원, 2006년 불변가격, %)

연도	현행				개선				보전율 차이
	연금 수입	연금 지출	보전액	보전율	연금 수입	연금 지출	보전액	보전율	
2008	46,806	59,248	12,442	2.9	55,164	58,897	3,734	0.9	−2.1
2010	51,320	72,367	21,047	4.5	63,281	71,590	8,309	1.8	−2.7
2015	62,327	124,520	62,193	10.4	85,091	120,316	35,225	5.9	−4.5
2020	75,519	181,175	105,656	14.6	107,016	177,926	70,910	9.8	−4.8
2025	86,426	254,871	168,445	19.7	120,133	243,457	123,324	14.4	−5.3
2030	103,980	349,673	245,693	25.2	149,529	328,323	178,794	18.3	−6.9
2035	123,344	414,892	291,548	26.0	164,949	347,627	182,678	16.3	−9.7
2040	143,570	506,905	363,335	28.0	183,734	395,356	211,622	16.3	−11.7
2045	167,691	600,238	432,547	29.1	206,405	452,302	245,898	16.5	−12.5
2050	190,604	689,651	499,047	29.3	235,590	494,010	258,420	15.2	−14.1
2055	215,986	813,435	597,449	30.8	268,414	535,082	266,669	13.7	−17.0
2060	242,956	954,896	711,940	32.3	304,480	583,584	279,104	12.7	−19.6
2065	275,762	1,096,212	820,450	32.7	345,957	642,985	297,028	11.9	−20.9
2070	319,133	1,261,168	942,035	32.8	396,072	714,465	318,393	11.1	−21.7

주: 보전율=(정부보전액/과세대상 보수총액)×100.

는 적자보전액만 8조 원 규모로 증가하고, 2030년경에는 24조 원으로 확대된다. 현행 체계를 유지하면, 군인연금, 사학연금을 포함한 특수직역연금의 급여지출액은 2050년경에는 GDP의 4.5%에 이르게 된다.

2.2.2. 문제 2: 공무원의 연금급여수준은 국민연금 급여수준의 2배 규모

공무원의 경우 퇴직금이 일반근로자의 40% 수준이므로, 이를 감안하면 공무원의 퇴직급여는 일반근로자의 1.5배 수준이 된다. 일반근로자의 임금수준에 비하여 공무원이 낮다는 주장도 DJ 정부 시절 공무원 임금의 현실화 조치로 타당성이 약해졌으며, 2005년에는 중견기업 임금수준의 93% 수준이다. 공무원연금은 재정문제가 심각하고 급여수준이 높은데도 불구하고 국민연금을 먼저 개혁하는 것은 잘못된 것이다.

2.2.3. 개선방향: 공무원연금 개혁은 추진하되, 공무원의 기득권은 존중

재정안정적 관점에서보다는 공무원의 안정된 소득보장적 관점에서 제도를 개혁하는 것이 필요하다. 사회보장적 성격의 연금은 국민연금과 형평성을 유지하는 것이 바람직하다. 퇴직금부분은 일반근로자와 동일 수준으로 높여서 퇴직연금으로 전환하고, 공로보상적 성격은 공무원의 특수성을 감안하여 저축계정을 설정하는 것이 바람직하다. 현재의 공무원연금제도 개선안은 기존 공무원과 신규공무원을 별도의 제도에 적용하도록 하고 있다. 이는 조직운용원리상으로 적합하지 않을 뿐만 아니라 기존 공무원에 대한 기득권을 제도개혁 이후의 기간에도 보장하는 것은 바람직하지 않다. 또한 퇴직수당을 퇴직금으로 강화하면서 퇴직연금으로 전환하지 않으므로 사전적립을 통한 장기적인 재정안정화 조치를 포함하지 않고 있다. 그리고 신규공무원을 여전히 공무원연금제도 내에서 관리함으로써 인구고령화 위험의 분산을 하지 않고 있다. 또한 실질가치 연동장치를 즉각적으로 물가상승률로 전환하지 않음으로써 국민연금 가입자와의 형평성 문제를 남기고 있다.

3 건강보험

3.1. 건강보험 재정의 불안

건강보험 재정은 수급 양 측면의 요인에 의하여 재정상태가 급속히 악화되는 모습을 보이고 있다. 현행 재정구조가 그대로 유지될 경우, 2006년도는 그 동안의 누적수지로는 유지가 가능하나 의료보장성 확대의 효과가 본격적으로 나타나는 2007년경에는 심각한 재정위기현상을 보일 수 있다. 참여정부의 대책 없는 건강보험의 보장성 확대조치에 따른 결과로 보여진다. 특히, 담배부담금에 의존한 지출확대는 2007년의 건강보험 재정불안을 예고하고 있다.

표 3 2006년도 건강보험 재정전망 및 수정

(단위: 억 원)

구 분	당 초	수 정	차 이	주요 증감사유
총수입	226,165	223,007	△3,158	· 지역 재산과표 반영 지연
· 보험료	184,037	182,345	△1,692	· 직장 보수월액 상승률 저하
· 정부지원	39,410	37,944	△1,466	· 담배값 미인상시
· 기타 수입	2,718	2,718	–	
총지출	229,140	224,801	△4,339	· 보장성 확대 지연 및 규모축소
· 보험급여비	219,627	214,926	△4,701	· 퇴직급여충당금 초과적립
· 관리운영비	9,513	9,875	362	
당기수지	△2,975	△1,794	1,181	· 수입감소를 상회한 지출감소
누적수지	9,570	10,751	1,181	

그림 1 의료급여 재정증가 추이

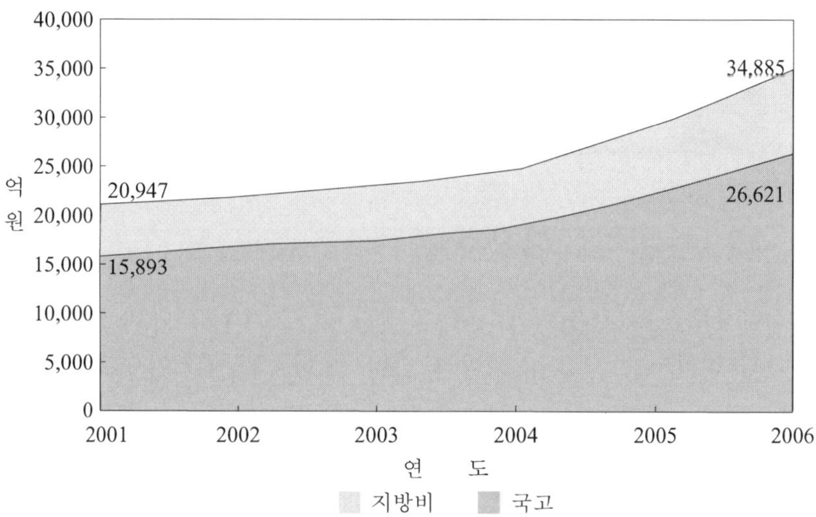

3.2. 의료급여 재정소요의 급증

의료급여 지출도 급속히 증가하고 있다. 의료급여의 경우에도 본인부담금이 없기 때문에 정신적 해이에 대한 통제장치의 미흡으로 급여지출의 이상적 증가가 나타나고 있다.

3.3. 개선방안

건강보험체계의 2층화 방안의 강구가 필요하다. 중증질환에 대해서는 1층의 건강보장에서 본인부담 없이 치료가 이루어질 수 있도록 하고, 경증의 질환에 대해서는 보험 및 의료저축계좌 방식을 도입하여 의료비용 억제효과가 극대화할 수 있도록 하는 것이 필요하다. 이러한 체계가 효과를 발휘하기 위해서는 일반인을 위한 건강보험과 취약계층을 위한 의료급여제도의 통합이 필요하다. 중증에 대한 1층 부분이 본인부담이 없으므로 의료급여가 별도로 존재할 필요가 없다.

다만, 경증에 대한 2층 부분에 대해서는 본인부담이 커지므로 별도의 대책이 필요한데, 본인부담분에 일괄적인 지원은 의료의 사용량을 증대시킬 수 있으므로 저소득층에 대한 소득지원시 기준이 되는 최저생계비에 의료비를 반영하여 본인의 소득한도 내에서 2층 부분을 선택할 수 있도록 하는 것이 바람직할 것이다. 따라서 질병의 유형과 증상의 정도에 따라 미리 책정된 일정 금액을 보상하는 포괄수가제, 국가 전체의 진료비지출을 산정한 후 이를 공급자 내부에서 배분하게 하는 총액계약제 등으로 전환해 나가야 한다.

4 사회보험 관리운영

4.1. 사회보험징수공단 설립안

국민연금관리공단, 국민건강보험공단, 근로복지공단이 중복적으로 운영하여 왔던 보험료 징수를 국세청 산하 사회보험공단에 통합 일원화하는 안을 검토하고 있다. 현행 인력의 50%는 '징수공단', 나머지 50%는 각 보험공단의 급여서비스 등 신규업무에 재배치하도록 하고 있다.

그림 2

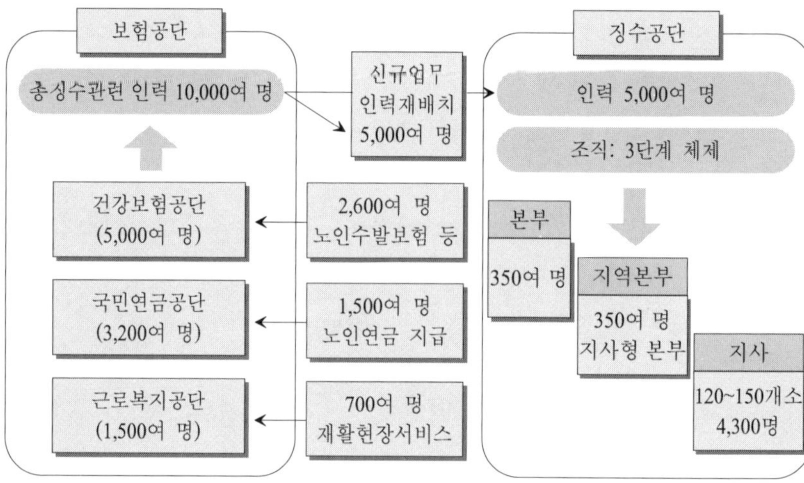

4.2. 징수공단안의 평가

4.2.1. 긍정적 측면

첫째, 소득파악업무를 국세청으로 일원화한다는 점에서 획기적인 발전이라고 할 수 있다. 둘째, 기존 공단인력을 활용하여 설립함으로써 구조조정에 따른 불협화음을 최소화하고 있다. 셋째, 사회보험업무의 확장기에 이루어져 통합에 따른 유휴인력을 적극적으로 활용할 수 있다는 점에서 시기적으로도 적합하다. 넷째, 통합부과 고지과정에서 비용을 대폭 절감할 수 있다. 다섯째, 가입자의 보험료 납입업무의 편의성이 크게 제고될 수 있다. 여섯째, 사회보험관련 서식과 자격관리 등 관련업무가 일원화됨으로써 업무효율성이 크게 제고될 수 있다.

4.2.2. 부정적 측면

첫째, 공단이 하나 더 생긴다는 것이다. 인력은 재배치되지만 공단의 지부지사 경상운영비는 신규로 발생할 수밖에 없다. 둘째, 사회보험료 징수가 여전히 국세청의 소득세 부과징수업무와 이원화된다는 것이다. 전 국민 사회보험화가 이루어지고 있는 현시점에서 사회보험료와 조세의 구분은 큰 의미가 없고, 부과징수는 더욱 문제이다. 부정적인 효과는 단순하지만 문제의 크기는 심각하다 할 수 있다.

정부안대로 추진된다면, 최소한 두 가지의 전제조건이 필요하다. 첫째, 신설 징수공단을 포함하여 새로운 공단조직의 지부지사의 수가 현재 공단의 지부지사수의 합보다 적어야 한다. 둘째, 신설 징수공단의 관리운영비를 포함하여 향후 사회보험공단의 관리운영비용이 현재 공단의 관리운영비보다 적어야 한다. 이러한 두 조건이 만족된다면 신설 징수공단의 설립안은 의미를 가질 수 있을 것이다. 참고로 OECD 28개 국가 중 17개 국가는 사회보험 담당기관이 징수하고, 나머지 11개 국가는 내국세와 함께 국세청이 징수하고 있다. 국세청에서 징수하는 대표적인 국가는 미국, 영국, 스웨덴, 네델란드 등이다.

2 정치분야

박 효 종

제 8 장

노무현 정부 4년: '국가(國家)와 국정(國政)의 품격'을 한 단계 떨어뜨린 4년

1. 정치에 대한 총체적 평가
2. 참여정부의 일곱 가지 결함들
3. 새로운 리더십에 대한 요구

1 정치에 대한 총체적 평가

'입'은 예리하였으나, '눈'과 '귀'는 침침하였던 정부

노무현 정부 출범 4년이 되어 오는 현 시점에서 국민들은 다음과 같은 질문을 하고 싶어 할 것이라는 생각이 든다. "4년 전에 비해 먹고사는 문제가 개선되었는가?," "4년 전에 비해 안전해졌는가?," "4년 전에 비해 집 사기가 쉬워졌는가?," "4년 전에 비해 행복해졌는가?" 이 질문들은 결코 참여정부를 곤혹스럽게 하기 위한 과잉기대에 입각한 불공정한 질문이라고는 할 수 없다. 4년 전에 표를 찍은 사람들뿐만 아니라 그를 지지하지 않은 사람들조차 충분히 던질 수 있는 합리적이고 정상적인 질문이기 때문이다. 문제는 많은 사람들이 '잃어버린 4년'이라고 할 정도로 부정적으로 평가하고 있다는 점에 있다. 수치가 상황에 따라 들쑥날쑥하기는 하지만, 노 정부와 열린우리당에 대한 10%대의 지지가 바로 그 대답이다. 다수의 국민들은 세금이 무거워지고 살림살이가 개선되기는 커녕 삶이 고단해졌다고 생각하고 있는 것이다. 특히, 서민들은 서너 배로 오른 집값 때문에 '내 집 마련'의 꿈이 아득해졌다고 좌절하고 있다.

노 대통령과 참여정부가 이 순간조차도 매우 억울해 하는 부분이 있다. 참여정부는 경제 등 많은 실적을 낸 '참 좋은 정부'인데, '참 나쁜 정부'로 알려진 것은 국민들이 잘못알고 있기 때문이라는 것이다. '참 나쁜 것'은 야당과 언론이라는 것도 참여정부의 뿌리 깊은 인식의 일단이기도 하다.

노 대통령과 참여정부의 자기변호가 옳다면, 지금 우리 나라가

「태평가」를 부를 만큼 태평성대(太平聖代)여야 할 필요까지는 없겠으나, 정부에 대한 원망이나 회한은 비교적 최소한의 수준이 되어야 하지 않을까. 그러나 실상은 그 반대다. 분노와 자포자기하는 마음, 정치적 스트레스 및 "일각이 여삼추 같다"는 조바심과 초조감이 역력하기 때문이다. 낮은 지지율은 새삼 말할 것도 없거니와, 열린우리당조차 뒤늦게나마 참여정부 4년의 실패와 잘못을 국민 앞에 고백할 수밖에 없는 처지가 되었다. 집권당의 간판으로는 정치적 미래가 불확실하다고 판단하는 나머지 전·현직 주요 당 간부들조차 자신의 당을 '침몰하는 타이타닉호'로 냉소하며 탈당경쟁을 벌이고 있는 실정이다. 물론 참여정부의 변명 가운데 공감할 수 있는 부분이 없는 것은 아니다. 참여정부의 공적도 분명 있기 때문이다. 노 대통령의 말대로 '밀실', '측근', '가신' 같은 말들이 사라졌다. 권력의 비자금 이야기도 들리지 않는다. 검찰 등 권력기관의 자율성도 꽤 신장되었고, 공직사회의 투명성도 높아졌다는 평가를 받는다. 국민들의 인권상황도 많이 개선되었다. 또 수출도 3,000억 달러를 돌파하였고, 국민소득도 곧 2만 달러가 된다. 그런데 왜 '성공한 대통령', '성공한 정부'라는 평가를 받지 못하고 있는 것인가? 심지어 '실패한 대통령', '실패한 정부'에도 불구하고 이러한 성과를 낸 것은 국민 각자와 민간부문이 자신의 영역에서 최선을 다한 결과라는 혹평을 받고 있는 이유는 무엇인가?

이 미스터리를 풀려면, 소태를 씹는 것처럼 쓰디쓰더라도 국민이 체감하고 있는 국정의 진실을 볼 줄 알아야 한다. 그 동안 참여정부의 '입'은 매의 부리처럼 날카롭고 매서웠으나, 정작 참여정부의 '귀'와 '눈'은 늙은 할머니의 그것처럼 가는귀가 먹고 눈도 침침해졌다. 노 대통령조차 여론의 부정적 평가에 피로감을 느낀 나머지 "이제 국민들로부터 평가받기를 포기하였다"고 한탄할 정도였다. 그러나 그래서는 안 된다. 오히려 "만시지탄의 감은 있지만,

국민들로부터 질책을 겸허하게 받겠다"로 바뀌어야 한다. 국민들로부터 나올 질책은 비교적 예상할 만한 것들이다. 한 나라의 국가원수에 어울리지 않을 만큼 직설적이며 품위 없는 언사는 없었는가. 참여정부가 탈권위주의를 이루었다고는 하나, 탈권위주의의 증거로 꼽히는 국정책임자의 너무 솔직하면서도 적나라한 언사들은 '벌거벗은 임금님'처럼 국정수행에 필요한 권위까지 실종시켰다는 비판을 불러오고 있다. 또 졸속의 행정수도 이전 추진이나 무리한 헌재소장 임명과 같은 위헌행위는 없었는가. '책임정부'의 개념과 맞지 않은 대연정 추진과 잦은 하야가능성 시사발언 등으로 국민을 불안하게 한 적은 없었는가. '측근', '가신' 같은 말들은 사라졌으나, 그 대신 '왕의 남자' 같은 말은 생기지 않았는가. 또 '코드인사'나 '회전문 인사'와 같은 말이 인구에 끊임없이 회자될 정도로 자주 일어난 인사파동은 어떻게 보아야 할 것인가. 과격한 평택기지 이전반대나 한·미 FTA 반대와 같은 친북·반미시위대, 과격노조시위대에 휘둘려 실추된 정부권위를 과연 자랑할 만한 탈권위주의 정부의 표상이라고 말할 수 있겠는가? 북핵·전작권·한미동맹에 대한 아마추어적 대처, 시장을 모르거나 무시하였던 부동산정책의 재앙적 실패, 대통령 자신이 만든 열린우리당의 실책과 무기력함, 그리고 붕괴의 조짐 등 이런 것들이야말로 참여정부의 일그러진 자화상이 아닐 수 없다.

생각해 보면, 임기 초부터 소수정권의 비애를 곱씹던 노 정부와 여당은 천신만고 끝에 탄핵정국을 넘기고 총선에서 대박을 터트렸다. 그 후 항상 발목을 잡던 거대야당이라는 장애물이 없어져 본격적으로 개혁을 할 수 있는 호기를 맞게 되었다고 얼마나 기뻐하였던가. 그러나 그런 승리가 불과 3년도 안 되어 그리스신화에 나오는 다나오의 딸들처럼 '깨진 항아리에 물을 부어 온' 결과를 초래하고 말았으니, 이 얼마나 허망하고 기막힌 역설인가.

노 정권은 정책을 추구할 때마다 국민들을 두 편으로 가르면서 자신의 편은 편애하고 반대자들을 냉소하며 윽박질렀으나, 그렇다고 기념비적인 정권의 업적을 만든 것도 아니었다. '이명박의 청계천'은 있지만, '노 정권의 청계천'도 있는가. 기회 있을 때마다 박정희의 경제발전에 문제가 많았다고 폄훼하지만, 그와 비슷한 것이라도 만든 적이 있는가. 오히려 국가가 부채로 인하여 허덕이고 있다. 지금 국가부채는 무려 300조 원에 달한다. 2002년 말까지 133조 원이었던 것이 노 정권 4년째인 2006년 말 283조 원이 된 것이다. 그런데도 '울리는 꽹과리'처럼 내용이 없는 국정홍보처의 활약만이 요란할 뿐이다. 물론 참여정부 스스로 '정치실험'을 한다고 하였으니, 처음부터 '기념비적인 성취'를 바라는 것은 무리였다는 생각을 할 수도 있을 것이다. 하지만 우리 헌정사에서 자신을 비판하는 목소리에 대해서 이토록 억울해 하고 발끈한 정부도 없었다. 잘못을 지적하면 그 비판의 내용이 무엇인가 하는 '메시지'에 관심을 갖기보다 그 비판을 전해 주는 '메신저' 탓을 하고, "오보니 뭐니" 하면서 꼬박꼬박 반론권을 청구하여 소심한 비판자들을 주눅들게 하였다. 아마추어는 많은데 프로는 적고, 미래를 위한 로드맵은 많은데 생산성은 적으며, 회한과 불만은 많은데 포용력과 톨레랑스는 적고, 정작 말은 많은데 실천은 적은 것이 이 정권의 특징이었다. 그 동안 은인자중하며 참고 참았던 사람들조차 이런 정권과는 '고단함'은 함께 할 수 있을지언정 '안락함'은 같이 누릴 수 없다고 생각하고 있다. '최대다수의 행복'이나 '안락'을 산출한 것이 아니라 '최대다수의 불행'과 '불안'을 초래한 정권이라는 낙인을 찍고 있는 것이다.

'정부가 무슨 일을 하는가' 하는 문제에 기대와 설렘을 갖기보다 '정부가 무슨 일이라도 벌이지 않았으면' 하는 소망을 더욱더 간절히 갖게 만들었던 정권, 한국 사회가 감지하기 어려울 만큼 수

많은 원인과 결과라는 변수들의 상호작용으로 이루어져 있는, 이른바 '복잡계(complex system)'라는 사실을 모르고 '의도'만 좋으면 '결과'도 좋을 것이라는 안이한 생각을 가지고 개혁에 임하였던 아마추어 정권, 회한의 감정과 피해의식이 유난히 강렬해 비판자들과 밤낮 흙탕물 싸움을 방불케 할 정도로 질 낮은 설전을 벌였던 정권, 과거형의 이념적 개혁정책을 밀어붙이겠다는 마음이 앞서 '헌법적 가치'와 '정치의 본질'에 관한 고민이 부족하였던 정권이 바로 노 정권이 아닌가 하는 생각이 든다. 노무현 정부를 두고 "우측 깜빡이를 키고 좌회전을 하는 정부"니 또는 "지그재그로 가는 정권"이니 하는 말들이 설왕설래하였다. 또는 "역주행을 하는 정권"이라는 말도 나왔다. 물론 이것들은 호사가들이 일상적으로 해 온 냉소적 표현일 터이다. 막상 노 정부는 자신을 일컬어 "좌파적 신자유주의 정권"이라고 정체성을 밝힘으로 좌우를 아우르는 정권임을 과시하였다. 그러나 정작 많은 국민들은 노 정권과 관련하여 좌회전이니 우회전이니, 역주행이니 하는 말보다 도로에서 벗어나지 않고 제대로 운행되는 차인가 하는 문제에 더욱더 관심을 가졌다. 그 이유는 단순하다. 왼쪽으로 가든 오른쪽으로 가든, 운행방향의 문제보다는 급발진을 하지 않으며 시동도 잘 걸리고 매연을 내뿜지 않으면서 부드럽게 굴러가는 정상적인 자동차로 작동되기를 원하였기 때문이다. 그러나 유감스럽게도 노무현 정권의 자동차는 하는 일마다 매연을 뿜었고, 가는 길마다 덜컹거렸다. 왜 그랬을까. 문(文)·사(史)·철(哲)의 소양이 부족하였던 정권이었기 때문일까. 결국 4년 동안 우리가 잃어버린 것은 노 정권에 대한 신뢰문제를 넘어서서 국가와 국정의 품격 자체라는 생각이 든다.

이제 취임 초에 하였던 겸손한 권력에 대한 약속과 "국민이 대통령"이라는 구호를 상기한다면, 자기변명보다 자기반성의 정신이 필요한 시점이다. 마지막 1년을 앞두고 억울하다는 생각보다는 무엇이 모자랐는가 하는 마음을 가지고 국정에 헌신해야 할 이유가 여기에 있다. 우리는 이런 심정으로 일반화된 '노무현 때리기'에 동참한다는 마음이 아니라 국가관리에는 도덕적 해이가 있어서는 안 된다는 심정으로 평가에 임하고자 한다.

2 참여정부의 일곱 가지 결함들

2.1. 새로운 유형의 '피통치학'의 정립을 요구하였던 정부

참여정부의 집권모습 가운데 뇌리에 가장 인상 깊게 남아 있는 것은 울분과 격정을 각종 공식석상에서 쉴 새 없이 토해 내던 대통령의 모습이다. 상대가 누구든, 이슈가 무엇이든, 대통령은 언제나 억울하고 서러웠다. 전시작전통제권 환수반대, 장관 인사청문회에서의 야당 국회의원들의 질문, 고건 총리문제 등 모든 것이 한스러웠다. 니체의 '르쌍티망(ressentiment)'을 떠올리게 할 정도로 하도 서러움과 격정의 토로가 잦으니, 혹시 '설득과 소통의 대통령학'보다 '울분과 회한의 대통령학'을 설파하고 있는 것은 아닌가 하는 마음이 들 정도였다. 서러움과 회한의 발산을 권력의 기능과 역할이라고 할 사람은 없을 것이다. 민주권력이란 설득과 소통을 통해 사람들의 마음을 움직이도록 되어 있는 것인데, 울분을 쏟아놓으면 '카타르시스'가 되는 것인지, 아니면 동조자를 결속할 수 있다고 믿는 것인지, 유달리 노 대통령은 자신이 추진하는 일이 반대에 부딪치거나 자신의 정책이 실패해서 역효과를 낳을 때 억울함을 느꼈고 서러움을 주체하지 못하였다. '마이너리티 그룹'에서 권토중

래한 노 대통령과 주변의 386 참모들이 권력의 정상에서 승자의 미소를 짓기보다 비애와 서러움을 곱씹었다는 것은 좀처럼 풀기 어려운 미스터리인데, 문득 바위고개언덕을 넘으면서 '10년간의 머슴살이'가 서러워 진달래꽃 한아름 안고 눈물짓던 옛 사람이 생각난다.

대통령의 직분이나 권력을 '십자가'보다 '월계관'으로 치부해 온 많은 사람들은 누구나 대통령이 되고 권력을 잡게 되면 설사 그 동안 사무쳤던 응어리와 한이 있다고 해도 그 순간부터 '봄볕에 눈 녹듯이' 사라지는 것으로 생각하였다. 그런데 노 대통령의 경우는 특이하였다. 대통령이 되기 '이전'보다 대통령이 된 '이후'에 오히려 언론과 야당으로부터 더 극심한 박해를 받고 있다는 강박관념이 강해진 것 같기 때문이다. 노 대통령이 후보시절 오르지 않는 지지율을 생각하며 눈물을 흘렸던 적이 있었다. 그 눈물은 하도 슬퍼 많은 국민들로 하여금 연민의 정을 느끼게 하였고, 유권자들의 마음을 움직이기도 하였다. 하지만 대통령이 된 후에도 "언제 한번이라도 대통령이라고 대접해 본 적이 있느냐"며 절규함으로써 많은 국민들을 당혹스럽게 하였다. 그 동안 '프로정치'보다 '아마추어정치', '현장정치'보다 '인터넷과 서신정치', '민생정치'보다 '코드정치'에 힘을 쏟아 온 노 정권에 비판과 비난이 쇄도한 것은 사실이다. 그를 지지하였던 진보진영조차 '노 대통령의 실패'가 '진보의 실패'로 이어진다며 아우성을 칠 정도였다.

하지만, 노 대통령은 국민과 언론, 야당의 충고나 비판을 '만인지상(萬人之上)의 국가관리자'가 감내해야 할 '노블리스 오블리제'로 이해하기보다는 '자연인 노무현'에 대한 인격모욕으로 간주해서 분노를 느끼고 괴로워하면서 더욱 폐쇄적이 되었다. 그를 보좌해 온 386 참모들 역시 대통령의 진정성을 몰라 준다며 비판자들에 대하여 공세적이고 자극적 용어를 구사하는 등 '한의 대통령학' 정립에 일조해 왔다. 여론과 언론의 비판에 아랑곳하지 않는, 이른바

'오기정치'가 출현한 것도 바로 이 때문이다. 그 결과 독선과 고집으로 일관해 온 그의 통치스타일과 관련, 잘못된 여론에 맞서 싸우며 용감하게 강물을 거슬러 올라가는 '연어'의 모습보다 동으로 가라면 서로 가는 등 한사코 엄마의 말을 거부하였던 '청개구리'의 모습을 떠올리는 사람이 많아졌다.

노 정권 특유의 '한의 통치학'에는 아무래도 언론이나 국민들에게도 귀책사유가 있는 것 같다. 언론이나 야당, 국민들은 참여정부 출범시 여느 정권들의 경우와 마찬가지로 "비판 없는 권력은 부패하기 마련"이라는 고전적 준칙을 떠올리며 '선출된 권력'에 대해서 비판과 경고를 쏟아 내었기 때문이다. 만일 그렇지 않고 격려와 칭찬 등 두루춘풍으로 노 대통령을 감싸 안았더라면 어떻게 되었을까. 아마도 지금보다는 훨씬 더 여유와 아량을 가진 대통령의 모습을 볼 수 있었지 않았을까 하는 마음도 든다.

한편, 노 대통령은 어떠하였는가. 처음에는 겸손하게 '반(半)통령'에 불과하다며 자기를 지지하지 않은 사람들을 끌어안겠다고 공언하였지만, 그와 국민의 절반은 '너무 빨리' 그리고 '너무 쉽게' 헤어졌다. 그들의 비판과 우려를 단순히 대통령을 흔들기 위한 기득권자의 악의적인 음모로 치부한 것이다. 만일 노 대통령이 모든 국민의 대통령, 즉 '온통령'이 되려고 혼신의 힘을 다하였더라면, 우리 사회는 적어도 지금보다는 훨씬 덜 소란스럽고 덜 어지러운 사회, 또는 더 평온한 사회가 되었을 것이다. 심지어 지지하는 사람들이 공감을 얻고 반대하는 사람들이 손가락질을 받는 사회가 되었을는지 모른다. 그러나 노 대통령 스스로 고대 로마의 검투사처럼 전의를 불사르며 싸움에 뛰어든 결과, 사회는 "인간이 인간에게 늑대"가 되는 '만인투쟁의 장'으로 변모하였다. 운명은 노 대통령에게도, 국민들에게도 가혹하였다. '통합'보다 '투쟁'의 길을 선택한 그는 대한민국 건국 이래 '가장 외롭고 슬픈 대통령'이 되었고, 또 그의 슬픔과 외로움은 끊임없이 국민의 불행과 불안, 탄식으로 이어져 왔다. 또 비판에 격앙하여 반응하다 보니 격한 과잉반응이 나오고 또 국민들이 장탄식을 하는 등 '한의 통치학'의 '악순환'이 자꾸만 두터워지고 있는 것이다.

기린은 목이 길어 '슬픈 짐승'이 되었다지만, 역전의 귀재였던 노 대통령은 왜 '슬픈 대통령'이 되어 '국민과 대결하는 대통령'의 이미지를 갖게 되었을까. 생각해 보면 그의 집권기간은 국민에게 어떻게 봉사하느냐 하는 데 초점을 맞춘 '통치학'보다 통치자의 심기를 어떻게 관리하느냐 하는 데 주안점을 둔 '피통치학'의 본격적인 개발이 절실히 요구되는 시점이었던 것 같다. 말하자면, '제왕학'보다 '백성학'의 정립이 필요하였던 시기라고나 할까. 대통령이 국민을 상대로 호소하고 설득해서 자신이 원하는 방향으로 함께 가게 만드는 방법론보다 국민들이 억울해 하고 서러워하는 대통령을 달래고 격려하면서 국리민복(國利民福)과 국태민안(國泰民安)에 전념하게끔 유도하는 방법론을 고민해야 할 필요성이 제기된 것이다. 그러나 불행하게도 국민들은 물론, 야당과 언론까지도 이 사실을 몰랐다. 이것이 '노무현 정치의 비극'을 넘어서서 '한국 정치의 비극'으로 이어진 것이다.

2.2. '통합불감증의 리더십'

4년 동안 국정을 주도해 온 '노무현호(號)'의 여정을 되돌아보면, 자신에게 엄격하고 타인에게 관대함으로써 자수성가한 사람의 일대기보다는 논쟁이 벌어질 때마다 자신의 명예가 걸린 일이라며 결투를 신청하는 중세 서구의 다혈질의 투사를 다룬 스토리를 연상시킨다. 반전과 역전, 온라인 말싸움이 아니면, 오프라인 말싸움 등 하루도 조용할 날이 없었던 '소요의 정치', 정상의 국정운영과는 거리가 먼 '파격의 국정운영'이었기 때문일까. 물론 주연과 관객이 분리된 드라마였다면, 관객으로서는 손에 땀을 쥐는 한이 있더라도 즐거운 구경거리였겠지만, 문제는 국민들이 주연의 말 한마디, 행동 하나하나에 일희일비할 수밖에 없는 조연의 신세가 되었다는 점에 있다.

집권한 정부의 중요한 기능 가운데 하나라면, 두 말할 나위 없이 '통합', 즉 '묶는 것'이다. 그럼에도 개혁을 통해 잘못된 과거를 바로잡고 현실을 바꾸어야 한다는 생각에 사로잡혀 있던 노무현 정부에서는 정치·사회·경제·문화영역에서 끊임없이 나타나고 있는 다양하면서도 상충하는 흐름, 심지어 상호 모순적 성격까지 띠고 있는 움직임을 '통일된 전체'로서 유기적으로 아우르고 일관성 있게 묶으려는 노력이 없었다. 진보주의자들은 자주 유신체제를 '파시즘'이라고 비판해 왔다. 나쁜 뜻으로 쓰이는 '파시즘(fascism)'이라는 말의 본래적 의미는 '묶는다'는 뜻이다. 물론 권위주의시대에는 이 '묶는 것'에 대하여 과도하게 집착한 나머지 획일적이고 강압적인 방식을 사용하였기 때문에 억압과 반인권적 통치라는 평을 듣는다.

그렇지만 민주화 시대에 들어와 '묶는 것'의 문제는 국정을 담당하는 사람들이면 제일 먼저 관심을 가져야 할 국가적 어젠더이다. 민주화는 가치와 이익의 다양화를 보장할 뿐 아니라 촉진함으로써 갈등의 투명화와 공개화를 초래하기 때문이다. 그것은 구심력보다 원심력을 산출한다는 의미이다. 이미 한국 사회는 그 다양한 가치관만큼이나 다양한 세력들이 치열하게 경쟁하면서 살아가는 다원화 사회가 되었다. 이러한 상황에서 공동체 구성원들 사이에 '공유된 가치관이나 이해관계'가 형성되기는커녕 첨예하게 대립하는 사태가 자주 일어났으며, 국정을 담당한 참여정부에게는 차이점을 조정하거나 초월해서 접근해야 할 막중한 과제가 부여되었다.

문제는 참여정부가 4년 동안 '통합'과 '조정'을 소홀히 하였을 뿐만 아니라 오히려 '분열'과 '갈등'을 의도적이며 전략적으로 조장하고 심지어는 즐긴 측면이 농후하다는 점이다. 사실 참여정부는 국민 모두를 아우르는 '보편적 정치'보다 당동벌이(黨同伐異)를 방불케 할 만큼 '파당적 정치'의 성격을 노정하였고, '통합적 어젠더'보다 '분열적 어젠더'를 내놓기 일쑤였다. 부동산문제, 경제양극화문제, 노사문제, 교육정책에서 보듯이 구성원들을 '20:80', '강남권'과 '비강남권', '강자'와 '약자', '가진 자'와 '못 가진 자'로 양분하고 이분법적 선택을 강요해 왔다.

이러한 경향은 대북 문제, 대미 문제에서도 여실히 드러난다. 포용정책을 반대하는 사람들과 찬성하는 사람들을 각기 '수구냉전세력'과 '평화애호세력'으로 나누고, 한미동맹을 중시해야 한다는 사람들과 그 반대 입장의 사람들을 '친미의존세력'과 '자주세력'으로 불렀다. 북한이 핵실험을 하였으면 당연히 실패한 대북 포용정책에 대한 철저한 분석과 반성이 뒤따르고 국민들을 안심시키는 안보정책을 강조해야 하는데, 사재기가 일어나지 않는 것만을 다행으로 생각하고 오히려 "전쟁이냐 평화냐" 하면서 톨스토이의 소설 제목과 같은 생뚱맞은 이분법을 들이댄다. 삼분법도 있는데 왜 하필 이분법이었을까. 이분법을 구사할 때 "우리편 아니면 적"이라는 전략적 도식이 가능하기 때문이었을까.

이러한 분열정책은 다분히 "나누어 다스려라(divide et impera)"고 하는, 이른바 '분할(分割)지배'의 고전적 준칙을 상기시킬 정도로 정략적인 것이었다. 전시작전통제권문제와 같은 쟁점을, 예컨대 "자주냐, 아니면 의존이냐" 하는 식의 민족주의 문제로 단순화하면, 참여정부의 저조한 지지율과는 관계없이 '민족'과 '반민족'이라는 양자택일의 문제로 귀결시켜 단번에 박빙의 승부로 바꾸어 놓을 수 있다고 계산한 것이 아니었을까. 하지만 국가경쟁력의 순위가 추락하고 중국의 동북공정, 일본의 우경화 등 국제정세는 긴박하게 돌아가는데, '정파적 승리주의'에 빠져 '통합적 어젠더'는 안중에 없이 '분열적 어젠더'에만 몰두하여 정치적 이득을 취하려고 하였다면, 책임 있는 국가관리자의 도리로 평가받기 어려울 것이다.

2.3. '패배의 미학'을 몰랐던 '불패의 리더십'

참여정부는 선거에서 드러난 민심을 받아들여 자신의 잘못을 인정하는 데 인색하였을 뿐 아니라 그것을 고치기를 거부하였다. 사실 참여정부는 그 동안 각종 재보선과 지방선거 등 각종 선거에서 40 대 0이라고 할 정도로 참패하였다. 참여정부에 대하여 비교적 일관되게 지속되는 민의의 심판은 참여정부에 대한 실질적 탄핵과 불신임이라고 할 만큼 매서운 것이었다. '회초리'로 때렸다기보다는 '돌'로 때린 것으로 보아야 하기 때문이다. 실제로 서구에서는 투표를 '종이돌(paper stone)'이라고 부르는 사람들도 있을 정도다. 투표용지는 분명 평범한 종이임에 틀림없지만, 그 실질적 내용은 돌과 다름없다. 돌은 맞으면 아픈 정도가 아니라 심한 부상을 입는다. 특히, 야당이 압승한 5·31지방선거는 국민들이 정부에 어마어마한 돌을 던진 셈이었다. 또한 두 달 후에 실시된 7·26재보선은 탄핵의 주역을 부활시킴으로써 참여정부가 탄핵받을 만하였다는 사실을 새삼 부각시키기도 하였다.

그럼에도 참여정부는 변하지 않았다. 국정운영에 대해 '옐로카드'와 '레드카드'를 연거푸 받았으면 대오각성하는 바가 있어야 하는데, 오히려 역사의 책무를 새삼 생각한다거나, 또는 인기에 연연하지 않는다는 반응들을 내놓았다. 물론 국정을 주도하는 최고책임자로서 소신도 있어야 하고 역사의식도 필요한 것도 사실이지만, 그것도 정도의 문제다. 다수의 국민들이 국정 패러다임의 변화를 절실하게 갈망하고 있는 것이 현실인데, 그 변화를 외면하면서 미사여구로 강변해 온 것은 사람들이 마시는 실제의 물과는 동떨어진 '증류수'와 같은 정치가 되어 '격화소양(隔靴搔癢)', 즉 "장화 위로 가려운 데를 긁는 것"과 다를 바 없기 때문이다.

지금 임기를 1년 남겨 놓고 있는 참여정부에는 역사의식이나 투철한 소신보다는 거울이 필요하다. 자신을 들여다보는 거울말이다. 우리가 거울을 본다는 것은 거울에 비친 우리 자신을 본다는 뜻이다. 물론 참여정부도 종종 거울을 보고 있다고는 말한다. 하지만 자신의 모습이 어떻게 생겼는지 진지하게 알고 싶어 하기보다는 『백설공주』에 나오는 왕비처럼 "누가 이 세상에서 참여정부에 대해 가장 비판적이냐" 하고 계속해서 물어 왔던 것 같다. 그러면서 '언론'이라는 대답을 듣고 있다. 언론의 비판이나 문제제기에 대해 기분이 좋을 정부는 없을 것이다. 그러나 그렇다고 해서 진흙탕에서 벌거벗고 싸우는 싸움꾼처럼 행동을 하는 것은 정부의 품격을 떨어뜨리는 것이다. 예를 들어, "대통령은 더욱 국정에 전념해야 한다"고 충고하면, 24시간 국정에 전념하고 있다고 믿고 있는 대통령이나 청와대 참모들은 "무얼 더 전념하라고 하는 소리냐" 하며 볼멘소리를 한다. 일부 정치인들이 "대통령은 현실적인 정당정치에 관여하지 말라"고 하면 "선진국가에서도 대통령은 현실정치에 얼마든지 개입한다"고 반론을 펴기도 한다.

심지어 정부가 나서서 국정난맥상이나 정책실패를 지적하는 언론에 대하여 '불량상품'이라고 말하는 것을 어떻게 보아야 할까. 민주사회에서 언론이란 고대사회의 신전이나 성스러운 장소들처럼, 권력자나 국민들이 반드시 필요로 하는 제도적 장치다. 그럼에도 그것을 '불량상품'으로 낙인찍는 것은 권력의 정도가 아니다. 금을 제련할 때는 불이 사용된다. 불이 금에 대하여 작용하는 것은 금을 '파괴'하려고 하는 것이 아니라 '순화'시키려 하는 것이다. 그 동안 수없이 역발상의 필요성을 강조하였던 참여정부가 언론비판을 통해 자기자신이 '파괴'되는 것이 아니라 '순화'된다는 역발상을 할 수 없었던 이유는 과연 무엇이었을까.

그 이유는 단순한 데 있다는 생각이 든다. 노 대통령은 이제까지 '이기는 법'만 배웠을 뿐, '지는 법'을 배우지 못하였기 때문이다. 대선후보가 될 때도, 탄핵 때도 그랬다. 역전의 역전을 거듭하며 승리의 귀재가 되었던 것이다. 그래서 그런지 노 대통령은 '승리의 신화'는 만들었을망정, '패배의 미학'을 배울 기회는 갖지 못하였다. 지고 나서도 어떻게 처신해야 하는지 알지 못하였다. 다만 오뚝이처럼 일곱 번 넘어진 다음에는 여덟 번째 반드시 일어나야 한다는 것만 알았다. 그토록 많은 재보궐선거에서 졌는데도 진 것을 인정하지 않았고, 5·31지방선거의 참패에서도 진 것을 인정하기는커녕 "선거에 한두 번 진다고 나라가 망하는 것은 아니다"라고 하였을 뿐이다. 노 대통령은 당정분리라면서도 열린우리당을 이기려고 하였고, 한나라당은 수구정당이라며 이기려고 하였으며, 언론은 기득권세력이라며 이기려고 하였고, 국민은 독재시대에 살고 있는 것처럼 산다며 이기려 하였다. 또 강남사람들은 투기꾼으로 부도덕하다며 이기려고 하였고, 시장은 실패하는 법이라며 이기려고 하였다. 거기에 비극이 있었다.

유도를 배우는 사람은 '낙법(落法)', 즉 떨어지는 법부터 배운다던가! 낙법을 배우지 못한 사람은 아예 죽거나 중상을 입을 수밖에 없다. 노 대통령은 지는 법이나 물러나는 법을 배우지 못하였기 때문에, 지면 섭섭해 하고 비판받으면 열패감을 느꼈고 비난을 받으면 짜증을 냈다. '지는 것'의 미학, '씹히는 것'의 미학, '백기를 드는 것'의 미학을 몰랐던 것이다. 인사문제에서 대통령에게 지라고 하는 국민들에 대하여 청와대는 "대통령에게 남은 것은 인사권밖에 없다"며 버텼다. 여론은 '읍참마속'처럼 오른팔이든 왼팔이든 잘라내라고 요구하는데, 오른팔은 왼팔로, 왼팔은 오른팔로 바꾸며 '돌려막기'만 거듭하였을 뿐이다. 민의로부터 멀어진 노 대통령의 비극은 이기려고만 하였던 '승자의 비극'이 아닐 수 없다.

2.4. '프로크루스테스의 침대' 안에 억지로 맞추어 놓으려 하였던 독선적 개혁

노무현 정부와 386세력은 '개혁'을 외치며 권력을 잡았고 또 권력을 잡은 다음에도 "첫째도 개혁, 둘째도 개혁, 셋째도 개혁"이라는 식으로 끊임없이 개혁을 외쳐 왔다. 하지만 개혁어젠더마다 심각한 정치·사회갈등을 야기하였을지언정 제대로 이루어진 개혁이 없었다. 그 이유는 무엇인가.

참여정부의 개혁실패는 진보주의자들의 독특한 정치비전에서 비롯된 것으로 보여진다. 흔히 진보주의자들은 그 속성상 현실정치의 문제에 대하여 그다지 고민하지 않는 입장이다. 어떤 이상이나 추상적 구호든, 신념으로 변환시키기만 하면, 일정한 정치적 역동성을 발휘할 수 있다고 믿고 있기 때문이다. 그러나 그것은 자칫하면, 엄연한 정치현실을 외면하는 '초현실주의 행동'이 된다는 것이 문제다. 정치란 무엇인가. 정치가 이상(理想)을 향하여 나아가는 성격을 지니고 있는 것은 사실이지만, 그렇다고 해서 '역사에 잠들기'를 원하거나 '역사에 기억되기'만을 고집한다든지, 또는 선거결과에 초연한 듯한 모습을 보일 정도로 지나치게 '꿈'에 취해 정치의 현실성을 간과하거나 경시한다면 심각한 결과를 초래한다. 유감스럽게도 참여정부는 바로 이런 모습을 보인 것이다.

노 대통령과 참여정부가 줄기차게 주장해 왔던 개혁이 그 자체로 시대착오적인 발상은 아니다. 한국이 선진공동체로 도약하는데 있어서 각종 개혁을 절실히 필요로 하고 있는 것은 사실이기 때문이다. 그러나 개혁을 추진하는 데 있어서 이른바 '단서조항(proviso)'과 같은 것이 존재하고 있다는 사실을 소홀히 한 것이 참여정부의 실책이었다. 새로운 정책, 새로운 제도, 새로운 법, 새로운 조직들을 위한 구체적이고 창조적인 계획과 행동이 완비되고 그들을 추진하는 가운데 낡은 멍에와 질곡이 서서히 파괴되어 나가는 방식의 '창조적 파괴(creative destruction)'이었다면, 국민들이 참여정부의 개혁에 대하여 그렇게 질색하였을 리도 없다. 그러나 많은 국민들이 크게 우려하였던 부분은 참여정부의 개혁이 질서와 전통, 관행과 제도 등 단순히 기존의 것이었다는 이유만으로 기득권자들의 반칙과 특혜로 치부한 나머지 파괴에 초점을 맞추는 '파괴적 파괴(destructive destruction)'에 불과하다는 점에 있었다. 파괴는 있되 새로운 희망은 보이지 않아, 개혁이라고 믿었던 것이 공허한 실체를 드러내었기 때문이다.

노무현 정부가 국회에서 절대다수를 확보한 다음 작심하고 내놓은 것이 「국가보안법」, 「과거사법」, 「신문법」, 「사학법」 등 이른바 '4대개혁'이었다. 특히, 사학법은 2005년 종교계의 반발도 무릅쓰고 한나라당과의 몸싸움도 불사하며 통과시켰다. 그러나 이 법들은 모두 이해당사자들로부터 격렬한 반대에 부딪쳤을 뿐 아니라 국민들조차 진보와 보수로 나누어 극렬하게 싸우도록 만들었다. 문제는 4대개혁이 이념적 성향이 강한 어젠더였을 뿐, 국민들의 피부에 와 닿을 정도로 실사구시적인 어젠더가 아니었다는 점이다. 따라서 이 가운데 어떤 것도 성공적이라는 평가를 받고 있지 못한 것은 당연한 귀결이었다. 결국 참여정부는 개혁을 그리스신화에 나오는 '프로크루스테스 침대' 같은 빈약한 좌파진보 개념틀에 억지로 넣어 보려고 하였기 때문에 진정한 선진화를 위한 개혁을 열망하던 많은 국민들로부터 공감을 얻지 못하였다. 이런 점에서 참여정부의 개혁은 '태산명동서일필(泰山鳴動鼠一匹)'에 불과하였다. 즉,

"산들이 요동하여 분만하고 보니 쥐새끼 한 마리 나왔다(parturiunt montes, nascetur ridiculus maus)"라는 평가가 적절하다.

노무현 정부의 개혁실패를 보면서 레닌과 그의 비판자들이 나누었던 대화가 생각난다. 레닌에 의해 박해를 받던 무정부주의자가 레닌에게 "그의 행동이 과격하다"고 지적하자 레닌은 대답하였다. "당신은 오믈렛을 만들려면 달걀을 깨뜨려야 한다는 것을 모릅니까?" 이에 무정부주의자는 반문한다. "압니다. 하지만 온 천지에 당신이 깨뜨린 달걀만 보입니다. 오믈렛은 도대체 어디에 있습니까?"

참여정부의 개혁이야말로 '오믈렛'은 없고 '깨진 달걀'만 즐비한 개혁이었다. 이처럼 개혁이 민심을 얻지 못하자 참여정부의 어떤 사람은 "노무현 대통령이 환자를 수술하는데 마취약을 쓰지 않고 수술을 하는 의사처럼 행동하였기에 인심을 잃었다"고 하였다. 또는 생뚱맞게도 12척의 배로 300척의 왜선을 대적한 이순신 장군의 절박함을 떠올리는 사람도 있었다. 또 "개혁을 제대로 하지 못해 이런 결과가 나왔으며, 개혁을 더 열심히 하는 수밖에 없다"고 주장하는 사람도 나왔다. 이 모두가 용감하기 짝이 없는 말들이지만, 동시에 아전인수격의 속알머리 없는 콩깍지와 같은 말이라는 느낌을 떨칠 수 없다. 이런 말을 들을 때마다, "정부란 이 세상에서 자신의 잘못을 인정하는 데 가장 더딘 기관"이라고 갈파한 프리드먼(Milton Friedman)이 떠오른다. 또 이 핑계 저 핑계 대면서 자신의 잘못을 인정하지 않으려고 하는 소피스트 정부의 모습도 방불케 한다. '개혁'이란 말은 정녕 참여정부 사람들에게 반드시 긁어야 만하는 '가려움증'과 같은 것이었을까. 그게 아니었다면, 통치권력의 정신을 몽롱하게 만드는 '마법의 술'과 같은 어떤 것이었을까.

개혁에 대한 비판이 쏟아질 때마다 참여정부 관계자들은 "혼

들리지 말자"를 합창이나 하듯 우렁차게 외쳤다. 뿐만 아니라 역사에 남을 만큼 중요한 개혁이기 때문에 조금도 고쳐서는 안 된다고 고집을 부리기도 하였다. 정책의 신뢰를 위해서는 일관성이 중요하다는 등 논리가 정연한 것을 보면, 국민들을 일부러 속이고 있었던 것은 아니라는 생각이 든다. 하지만 혹시 자기자신을 속이고 있었던 것은 아니었을까. 과거사 규명을 학계에 맡기지 않고 권력스스로 해야 한다는 과거사문제의 해법을 어디서 얻었을까. 그것은 진정한 화해와 통합을 위한 발상이 아니라 '권력에 깃든 편향된 발상', 즉 '이스테빌리쉬먼트'를 해체하기 위한 징벌적 성격의 발상이 아니었을까. 개혁이 '속빈 강정'처럼 실사구시가 아니라고 하여 국민들이 수많은 선거에서 일관되게 거부의사를 밝혔으면, 바로 그것이 태양과 같은 진리이며 또 천심과 같은 것이다. 태양을 보기 위해 돋보기를 쓰거나 촛불을 켜는 사람은 없다. 이념적 성향의 개혁에 대한 민심의 향배가 백일하에 들어났는데도, 교묘한 분석과 구차한 논리 및 통계치를 동원하여 개혁을 강변해 온 것은 개혁의 이미지가 떨어지면 참여정부의 정체성이 훼손된다고 느꼈기 때문일 것이다.

개혁은 참여정부에 있어 '최고의 신'과 같았다. 그러나 이 신은 패하는 일이 없는 '불패의 신'이 아니라 상하기 쉬운 '갈대와 같은 신'임을 국민들은 언제부터인가 느끼기 시작하였다. 어느새 '개혁의 황혼'이 찾아온 것이다. 노 대통령은 개혁을 통해 참여정부의 특별한 '페르소나(persona)'를 만들어 보고 싶었겠지만, 아마도 그와는 반대의 이미지로 기억될 것 같다. 마치 커다란 바윗돌이라도 바닷물에 빠지면 아무런 흔적을 남기지 않듯이 말이다.

2.5. '이중적 국가관'에서 비롯된 법과 질서에 대한 존경심 실종

참여정부 4년 동안 생업에 종사하는 국민들이 현저하게 피부로 체감한 것은 사회적 혼돈과 무질서이다. 사회적 무질서와 무규범상태가 극심하여 국가와 공권력의 존재이유에 대하여 의구심이 팽배해졌다. 최근 한국개발연구원은 시위로 한 해 최대 12조 원이 낭비되고 있다는 보고서를 발표하기도 하였다. 그런가 하면 불법파업과 시위로 경제성장률 1%가 줄어들었다는 분석도 있었다. 물론 불법시위로 인한 사회적 비용도 만만치 않지만, 법치의 실종으로 인한 공동체에 대한 신뢰가 무너져 간다는 것이 더 큰 문제다.

다원주의 사회에서 구성원들에게 공동체 전체의 조화와 일치, 통합의 삶을 살기를 소망할 수는 있으나, 그것을 강요할 수는 없는 일이다. 오히려 자신들이 속한 집단의 이익에 봉사하는 대립과 갈등의 삶을 살게 되는 경우가 허다하다. 이 경우 그 허용범위는 무엇인가 하는 문제가 대두된다. 물론 평화적이고 합법적인 방식으로 의사를 표현하는 경우에는 이익집단의 행위라도 허용되어야 할 것이다. 하지만 아무리 표방하는 주장에 일리가 있다고 하더라도 폭력적이고 불법적인 집단행위는 용납되어서는 안 된다. 그것이 허용된다면, 법치국가의 근간을 흔드는 행위가 되기 때문이다. 또 '미끄럼틀이론(slippery slope)'이 말하는 것처럼 일파만파로 다른 모든 영역에 스며들어 결국 국가적 재앙을 부추기게 된다.

그러나 참여정부는 유난히 불법적인 집회와 폭력적인 의사표시에 대하여 관대하였다. 평택미군기지 이전과 관련하여 이를 반대하는 집단과 개인들이 폭력적인 행동까지 서슴지 않아 경찰과 충돌했을 때, 국무총리는 "경찰과 시위대는 모두 한걸음씩 뒤로 물러서야 한다"는 매우 공정하고 중립적인(?) 지시를 내려 국민들을 어리둥절하게 만들었다. 또한 전교조의 불법적인 연가투쟁에 대하여도 별로 크게 문제를 삼지 않았다. 쇠파이프를 들고 시위하는 다른 불법적인 집단행위에 대하여도 마찬가지였다. 그 결과 주말만 되면 서울의 도심은 각종 집회로 몸살을 앓았다. 이 상황에서 곰탕을 먹는 것은 생업에 종사하는 힘없는 일반서민들이었다.

참여정부는 비판적인 언론에 대해서는 엄격하였는데, 왜 불법적인 폭력시위에 대하여 관대하였을까. 사실 참여정부의 중추세력인 386운동권 그룹은 처음부터 공권력의 기능과 역할에 무척 회의적이었다. 자신들이 국가의 공권력과 정면으로 투쟁하고 대결하였던 과거를 가졌기 때문이다. 이제 그들은 그 동안 부정적으로 보았던 국가와 공권력을 운영하는 주체가 됨으로써 '이중적 국가관', '이중적 (공)권력관'으로부터 오는 정체성 혼란문제에 직면하게 된 것이다. 하지만 그들은 권력의 요직에 진출함으로써 저항세력에서 국정책임세력으로 탈바꿈한 뒤에도 자신들이 '불의한 실정법'에 의하여 감옥에 가고 형을 살았다는 사실에 주술이 걸린 듯, '탈법(脫法)'과 '합법(合法)' 또는 '불법(不法)'과 '준법(遵法)'을 구분하지 못하였고 또 구분하려고도 하지 않았다. 오히려 근본주의적 성향의 공권력 불신과 의구심을 숨기지 않았다. 각종 이익집단, 이념집단들에 의한 폭력·불법시위가 만연해도 이를 공권력으로 통제하려 하기보다는 강자에 대한 약자의 정당한 투쟁 정도로 치부함으로써 '질서 있는 자유주의 사회'보다는 '무질서에 가까운 무법상태'와 같은 상황을 조성하기 일쑤였다.

공권력이란 무엇인가. 공공질서와 안정, 공동선을 위한 독점된 강제력의 행사다. 그러므로 공권력은 각 이익집단이나 개인들이 행사하는 자의적인 폭력행사와 등치될 수 있는 것은 아니다. 국민들이 세금을 내고 있는 것도 법치와 질서를 지탱하기 위함이지, 무질서를 감수하겠다는 뜻은 아니지 않은가. 하지만 참여정부는 법치와 준법을 위한 공권력도 억압과 다를 바 없는 단순한 강제력의 범주로 이해하고 접근하였다. 그 결과 경찰의 공권력에 대하여 무서워하는 집단이나 사람들이 거의 없게 되었다. 파출소는 때때로 불만을 가진 일반민간인들의 공격장소가 되었고 또 취객들의 희롱의 대상이 되기도 하였다. 폭력적인 시위대에 각목이나 화염병을 맞아 병원에 입원중인 전경들의 모습을 보는 것은 더 이상 낯선 일이 아니다.

이처럼 쇠파이프로 공권력이 무력화되었을 때, 그 결과는 무엇인가. 과잉진압 혐의에 시달린 나머지 경찰이 주눅이 들고 몸을 사림으로써 공권력이 빈사상태에 놓였을 때, 어떤 결과를 초래하는가. 법치가 실종되고 준법정신이 결핍되었을 때, 그것은 고스란히 시민들의 피해로 이어진다. 선량한 시민들이 피해를 보는 일이 많아지는 것이다. 하지만 그럼에도 참여정부는 필요한 시점과 필요한 장소에서 공권력을 사용하는 것을 꺼려 직무유기를 하고도 인권을 고양하고 권위주의를 버렸다고 자랑해 왔다. 그러나 엄밀하게 말한다면, 아이를 목욕시킨 물을 버리려다 아이까지 물에 흘려 보낸 황당한 경우처럼, '권위주의(authoritarianism)'를 탈피한다고 하면서도 정당한 '권위(authority)'까지 유기해 버린 정권이라는 평가를 받을 수밖에 없을 것이다.

2.6. '두려움' 없이 국정을 '실험적으로' 운영해 온 정부

참여정부가 그 동안 추진해 온 각종 정책을 보면서 느껴지는 것은 국정운영과 정부관리에 '자기절제'와 '두려움' 같은 것이 없었다는 점이다. 국가부채가 무서운 줄 모르고 150조 원이나 되는 빚을 늘였고, "큰 정부가 좋다"면서 공무원과 고급직을 대폭 늘렸다. 장차관수는 김영삼 정부 때 109명, 김대중 정부 때 18명 증가된 127명에서 지금은 150명까지 늘었다. 공무원수도 2만 5,000명이나 늘었다. 정부 안에 있는 위원회만 해도 350개나 되어 1년에 5,000억 원이 들어간다. 인사문제는 더 말할 것도 없다. 특히, 인사문제야말로 노무현 정부의 아킬레스건이었다. 아무리 야당이 비판하고 여론이 들끓어도 "내 식으로 가는 인사"를 막을 길은 없었다. 그 결과 장관인사 때마다 파동이 일어나 '보은인사', '코드인사', '회전문인사', '돌려막기인사' 등 수많은 냉소적인 조어들이 등장하기도 했다. 최근에는 KBS 사장인사도 도마 위에 올랐다. 이런 현상은 참여정부가 국정을 운영하는 과정에서 『오디세이』에 나오는바, 섬의 요정인 '세이레네스'에게 매혹되지 않도록 스스로 밧줄에 몸을 묶는 오디세우스처럼 행동하지 않았다는 반증이다.

이처럼 참여정부가 절제 없이 행동해 온 이유가 무엇이었을까. 그들은 스스로 '정상정치'보다 '실험정치'를 해 왔다고 실토하였다. 문제는 '실험정치'가 "한 번 해 보고, 아니면 말고" 식의 무책임한 편의주의적 발상의 소산일 뿐, 헌법적 가치와의 친화성 여부가 중요한 것은 아니라는 점에 있었다. 즉, '실험정치'의 문제는 이른바 '헌법적 애국주의'의 결핍이었던 것이다. '헌법적 애국주의(Verfassungspatriotimus, constitutional patriotism)'란 무엇인가. 하버마스(J. Habermas)는 피나 땅보다는 헌법에 기초한 자유주의적 가치에 대한 충성을 '헌법적 애국주의'라고 규정한 바 있다. 이 개념은 롤즈(J. Rawls)가 말하는 '공적 이성(public reason)'의 범주에 포함되며, '중첩적 합의(overlapping consensus)'의 근거가 된다. 한국의 경우, '헌법적 가치'와 '공적 이성'을 말한다면 전형적으로 자유와 민주주의, 인권 및 시장경제를 들 수 있을 것이다. 그렇다면 참여정부의 중추인 386진보세대는 이들 '헌법적 가치'를 어떻게 받아들이고 있는가. 그들은 권력을 잡기 이전부터 민주주의와 자유의 가치, 인권 및 시장경제를 이해하고 받아들인다고 공언해 왔지만, 정작 그들이 받아들이고 있다고 주장하는 민주주의와 자유, 인권 및 시장경제는 대한민국 헌법에 기초하고 있는 '헌법적 핵심 가치'에 대한 공감과 수용 및 헌신에서 기인한 것이라기보다는 '임기응변'과 '기회주의' 및 '전략적' 성격이 강하였다. 군부권위주의 세력과의 투쟁에서 살아 남고 또는 승리하기 위해 진정성이나 '소울' 없이 '임기응변'으로 차용하거나 '기회주의'나 '전략적 행위'를 통해 체득한 가치 이상의 의미를 투영하고 있지 못하였기 때문이다.

386진보가 '헌법적 가치'나 '자유적 가치'와 괴리를 보인 것도 바로 이 때문이다. 그들이 1980년대의 민중운동과 학생운동을 벌이면서 흡입하였던 민중민주주의나 주체사상, 반자본주의로 특징지어지는 이념적 성향은 '코드'라고 불릴 정도로 뿌리 깊은 것이었기 때문이다. 따라서 헌법을 수호하겠다고 서약하며 권력을 잡은 후에도 1980년대의 비전을 버리지 못한 채 오히려 개혁의 이름으로 그것을 정당화 내지 심화시키는 데 안간힘을 써 왔다. 여기에서의 문제는 그들이 내세우는 개혁어젠더에는 '헌법적 가치'에 대한 존경이나 승복보다는 억압·투쟁·해방이라는 세 가지 주제로 움직이는 변주곡과 같은 '사회주의 이념'과 그와 유기적으로 결합된 '통일민족주의'에 대한 집념이 돋보인다는 점이다. 따라서 그들은 인권이나 민주주의의 기수로 자처하고 또 '자주민족주의'에 대한 자긍심도 넘쳐흘렀지만, 헌법에서 나오는 '자유적 가치'나 '문명사적 가치'에 대한 진정한 수용적 태도와는 관계가 없었다.

특히, 운동권 386은 시대가 변하였는데도 '성찰하는 386'이 되지 못한 채 권력을 잡았다. 그 결과 봄이 왔는데도 겨울외투를 계속 껴입고 있는 처지가 되었다. 사실 그들은 민주화를 이루었다는 자부심에 취하기보다 무엇이 자신들에게 부족하였는지를 성찰하며 국정에 임해야 했었다. 우선 자신이 누리는 특혜와 특권이 어디서 나왔는지를 생각해야 하지 않았을까. 건국과 산업화가 없었던들 어떻게 오늘의 입신양명이 가능하였을 것인가. 그들은 학생시절 데모와 시위에 전념한 나머지 문·사·철의 전통과 교양을 배우지도, 흡입하지도 못하였고 헌법적 가치의 소중함을 몰랐다. 다만 독재가 나쁘다는 것만을 알았을 뿐, 남한의 독재와 북한의 수령체제가 얼마나 질적으로 다른지 알지 못하였다. 그렇기에 386운동권에게는 북한의 '우리식 사회주의', '주체사상'에 대한 환상조차 남아 있다. 그러나 1980년대의 저항적 지식패러다임에서 한 발자국도 나아가지 못하였으면서도 민주화가 그들의 지적 결손이나 주체사상의 편력까지 '세탁'할 수 있다고 생각하고 있다면 착각이다. 대한민국의 건국과 산업화는 비판하면서 북한의 반인권적 전제정치에는 우호적이었다면 분명 잘못이다. 그럼에도 386운동권 가운데 소수만이 주체사상이 잘못되었다고 고백하였을 뿐이다.

이 '헌법적 애국주의'의 결핍은 결국 참여정부로 하여금 나라를 경영하는 데 있어 점차 두려움을 갖는 것을 잊어버리게 만들게 되었다. '헌법적 가치'나 '입헌주의', '정치적 금기사항'에 대한 의식이 실종되었다는 의구심을 가질 만한 사태들이 참여정부가 주도하는 담론과 정치적 어젠더 및 정치현장에서 자주 발생하였기 때문이다. 과거의 억압적인 권위주의 정권과는 달리 '선출된 권력'이기 때문에 어떤 국가적 의제를 설정하면 그 목적이 '절대선'이므로 어떤 일을 하더라도 헌법적 가치에 의하여 제약을 받을 필요가 없다는, 이른바 '마키아벨리적 사고'에 함몰되기에 이른 것이다.

헌법재판소가 행정수도 이전을 위헌적인 것으로 판정하자 그 결정을 존중하기보다는 보수성향의 재판관들이 다수이기 때문에 그런 결과가 나온 것이라고 여당 국회의원들이 공격하고 나서는 사태가 벌어졌다. 권력의 '핵심적 이익' 앞에는 헌법을 수호하는 최후의 보루로서 헌법재판소의 권능에 대한 존경심도 창백해진 것이다. 그 후 사법부를 진보적 인사로 채우려는 노력을 본격적으로 전개하였다. 또 한동안 장기공석사태를 빚어 왔던 헌법재판소장의 문제도 집권진보의 '헌법적 가치'에 대한 몰이해 때문에 초래된 것으로 보인다. 또 민주평통도 진보측 인사로 채워야 하겠다면서 2년 전 75%나 바꾼 것을 또 바꾸려고 하고 있다. 그 밖에도 인사문제, 부동산문제, 교육문제 등 거의 모든 문제에서 '헌법적 가치'보다는 '이념적 코드'가 정치적 판단의 핵심적 기준이 되었다. 사실 위헌 소지가 큰 신문법을 포함한 4대 개혁입법 등 그 동안 국가적 논란이 된 많은 문제들은 참여정부가 '헌법적 가치'에 대한 존경심 또는 헌법에 대한 두려움이 없이 단순히 정치를 '실험정치', 즉 '가능성의 범주'로만 생각하고 밀어붙였기 때문에 초래된 현상이었다.

2.7. 대북 포용정책의 실패: '민족공조'와 유화정책

참여정부의 대북 정책에는 원리주의적인 데가 있다. 포용정책을 마치 헌법적 가치인양 조금이라도 수정을 주장하거나 비판하는 것에 대하여 금기시하였기 때문이다. 물론 포용정책의 결실이 없었던 것은 아니다. 남북 간에 경제·문화 및 인적 교류분야에서는 나름대로 진전이 이루어진 것도 그 덕분이다. 개성공단이나 이산가족 상봉, 비료 및 식량지원 등이 현저한 사례들로 꼽힌다. 하지만 그럼에도 불구하고 포용정책이 남남갈등의 핵심이라고 할 만큼 신랄한 쟁점의 대상이 되고 있는 이유는 무엇인가. 나그네의 외투를 '강풍'으로 벗기느냐 아니면 '햇볕'으로 벗기느냐 하는 식으로 바람과 해가 경쟁하였다는 이솝우화를 한 국가의 정책기조로 삼으며 요지부동의 철칙으로 옹호해 왔기 때문이다. 이를 조금이라도 반대하거나 문제를 제기하는 사람들에 대하여 '냉전세력'이니 '수구'니 하며 몰아세웠다. 물론 그 결과는 참담하였다. 북한의 미사일발사와 핵실험은 대북 정책의 총체적 실패를 입증하는 것이기 때문이다.

북한 핵문제로 인해 우리의 안보문제가 긴급한 현안으로 제기되어 있는 실정이다. 대북 포용정책이 그 동안 한반도의 전쟁가능성을 줄였다고 생각하는 사람들도 있긴 하지만, 그보다는 대북 포용정책이 금강산관광과 개성공단의 수준을 넘어가지 못한 한계를 보이고 있는 점이 국민적 불안의 원천이요, 국가적 쟁점이 되고 있다. 사실 햇볕정책이란 햇볕도 보낼 수 있고 강풍도 보낼 수 있는 힘을 가진 우월한 상황에서 정부가 반정부게릴라와 같은 반란세력을 평정하고자 할 때 실효성이 있는 것이지, 자신을 지킬 능력도 있고 또 결의도 충만한 북한과 같은 주권국가에는 무용지물이다. 북한의 핵실험이 이를 입증하지 않았던가. 개성공단이나 비료 및 식량지원 등 남한이 할 수 있는 데까지 다해 놓고 생명의 위협까지 당하고 있는 현실에 대하여 국민들은 절망하고 있는 것이다.

참여정부 대북 포용정책의 문제점은 그것이 심화될수록 남한이 '수동적 입장'이 되고, 반대로 북한이 '주도적 입장'이 되는 역설적 결과를 초래하고 있다는 점에 있다. 여기에는 "남북관계만 잘되면 다른 것은 깽판쳐도 된다"는 심리가 노 대통령을 비롯하여 참여정부의 사고 안에 자리잡고 있기 때문이다. 따라서 대북관계에서 여유 있게 기다리거나 밀고 당기고 하면서 남북관계를 유연하게 통제할 수 있는 이니셔티브를 가지지 못한 것은 참여정부의 '자주민족주의' 노선에서 비롯된 실패라고 할 수밖에 없다. 북한은 이 사실을 정확하게 꿰뚫고 있었기 때문에 남한의 지원을 받으면서도 지원의 규모와 시기, 방법을 자신들이 당당하게 일방적으로 결정하는 상황이 되었다. 남한의 지원을 받아 주는 것이 남한 정부에 대한 하나의 협상레버리지가 된 것은 아이러니가 아닐 수 없다.

이러한 수세적 상황 때문에 처음에는 상대방에 대하여 일방적으로 협력하더라도 그 후부터는 상대방의 협력적 행동에 대하여

보상하고 나쁜 행동에 대하여 제재하는 등 남북 간에 기본적으로 견지해야 할, 이른바 '티포태(tit for tat)'와 같은 '상호주의'를 지킬 수 없었으며, 일방적으로 북한에 끌려 다니는 상황에 직면하게 된 것이다. 그 결과 참여정부는 '대북 포용정책'이 '대북 유화정책'으로 변질되었다는 비난으로부터 자유로울 수 없었다. 따라서 대북 포용정책이 비겁한 '유화정책'이 아니라 한국이 주도권을 쥔 '능동적 포용정책'임을 보여 주는 것이 지금 이 시점에서 참여정부에 가장 시급한 일이다.

그런가 하면 대북 포용정책을 추진해 나가는 데 참여정부가 간과해 왔던 원칙과 가치지향 및 철학의 문제도 성찰의 대상이 아닐 수 없다. 남북한 간의 관계개선과 통합과정은 '몰가치적(沒價值的)'인 단순한 평화정착이나 화해협력을 일구어 내는 데 초점을 맞추기보다 '문명사적인 흐름과 가치'에 적극 조응해야 한다는 점이 중요하다. 즉, 남북한 간 협력과 화해는 국제공동체에서 존중되는 보편적 기준과 가치에 '상치'되는 방향이 아니라 '합치'되는 방향으로 진행되어야 한다는 의미이다. 오늘날 국제공동체에서 '문명사적 패러다임'으로 정착되어 있고 이심전심으로 공유하고 있는 가치들이 있다면 무엇인가. 두 말할 나위 없이 대량살상무기의 확산금지, 시장경제, 인권, 민주주의 등을 들 수 있을 것이다. 이 사실이 각별히 중시되어야 하는 이유는 남북 간 화해나 협력 및 통합이 명시적으로 이러한 보편적 가치와 문명사적 기준에 합치되는 방향으로 진행되지 않으면, 국제공동체에서 남한과 북한이 함께 고립되거나 따돌림을 받는, 이른바 '불량국가'로 동반추락할 위험이 있기 때문이다. 한국의 경제력이 세계 제11위권이라고 하지만, 그 능력을 볼 때 북한의 경제를 재생시키고 주민들의 삶의 질을 일정 수준으로 보장하는 데는 턱없이 부족하다. 이 사실에 관한 한, 특히 독일이 반면교사라고 할 수 있을 것이다. 따라서 참여정부는 미국과 일본, 유럽 등 경제력과 정치·외교력이 막강한 서방 국가들과 국제공동체의 도움이 없이 한국 자력만으로 성공적인 북한 경제회생이나 평화정착을 이루어 내기가 어렵다는 점을 알았어야 한다.

하지만 그럼에도 불구하고 참여정부에서 감지되어 온 현저한 경향을 보면, 남북관계와 한미동맹 또는 민족공조와 국제공조를 '제로섬'관계나 서로 상반되는 관계로 파악해 온 것이다. 이것은 남북문제나 북한 핵문제의 본질을 올바로 파악한 것으로 볼 수 없다. 국제공동체와의 협력은 우리 민족의 통합과 생존, 및 번영에 있어 '필요조건'인 동시에 '충분조건'이다. 참여정부가 민족주의를 성역처럼 생각하고 있지만 민족주의라고 해도 '닫힌 민족주의'가 아닌 '열린 민족주의'를 지향할 수 있지 않겠는가. 상호주의가 적절하게 가미된 실용적이며 유연한 '국익민족주의'가 아니라 감상적이고 감정적인 '통일민족주의'나 근본주의 성향의 '자주민족주의'를 내세우며 남북문제를 접근한다면, 민족의 활로를 찾기는커녕 오히려 스스로 걸림돌을 조성하는 결과를 초래할 가능성이 크다. 같은 맥락에서 햇볕정책이든 포용정책이든, 한국 혼자서 할 수 있는 것이 아니다. 능력도 부족하고 여건도 여의치 못하기 때문이다. 문제의 관건은 결국 국제공동체를 최선을 다해 설득해서 우리의 대북 포용정책에 끌어들이느냐에 있다. 그러기 위해서는 포용정책이 문명사적 가치나 인권적 가치와 상치되지 않는다는 점을 국제공동체에 보여 주어야 한다. 그럼에도 불구하고 참여정부는 통일민족주의에 함몰되어 UN에서 대북 인권결의안에 번번이 기권하는 등 국제공조의 필요성을 스스로 부정하는 듯한 행동을 서슴지 않았던 것이다.

2.8. 새로운 일을 벌이지 말고 차분히 '국정마무리'에 전념하라

주역을 보면 '항룡유회(亢龍有悔)'라는 말이 있다. 정상까지 오른 용은 후회할 일만 남았다는 의미다. 한국의 대통령은 민주화가 되었다고 해도 역시 용이다. 그것도 물속에 엎드려 있는 '잠룡(潛龍)'도 아니고 산속에 누어 있는 '와룡(臥龍)'도 아니며, 오로지 하늘로 승천한 '비룡(飛龍)'이다. 국정홍보처가 자주 부르는 '용비어천가'야말로 이 사실을 끊임없이 일깨워 주고 있다.

하지만 일단 대통령이 되어 최고의 권좌에 오르면 찬란함과 인기도 잠시뿐, '고난의 행군' 시기가 찾아오기 마련이다. 여론의 요동이나 인기의 부침은 얼마나 심한가. 더구나 사면초가에 직면하고 있는 노 대통령으로서는 지금 '항룡유회'의 비애를 곱씹고 있을 것이 틀림없다. 여당은 여당대로 해체위기에 직면해 있고, 야당은 야당대로 냉소적이다. 그렇다고 그 동안 충실하였던 노사모가 결사적으로 대통령을 옹위하는 것도 아니다. 노 대통령이 금년 1월에만 무려 4번에 걸쳐 대국민연설도 하고 기자회견도 하였지만, "방송을 독점해 자화자찬하였다"는 핀잔을 야당과 여론으로부터 들었을 뿐이다. 대통령은 글자그대로 '왕따'신세고 벼랑 끝에 선 것이다.

임기 말이 다가올수록 노 대통령은 '지는 해'의 낙조(落照)를 맛볼 수밖에 없을 것이다. 물론 그렇다고 해도 마지막으로 하늘을 벌겋게 물들이고 싶다는 야망까지 포기할 수는 없겠지만, 민심도 놓치고 개혁에너지도 소진된 대통령으로서 금의환향한 한나라의 유방처럼 '대풍가(大風歌)'를 부를 수는 없을 것이다. 그래도 백조처럼 마지막에 가장 아름다운 춤을 추려면, 노 대통령은 남에게 도와달라고 하기 전에 먼저 스스로를 도와야 한다. 그래야 하늘이 돕는다. 그러려면 예를 들어, "임기를 마치지 않은 첫 번째 대통령이 되지 않았으면 좋겠다"는 말처럼 국민을 놀라게 할 만한 말을 불쑥 던져서는 곤란하다. 대통령직의 엄숙함을 생각해야 하기 때문이다. 정치의 책무란 국태민안(國泰民安), 즉 국가를 태평하게 하고 국민들을 편안하게 하는 데 있다.

그런가 하면 연임제개헌을 하겠다는 노 대통령의 제안은 어떤가. 노 대통령의 주장처럼, 개헌이 '대통령의 권한과 의무'임에는 틀림없다. 하지만 국정에 관한 수많은 권한과 의무 가운데 왜 하필 이 시점에서 연임제개헌이 최우선적 과제가 되어야 한다는 말인지 이해하기 어렵다. 설사 연임제개헌에 일리가 있다고 하더라도 개헌 논의가 단순히 권력구조라는 '원포인트'에만 한정될 것으로는 누구도 장담할 수 없다. 모처럼만의 헌법개정인 만큼 자신의 이익과 가치관 및 평소의 소신을 관철하려는 사람들의 의지가 첨예하게 맞부딪쳐 '멀티포인트' 개헌논쟁으로 치달을 가능성도 크기 때문이다. 또 개헌이 중차대한 사안인 만큼 일단 개헌절차가 시작되면 사람들의 정신을 쏙 빼놓을 수밖에 없다. 그러면 당장 민생은 어떻게 되는 것인가. 또 대통령선거는 순조롭게 치러질까. 이 시점에서 개헌을 국가적 의제로 밀어붙인다면, 그 선의에도 불구하고 '지는 권력'의 무리요, '떠나는 대통령'의 욕심이라는 비난에서 자유로울 수 없을 것이라는 생각이 든다.

이제 노 정권은 무엇을 고민해야 하는가. 권력의 누수현상, 즉 '레임덕'을 걱정하는 것은 자연스럽지 못한 일이다. 누구나 늙으면 노쇠해지는 것처럼, 한 정권의 임기도 말년에 가까워지면 그런 조짐이 나타난다. 그것을 '순리(順理)'로 받아들이지 않고 '역리(逆理)'로 막으려고 하면 탈이 난다. 또 정권 초기부터 시작한 정책의 일관성을 어떻게 유지할까하고 노심초사하고 있다면, 그것도 자연스럽지 못한 것이다. 정책의 '일관성'보다는 정책의 '합리성'을 따져야 하기 때문이다. 중과세 위주의 부동산정책에 문제가 많았다면,

시장의 수급기능을 마비시키기보다 활성화하는 보다 시장친화적인 정책으로 바꿔야 한다. 대북 포용정책이 실패하였으면 상호주의가 가능한 정책으로 바꿔야 한다. 그 동안의 인사가 말도 많고 탈도 많았으면 '탈 없는 인사'로 바꿔야 한다. 지금 노 정부가 걱정해야 할 것은 어떻게 하면 '정치의 순리'를 따를 수 있는가 하는 문제이지, 어떻게 새 판을 짜고 반대세력과 싸우며 승부수를 던질까 하는 문제는 아니다.

임기가 1년 남은 시점이라면 "시작이 있으면 끝이 있다"는 '유시유종(有始有終)'의 경구를 좌우명으로 삼아 '마무리의 국정'에 투신할 때다. 지금은 누가 뭐래도 '정치적 환절기'가 아닌가. 봄에서 여름으로 또 겨울에서 봄으로 계절이 바뀌는 것처럼, 정치적 환절의 의미를 지니는 '대선의 해'임을 명심할 필요가 있다. 정치를 '유시유종'의 범주로 받아들일 때 '오기'가 없어지고 '원한'이 사라지며, 또 '무오류'를 강변하지 않게 된다. 권력에 서러워하기보다 부끄러움을 아는 것, 바로 그것이 순리의 정치다. 가을이 되어 단풍이 들고 나목(裸木)으로 변해 가는 나무들이 벌거벗지 않겠다고 '몽니'를 부리는 것을 보았는가. 여름을 시끄럽게 하던 매미가 죽기 싫다고 몸부림치는 것을 보았는가. 몸부림을 친다면 그것은 '유종의 미'가 아니라 욕심으로 비추어진다. 레임덕을 막기 위해 개헌안을 들고 나오고 또 각종 실패의 책임을 야당과 언론에게 떠넘긴다면, 부끄러움을 모르는 정치가 되고 옛날사람들이 '무치(無恥)'라고 불렀던 것을 하고 있는 것에 불과하다. 그래서는 안 된다. 지금의 대통령은 어떤 일을 해도 부끄러워할 필요가 없었던 옛날의 임금과 다르다. 민생현안을 꼼꼼히 챙기고 대선에 영향을 미칠 수 있는 언행을 자제하고 대선중립내각을 구성하는 등 공정한 대선관리에 전념함으로써 마지막으로 국민에게 봉사하겠다는 의지를 불사를 때, '오기'가 없고 '무치'도 없으며, 오직 '유종(有終)의 미(美)'를 추구하는 '유시유종'의 권력이 될 수 있다. 그 때 비로소 '지는 해'라도 하늘을 황혼빛으로 아름답게 물들일 수 있을 것이다.

3 새로운 리더십에 대한 요구

2007년은 누가 뭐래도 명실공히 '정치의 해'가 될 것 같다. 참여정부의 공식임기가 끝나는 것은 2008년이지만, 새로운 5년 통치의 시작을 알리는 주요 이벤트들은 2007년에 절정에 달할 것이기 때문이다. 그렇다면 옛 것을 보내고 새로운 것을 맞아들이는, 이른바 '송구영신(送舊迎新)의 정치'가 2007년 정국의 화두요, 특징이 될 것이다. 봄이 오면 꽃이 피고 가을이 오면 단풍이 들듯이, 민주사회에서 권력이양과 대통령 선출은 정기적으로 이루어지는 일상사이기는 하지만, 한국이 처해 있는 절박하기 짝이 없는 상황을 고려해 볼 때 그 의미는 실로 막중하다. 현재 한국 사회의 상황과 관련하여 기독교인들이 전통적으로 묘사해 온바, 각종 재앙들이 줄지어 기다리는 '종말론적 상황'으로 바라보는 시각마저 있을 정도로 우리의 처지는 내외적으로 옹색하고 각박한 것이 사실이다. 우리 모두가 천 길 낭떠러지 앞에 아슬아슬하게 서 있는 형국이라고 한다면, 위기를 공연히 조성하는 수사적 과장일까. 그게 아니라면 경각심을 일깨우기 위해 한 번 겁주는 말에 불과한가. 결코 그렇지 않다. 한국의 현실을 표현하는 데 부족하면 부족하지, 결코 사실과 동떨어진 과장은 아니다.

선진화의 문턱에 와 있으면서도 그 문턱을 넘지 못하고 있는지 몇 년째인가. 일본·중국 등 주변국가들의 성장세는 괄목할 만한데, 한국만 성장동력을 잃고 있다는 위기감마저 엄습하고 있다.

국민소득 '이만불시대'가 왔다고들 하지만, 그 '이만불시대'를 실감하는 사람들이 과연 얼마나 되는 것인가. '춘래불사춘(春來不似春)'처럼 '이만불시대'가 왔는데, '이만불시대'가 온 것 같지 않다. 또 다원주의 사회에서 사람들이 서로 다른 생각과 이해관계 또는 소신과 가치관으로 인해 분열과 갈등·대립이 발생하는 현상은 '불안한 사회'의 증표라기보다는 '건강한 사회'의 표지라고 보아야 하겠지만, 그렇다고 해도 그 질과 양상은 따져 보아야 할 문제이다. 새가 왼쪽 날개와 오른쪽 날개로 날 듯 진보와 보수가 서로 경쟁하고 다투기도 해야 하지만, 그것도 높이 날 때의 일이지 낮게 날 때는 대책이 없다. 낮게 날면서 서로 다툴 때는 품위를 잃은 싸움이 되기 때문이다. 이념갈등이든 지역갈등이든, 또는 세대갈등이든 계층갈등이든, 한국 사회의 분열과 갈등은 통제불능상태에 이르렀다고 해도 무방할 만큼 '원심력'만 압도할 뿐, '구심력'은 미약하기 짝이 없다는 데 문제의 심각성이 있다. 금년의 대선은 난마(亂麻)처럼 얽힌 이 모든 것들에 대한 해법이 강구되는 것은 아니라 하더라도 해법의 가닥이 잡히는 계기로 작용할 수 있지 않을까 하는 기대를 가져본다.

운동경기처럼 되어야 할 선거

우리는 자문하고 싶다. 선거란 '축제'인가, '전쟁'인가. 아니면 말로는 '축제'이지만 실제로는 '전쟁'인가. 원래 정치학개론이나 민주주의 교과서대로 말한다면 선거란 축제다. 또는 축제여야 한다고 강조하고 있다. 사람들마다 생각과 가치관이 다르지만, 일정한 절차에 의해 '국민주권'의 엄숙함을 확인하는 자리이기 때문이다. 경쟁자들도 공정한 규칙들을 지키면서 승패가 갈리며, 승리자는 축하를 받고 패배자는 자신의 패배에 승복한다. 그래서 누가 이기고 지든 그것이 중요한 것이 아니고, 공동체구성원 모두가 자신들의 '공동체적 정체성'을 확인한다는 것이 중요하다. 자신이 원하는 사람이 대통령이 되면 기쁘지만, 그렇지 못해 떨어졌다고 해도 '하늘이 무너지고 땅이 꺼진 것'에 비길 만큼 절망적인 상황은 아닌 것이다.

그럼에도 불구하고 2007년의 대통령선거는 "전쟁이 모든 것의 아버지가 되는" 사태를 초래할 수도 있다. '우리편'과 '상대편'이 운동경기에서처럼 승리와 기록을 걸고 싸우는 것이 아니라 목숨을 걸고 싸우는 것과 같은 상황이 전개될 가능성이 있기 때문이다. 이번 대선이 '축제'보다 '전쟁'으로 투영된다면, 상생의식은 실종되고 적대감만이 극대화되는 결과가 초래될 텐데 그렇게 된다면 우리 모두에게 비극이며 불행이다. 이 진흙탕 싸움의 와중에서 갖은 중상과 모략이 난무하고 유언비어가 판치는 '네거티브 캠페인'만이 지배할 것이기 때문이다. 특히, 과거처럼 자신이 지지하는 대선후보가 패배하면 TV도 보지 않고 신문도 보지 않고 은둔이나 심지어 이민까지 강행하는 상황이 재현될지도 모를 일이다.

우리는 물론 이번 대선이 '전쟁'보다 '축제'로 치러지기를 소망하지만, 축제에 대한 기대가 현실화되기에는 너무나 이상적이라는 데 문제가 있다. 이루어지지 못할 것을 기대하기보다는 이상보다는 떨어지지만 이루어질 만한 현실적인 것을 기대해야 하지 않겠는가. 대통령선거가 '축제'가 되지 못할 바에야 '운동경기'는 되어야 한다. 운동경기에서 상대방은 실력을 겨누어야 할 '경쟁자'일 뿐 박멸해야 할 '적'은 아닌 것이다. 또 상대방이 없다면 무슨 재미로 경기를 치루겠는가. 혼자 뛰는 마라톤게임이 무슨 의미가 있을 것인가. 이처럼 대선에서 상대방은 경쟁해야 할 '상대'이지 없어져야 할 '적'이나 '원수'는 아니다. 이러한 공존의 철학을 가질 때 비로소 우리의 선거민주주의는 성숙한 단계에 들어섰다고 할 수 있을 것이다.

공존의 철학을 전제로 한 민주선거라고 해도 과거 국정이나 정책에 대한 평가와 심판이 없을 수는 없다. 그것이 미래비전을 결정하는 데 중요하기 때문이다. 미래가 불확실하다면, 과거의 행적이 중요한 지표가 되어야 하지 않겠는가. 그러나 그렇다고 해서 평가란 비방과 흠집내기와는 질적으로 다른 것이다. 음모와 비방은 아군과 적군이 대치하는 '전쟁상황'에서 통용되는 것일 뿐, '축제'나 '운동경기'에서는 통용되지 않기 마련이다. 한국의 대통령선거가 흔히 '축제'나 '운동경기'보다 '전쟁'으로 인식되어 온 이유라면, 5년 동안 우리 모두를 다스릴 군주를 뽑는 것처럼 생각해 왔기 때문이다. 물론 그 동안 한국의 정치가 민주화되었다고 하지만, '대리인으로서의 대통령'보다는 '제왕적 대통령'의 이미지가 현저하게 남아 있는 것이 사실이다. '나랏님'으로 각인되어 있는 대통령상은 시골촌로에게만 국한되는 것이 아니다. '나랏님'의 영상은 '이미지' 뿐만 아니라 권한이 큰 만큼 실상 또한 그러하다. 그 동안 참여정부에서 아마추어리즘과 '이념코드'에서 비롯된 많은 실패를 거듭하고서도 이를 질타하는 여론과 언론의 비판에 대하여 미동도 하지 않고 오히려 자기정당화의 태도를 보여 온 데는 바로 이러한 '제왕적 대통령'의 위상이 살아 있기 때문이다.

하지만 현실이 그렇고 정치문화가 그렇다고 하더라도, 우리는 대통령선거에서 국민들이 섬길 상전을 뽑는 것이 아니라 국민들의 발을 씻길 '대리인' 또는 '서번트 리더십'을 가진 '상머슴'을 뽑는다는 생각을 포기해서는 안 된다. 5년 동안 국민을 위해 '서번트'로서 봉사할 사람을 뽑는다는 것이 대통령선거의 진정한 의미가 될 것이다. 이 시점에서 "4년에 한 번 주인노릇을 하고, 나머지 기간 동안 노예처럼 살아서는 안 된다"고 설파한 루소의 경구는 한국에도 요긴하다.

그렇다면 우리가 기대하는 '서번트 리더십'은 어떤 것인가.

3.1.1. 갈등을 아우르는 '선장의 리더십'

참여정부 출범 이후 한국 사회 전반에 걸쳐 많은 갈등이 나타났지만, 그 가운데 가장 큰 균열점은 보혁갈등이다. 이 보혁갈등은 그 강도와 범위에 있어 지역갈등의 수준을 넘어섰다. 그 동안 진행된 보혁갈등을 지켜 보면서 해방 직후에 벌어진 좌우익갈등을 상기하는 시각조차 적지 않다. 해방 후의 좌우익갈등과 지금의 보혁갈등이 그 격렬성과 강도에 있어 유사한 것은 사실이나, 갈등의 상황과 논리는 다르다. 해방 당시의 격렬하였던 좌우갈등이 냉전이 시작되는 길목에서 외부로부터 유입된 외생적인 갈등의 성격이 짙었다면, 지금은 탈냉전상황에서 국가공동체 발전과 연계된 자생적인 갈등의 성격이 크다. 또 당시 보혁갈등의 초점이 국가수립을 둘러싼 '건국형 어젠더'의 성격을 가지고 있었다면, 지금은 건국과 산업화 및 민주화를 거친 다음 이 모든 것을 아우르는 통합적 패러다임과 통합적 리더십이 출현하지 않은 데서 연유하고 있다고 할 것이다.

참여정부 기간 동안 벌어진 보혁갈등의 격렬성을 감안할 때, 우리에게는 자유주의가 최종적으로 사회주의를 제압하고 승리한다는 후쿠야마(F. Fukuyama)의 '역사의 종언론'도 특별한 의미를 갖지 못하고, 오히려 "정의는 갈등"이라고 설파한 고대 그리스 철학자인 헤라클레이토스의 '갈등론'이 훨씬 체감 있게 다가오는 실정이다. 생각해 보면 좌파와 우파의 개념이 프랑스혁명의회에서 그 좌석에 따라 은유적으로 만들어진 후, 각 나라마다 그 독특한 상황과 역사적 역동성에 따라 갈등의 성격과 강도가 정해졌다. 그렇다면 한국적 상황에서 특이한 점은 무엇인가. 60년 전 건국을 매개로 하여 불거진 좌우갈등은, 특히 한국전쟁 이후 민주화 시대 이전까지 수면 이하로 억제되어 있었으나, 민주화 이후 억제되었던 보혁갈등이 수면 위로 부상하면서 봇물처럼 터져 나오고 있다.

'좋은 정치'나 '좋은 정책'의 의미를 서로 다르게 이해하는 진보와 보수가 존재한다는 것은 오늘날 한국 사회에서 피할 수 없는 엄연한 사실이다. "한국에서 좋은 정치가 무엇인가?," "한국에서 좋은 정책이 무엇인가?"라는 질문에 자신 있게 답변할 보수주의자나 진보주의자는 없다. 따라서 이 질문은 논쟁적이다. 설사 '좋은 정치'에 대한 질문에 자신 있게 답변을 할 수 있다고 해도, 진보와 보수 가운데 누구도 자신과 상이한 입장을 갖고 있는 상대방에게 그의 기본적 입장이 잘못되었다고 설득할 수 있는 '지적 자원'을 갖고 있지 못한 것이 현실이다. 문제는 진보와 보수가 치열하게 경쟁하며 다투고 있는 상황에서 정치비전이나 정책에 대한 기대가 너무나 달라서 어느 쪽이 더 우월한지 결론을 내릴 수 없는 경우, 리더십의 역할은 무엇인가 하는 점이다. 본인도 뛰어들어 한편을 편들 것인가, 끝없이 싸우게 내버려 둘 것인가, 그것도 아니라면 싸우도록 부추길 것인가. 그럴 수는 없는 일이다. 싸움을 막지 못한다면, 국가적 재앙이 초래될 것이 분명하기 때문이다. 따라서 그 가운데 어느 한쪽을 편들고 다른 쪽을 비난하기보다 평화가 유지되도록, 이른바 '모두스 비벤디(modus vivendi)'가 구축되도록 노력하는 것이 리더십의 역할이 아니겠는가.

'좋은 정치'와 '좋은 정책'에 대한 비전이 다원성을 넘어서서 모순성을 띠고 있는 상황에서 중요한 것은 '특정한 이념적 원칙'보다 '평화의 리더십' 또는 '통합의 리더십'을 표방하는 것이다. 통합의 리더십에는 '특정한 이념적 원칙'보다 '조정'과 '설득'의 능력이 그 구성요소가 되어야 한다. 통합의 리더십에서는 진보와 보수 등 서로 다른 집단들에게 자신들의 방식에 따라 자신들의 가치를 추구하도록 허용한다는 표시로 '탕평책'이나 '동거정부'와 같은 과감한 발상을 할 수도 있을 것이다. 물론 그 탕평책이나 동거정부의 효율성에 문제를 삼을 수는 있겠으나, 한국 사회가 해체골목에 몰리는 사태보다는 낫지 않겠는가.

정부를 표시하는 영어 'government'의 어원은 배를 짓는 노를 표시하는 중세기의 'gubernaculum'에서 연유한 것이다. 이처럼 정치 공동체가 은유적 의미에서 배라면, 대통령은 승객 모두를 아우르는 '선장의 리더십'을 가져야지 일부 편만 챙기는 '골목대장으로서의 리더십'은 곤란하다. '선장으로서의 리더십'이라면, 다양한 판단과 이념, 가치, 선호를 가진 사람들이 하나의 공동체에서 같이 살게 해 주는 요령을 가르쳐 줄 수 있어야 한다. 또 자기의 소신이나 주장을 고집스럽게 되풀이하거나 밀어붙이기보다는 여러 가지 견해, 심지어는 상충하는 의견이나 비전들을 종합할 수 있는 능력을 보여 주어야 한다. 따라서 진보와 보수를 아우르며 조정할 수 있는 능력, 산업화 세력과 민주화 세력을 가르기보다 화해 내지 협력할 수 있도록 만드는 능력, 과거세대와 현세대 및 현세대와 미래세대를 대결적 관계라기보다는 보완적 관계임을 보여 줄 수 있는 능력이 필요하다.

'선장으로서의 리더십'이 중시하는 규칙이 있다면, 서로가 평화롭게 공존하면서 살아갈 수 있도록 해 주는 규칙이다. 이것은 만일 평화공존이 이루어지지 못할 경우에는 공동체가 해체될 수 있고 또 서로가 서로의 죽음을 불러올 수도 있다는 사실을 설득함으로써 공감대를 얻을 수 있는 규칙이라고 할 수 있다. 물론 '공존의 규칙'은 관용을 함의하는 규칙이다. 공동체의 리더가 평화와 공존의 원칙을 중시한다면, 국민들에게 어떤 이념을 가지고 살아야만 하는가를 권위있게 가르쳐 주고 싶은 욕구를 자제하거나 절제하게 될 것이다. 이처럼 관용과 통합을 실천할 수 있는 리더라면, 정치인의 최고등급인 '국가인(statesman)'이 될 수 있을 것이다.

3.1.2. '과거형'도 '미래형'도 아닌 '현재형 리더십'

차기의 리더는 과거와 미래를 동시에 바라보는 로마의 '야누스'신을 좋아하는 리더십이어야 한다. 과거와의 선명한 연계가 없으면 현재가 혼란스러우며 미래는 판독할 수 없다. 특히, 그 동안 참여정부가 지나치게 과거만을 바라보았다는 점을 감안하면, 차기의 '야누스적 리더십'은 과거보다는 미래에 유념해야 한다. 그러나 엄밀하게 따지고 보면 과거지향이건 미래지향이건 말장난에 불과할는지 모른다. 가장 중요한 것은 우리가 숨쉬고 살아가는 현재이기 때문이다. 또 대한민국의 운명이 결정되는 것도 과거나 미래가 아닌 현재다.

이런 관점에서 볼 때, 리더십은 과거냐 미래냐 하면서 쓸데없이 '시간과의 장난'을 벌여서는 안 된다. 과거를 바로세우지 못하면 현재를 바로 세울 수 없다는 논리를 내세우면서 과거규명에 희소성을 갖는 정력과 시간, 자원을 투여하는 리더십이나, 아니면 미래에 유념한다고 해서 미래학자들처럼 2030 또는 3040 등을 짜고, 미래예측이나 하면서 실제로는 아무런 일도 하지 않는 리더십이 문제가 되는 것은 현재가 없는 '초현실주의적 리더십'에 불과하기 때문이다. 과거지향형이 우려되는 것은 과거를 마치 현재인양 산다는 데 있지만, 미래를 설계한답시고 현재를 건너뛰는 발상도 문제다. 미래를 위한 로드맵만 짜고 현재를 소홀히 하면 무슨 실익이 있단 말인가.

물론 시간의 개념은 진보와 보수의 문제와 긴밀히 연계되어 있다. 역사적으로 볼 때, 프랑스의 혁명의회에 배치된 당파적인 좌석에 기초해서 생겨난 은유현상이라고 할 수 있는 좌파와 우파는 혁명과 안정 또는 진보와 보수를 상징하게 되었다. 거기에서 유래되어 나온 하나의 선입관(先入觀)과 같은 지적 경향이 있다면, 지금 한국에서 유행하고 있는 것처럼 '보수정치'는 과거를 보존하고 '진보정치'는 개혁을 하는 것으로 인식되고 있다는 점이다. 그러나 이러한 이분법적 발상이야말로 현실과 맞지 않는 관념적 구분이기 때문에 보수와 진보의 진정한 의미를 충실히 반영하기보다는 왜곡하고 있는 것으로 생각된다. 현실정치에서 진보주의자가 대체로 개혁을 선호하고 또 보수주의자는 전통을 고수한다는 공식이 거시적 차원에서 볼 때 크게 틀렸다고 말할 필요는 없겠지만, 그러나 그렇다고 해서 그 이상의 특별한 의미를 갖는다고 말하기도 어렵다. 보수나 우익의 정치를 한다고 해서 그것이 반드시 변화와 개혁을 배제하는 것으로 볼 필요는 없기 때문이다. 그것은 진보정치라고 해서 과거와 전통의 존중과 보존을 무조건 배제해서는 안 되는 것과 마찬가지이다. 서구에서 유행하고 있는 보수당 정부나 사회당 정부의 정치는 이 사실을 입증하고 있다. 이 점을 감안한다면, 과거와 전통을 백안시하고 개혁만능주의를 표방하는 것만큼이나 변화를 배제하고 전통이나 과거를 이상화하거나 성역화하는 것은 '산 정치'가 아니라 '죽은 정치'라고 할 수 있다.

우리가 소망하는 '야누스적 리더십'은 굳이 버크(E. Burke)의 표현을 원용한다면, 정치와 관련 이미 '그 자체로(ipso facto)' '보존'과 '개혁'이라는 두 가지 개념범주에 닻을 내려야 한다. 물론 과거의 상황에 불만이나 원한을 품고 보다 정의롭고 바람직하다고 생각되는 미래의 설계도에 따라 사회를 개조하려고 시도하는 '대규모의 사회공학적 방식'은 곤란하다. 그러나 그렇다고 해서 어떠한 대가를 지불하더라도 현상(status quo)을 유지하려고 하는 일념에서 개혁의 기획 일체를 맹목적으로 거부하는 경직된 '현상고집자'와도 구분되어야 할 것이다. '야누스적 리더십'은 "무언가의 개혁에의 수단을 갖지 않은 국가는 자기보존의 수단을 갖지 못한다"는 믿음을 갖고 있으나, 개혁과 관련하여 개혁의 기준이 현재에서 멀리 떨어어져 있는 '완벽한 사회'나 '정의롭고 평등한 사회' 또는 '민족혼이 살아 꿈틀거리는 사회'와 같은 거대담론의 추상적인 개념이 아니라 '현재'의 처지와 조건이라는 실존적 개념에서 출발하기 마련이다.

참여정부의 참담한 실패는 민의의 현실, 민생의 현실, 개혁의 현실 등 현실정치를 무시하였다는 데서 기인한다. 참여정부가 과도할 정도로 '과거'청산에 초점을 맞추어 온 것도 사실은 '미래'에 강한 지향을 두고 있기 때문이다. '과거'가 잘못되었기 때문에 '미래'를 올바로 지향할 수 없다는 논리가 기저에 깔려 있으며, 따라서 '미래'를 올바로 건설하려면 '과거'부터 바로 세워야 한다는 철학이 힘을 얻고 있었던 것이다. 이처럼 참여정부가 현재의 선거결과나 현재의 삶 등 현재와 관련된 것들에 대하여 무관심한 태도를 보여온 것은 삶의 기복을 초월하여 '실존(實存)의 정치'보다 훨씬 광대하고 거대한 어떤 것, 즉 '완전히 정의롭고 경제적으로 평등한 사회'에 대한 믿음에 몰두해 있었기 때문이다. 문제는 '완전히 정의로운 사회'나 '빈부차이가 없는 평등한 사회'와 같은 것을 지향하는 정치비전은 가치관과 이해관계가 치열하게 경합하는 '역동적인 정치', 또는 '경쟁적인 다원주의 정치'를 중요한 것으로 생각하지 않게 된다는 점에 있다. 또 단순히 경쟁적인 정치의 필요성을 인정하지 않는다는 수준이 아니라 아예 낭비적인 것이나 소모적인 것으로 치부한다.

'야누스적 리더십'은 '현재'를 빼놓고 '과거'와 '미래'에 집착하는 공리공론의 리더십보다는 민주주의가 중시하는 정치비전을 가져야 한다. 민주주의의 특징이라면, 국가나 정치는 사회의 구성원들이 '미래'나 '과거'가 아닌 '현재'의 상황에서 갖게 되는 필요와 가치관 및 요구에 '우선적으로' 반응한다는 데서 그 존재이유와 의미를 찾는다는 사실이다. 말하자면, '지금'과 '여기서' 이루어지는 문제와 관심사에 주목하는 '실존의 정치'가 바로 민주정치의 본질이 아니겠는가. 따라서 공동체의 리더는 '미래'나 '과거'에 천착하기보다는 어디까지나 '현재'의 흐름을 존중하면서 국리민복과 국태민안에 전념하겠다는 결의를 다져야 할 것이다.

3.1.3. '민생이 정치'임을 믿는 프로의 리더십

민주주의가 무엇이고 인터넷민주주의가 무엇인지를 이해하는 리더십이 필요한 것이 사실이지만, 그보다 더 절실한 것은 당장 "사람들이 무엇을 먹고 살고 있나" 하는 점에 관심을 갖는 리더십이다. 옥탑방이 어떻게 생겼는가를 아는 대통령보다 좋은 옥탑방을 어떻게 지을 수 있느냐 하는 문제에 관심을 갖는 대통령이 필요하다. 민생에 관심을 갖는 리더는 정치라고 해서 특별한 것이라고는 생각하지 않는다. 정치는 단순히 권력에 관한 것, 선거에 관한 것, 정당정치에 관한 것만이 아니다. 정치는 곧 생활의 문제고 민생의 문제이기 때문이다.

이른바 '정경분리(政經分離)'에 익숙한 사람들은 흔히 먹고사는 문제는 경제영역으로 치부하고, 정치는 개혁의 문제, 권력유지의 문제 또는 정의실현의 문제라고 이해한다. 물론 정치를 경제와 따로 떼어서 생각하였던 고전적 비전이 없었던 것은 아니다. 고대 아테네사람들이 생각하였던 정치는 토론과 협의였고 또 웅변이고 수사였다. 그래서 정치는 여가를 가진 남자들의 활동무대였다. 경제는 노예나 여자들의 일이었던 것이다. 이미 어원부터가 그렇다. 영어 'economy'의 어원이 된 경제는 집을 의미하는 'oikos'와 'nomos'의 합성어다. 오늘날의 말로 하면 가정경제인 셈이다. 이에 비하면, 정치를 뜻하는 'politics'는 국가를 의미하는 'polis'에서 나온 것이다. 국가공동체에 관한 관심사로서 정의를 말하고 추상적인 이상과 고담준론을 하는 것을 정치의 영역으로 생각한 것이다.

또 한국에서 유행하였던 '박정희담론'의 내용도 그런 것이었다. 정치는 죽이고 경제는 살렸다든지, 민주주의는 후퇴하였는데 경제는 기적을 만들어 냈다는 논리가 바로 그것이다. 그래서 '박정희담론'은 경제개발과 민주주의에 대한 관계를 정립하는 데 맞추어졌다. 비판적 시각은 민주주의의 퇴행을 겨냥하고 있었다. 민주주의와 경제개발을 적어도 동시에 추진할 수도 있고 또는 경제개발보다 민주주의를 선행시킬 수도 있었는데, 왜 못하였느냐는 것이다. 그러나 반론도 힘을 얻고 있다. '선(先)경제개발·후(後)정치발전론'으로 특징지어지는 박정희의 선택은 선견지명을 가진 탁월한 선택이었다는 것이다. 또 독재를 한다고 해서 경제개발을 성공시킨 사례가 거의 없다는 것도 중요한 포인트다.

그러나 차기의 민생대통령이 고민해야 할 문제라면 정치와 경제에 대한 관계나 정부와 시장에 대한 관계보다는 '정치의 본질'에 관한 것이다. 정치의 본질은 단도직입적으로 말해 사람들을 어떻게 하면 잘 먹고 잘 살 수 있게 할 수 있을까 하는 문제에 있다. 한국사회는 민주화 이후 각종 자유와 권리에 익숙해졌고, 또 선거민주주의를 통해 5년마다 정권교체를 이루었다. 이것이 정치발전의 내용이다. 역설적인 것은 그러한 정치발전이나 민주주의의 결실이 많은 사람들에게 만족감을 주기보다 오히려 "정치란 무엇인가" 하는 소박한 질문을 제기하게 만드는 계기가 되었다는 사실이다. 왜 그랬을까. 민주화 시대에 걸맞게 우리는 '참여민주주의'니, '토론민주주의'니, '전자민주주의'니 하면서 열광하기도 하였지만, 시간이 흐르면서 삶의 치열한 현장, 서민들의 애환과 일상, 민생과 떨어진 정치의 모습에 점차 식상하기 시작하였기 때문이다.

지금의 정치는 누가 뭐래도 '마케팅정치'다. 감성이든 이벤트든 무슨 방법을 써서라도 유권자들로부터 멋있게 보이고 표를 얻는 '이미지정치'가 어느새 정치의 본질이 된 것이다. 여론조사에 민감한 통계정치도 정치의 최대관심사가 되었다. "하루가 멀다" 하고 정치인들의 인기도가 발표되면 일희일비하니 정치는 연예인의 그것과 다를 바 없게 되었다. 그 결과 실업자나 구직의 문제는 하나의 통계치로 처리될지언정, 서민들의 실존적 삶을 다루는 엄중한 정치의 의제로 취급되지 않는다. 아무리 먹고 입고 사는 문제를 해결하지 못하는 정당이라도 그 정당의 후보자가 춤도 추고 노래도 부르며 이벤트를 만들면 그것이 인기를 얻을 수 있다는 현실은 저급한 정치의 기막힌 현실일 뿐이다.

모름지기 차기 대통령은 시대정신이니 하는 거창한 말을 앞세우며 거대담론의 포로가 되어 실존적인 삶의 현장과 현실을 모르고 또 그것에 대한 해법을 내놓지 못하는 사람이 되어서는 안 된다. 민생을 모르고 단순히 만인의 '점쟁이' 노릇을 하겠다는 정치인들은 얼마나 많은가. 점쟁이는 고대사회에서 확고한 지위를 가지고 불가결한 역할을 수행하였다. 신들의 뜻을 드러내어 앞날을 예언하였기 때문이다. 그 후 정치문화가 고도로 발달된 사회에서도 점쟁이는 여전히 여러 가지 권리와 특권을 향유하고 있었다. 예를 들어, 로마에서는 새가 날아가는 것을 보고 점을 치는 조복자(鳥卜者)와 희생동물의 장(腸)을 보고 점을 치는 장복자(腸卜者)의 충고 없이 중대한 정치적 결정을 내리거나 어려운 일에 착수한 적이 한 번도 없었으며, 또 전투를 한 적도 없었다. 로마 군대가 원정을 갈 때에는 언제나 장복자들이 종군하였다.

물론 이제는 제비를 뽑아 점치는 원시적인 점술이 행해지고 있지 않으며, 또 새들의 비행을 관찰하거나 도륙된 동물의 내장을 검사하는 일도 전혀 없다. 현대민주주의는 훨씬 더 세련되고 교묘한 점술, 과학적이고 이성적이라고 평가받는 방법을 발전시켰다. 하지만 방식은 바뀌었으나 내용이 바뀌었는지는 의문이다. 현대 정치인들은 사람들이 물리적인 힘보다 상상의 힘에 의해서, 또 이성보다 감성에 의해서, 사색보다 이미지와 광고의 힘에 의해서 훨씬 더 쉽게 움직여진다는 것을 알고 이것을 십분 이용하였다. 정치가는 일종의 공적(公的) 점쟁이가 된 것이다. 그 결과 심지어는 불가능한 것도 약속한다. 정의와 평등이 강물처럼 흐르는 '천년왕국(千年王國)'을 만들겠다는 약속도 거듭 예언되는 것이다.

민생대통령은 이미지와 감성으로 사람들을 현혹하는 '공적 점쟁이'가 되어서는 안 되며, 정치의 본질이 사람들로 하여금 먹고 살게 해 주는 일에 있음을 알아야 한다. 잘 살게 해 주는 것이 정치의 '효과'가 아니라 정치의 '본질'임을 알아야 한다. 만일 정치와 민생 또는 정치와 경제가 서로 다른 것이라고 믿어 왔다면, 그런 사람은 리더의 자격이 없다. 정치의 존재이유는 공리공론으로 국민들의 헛된 기대를 부풀리는 데 있는 것이 아니라 실사구시로 직장을 마련하고 배고픔을 채워 주는 데 있기 때문이다. 그럴싸한 말만 하는 것, 이상과 개혁만 부르짖는 것, 사람들의 표심만 잡으려고 이미지관리에 '올인'하는 것, 그런 것들은 정치의 '주변머리'일지언정 '속알머리'는 아니다.

그러려면 어떻게 해야 하나. '아마추어 국정'이 아니라 '프로의 국정'을 해야 한다. 프로의 리더는 '좋은 의도'가 반드시 '좋은 결과'를 산출할 것이라고는 결코 생각하지 않는다. 사회를 이른바 '복잡계(complex system)'로 파악하기 때문이다. '복잡계'에서는 하나의 원인이 하나의 결과로 이어지는 것이 아니라 여러 가지의 원인이 하나의 결과로 이어지기도 하고, 하나의 결과는 또 다른 현상의 원인이 되기도 한다. 이른바 '순환현상'이 그 특징이다. 지금 한국의 정치 · 사회 · 경제에는 '악순환(vicious circle)'이 허다하다. 이것들을 새로운 리더는 '선순환(virtuous circle)'으로 바꿀 수 있어야 한다. '악순환'을 '선순환'으로 바꾸려면, 정치 · 사회 · 경제가 무수한 원인과 결과라는 복잡한 변수의 상호작용으로 이루어져 있다는 것을 '본능적으로' 인식하고 있는 탁월한 경험과 경륜을 가진 사람을 인재로 등용해야 한다. 서민들의 삶의 현실에 정통한 리더가 '전리품 챙기기'처럼 '자기사람 챙기기'에 '올인'할 수는 없는 일이 아니겠는가.

3.1.4. '이념의 실현'보다 '국가의 품격'을 높이는 리더십

차기 리더는 대한민국을 '정의로운 나라'나 '평등한 나라'로 만들고자 하기보다는 '품격이 있는 나라'로 만드는 데 힘을 쏟아야 한다. '정의로운 국가공동체'를 만들겠다든지, '토론공화국'을 만들겠다는 정치적 포부가 있다고 해서 그것이 '그 자체'로 나쁜 것은 아니다. 문제는 '정의로운 사회'도 좋고 '평등한 사회'도 좋고 또 '민족혼이 숨쉬는 사회'도 좋지만, 그것만으로는 선진한국을 만드는 데 부족하다는 점에 있다. 그 모든 이념과 가치지향들이 고귀하다고 해도 '국가의 품격'이 없다면, '빛좋은 개살구'와 같은 상황이 되기 때문이다. '토론민주주의'라고 해서 토론자들이 상대방에 대하여 인신공격을 한다면 어떻게 되겠는가. '인터넷민주주의'라고 하면서 악성 댓글이 판치면, 당사자는 자살이라도 하고 싶은 심정이 아니겠는가. 인터넷국정을 한다고 하면서 삶의 현장을 소홀히 하면, 국정의 질은 어떻게 되는 것인가. 그런데 유감스럽게도 이런 것들이 한국의 실정이다.

새로운 이념과 가치관 하면, 참여정부를 따라갈 정부가 없다. 참여정부는 이상과 이념이 담긴 수많은 개혁의제들을 선점하고 하루가 멀다 하고 새로운 개념들을 쏟아 내었다. '자주', '포용', '협치', '혁신', '화해', '균형발전' 등 참신한 느낌을 주는 신조어(新造語)들이 그 과정에서 무수히 만들어졌다. 그러나 막상 그것들을 역동적으로 추진하겠다는 참여정부에는 '품격'이 없었다. 그래서 언제부터인가 "혁신"이니 "균형발전"이니, "협치"니 하는 말들이 바래지고 미사여구로만 남게 되었다. 또 인사시스템을 어느 정부보다도 잘 만들어 놓았다고 자랑하였지만, 정부의 품격이 없으니, "회전문 인사"와 같은 냉소적인 말들만 무성해졌을 뿐이다. 이것은 정부와 국정을 담당하는 사람들이 예의와 염치를 잃어버렸기 때문이다. 수풀을 우거지게 할 만큼 참여정부의 생명력은 풍부하였으나, '품위 없는 잡초'처럼 몸가짐이 단정하지 못한 채 아무렇게나 처신하였기 때문이다.

품위 있는 리더십문제와 관련, 플라톤은 『이상국가』에서 우리에게 귀담아들을 만한 의미심장한 말을 하고 있다. "용기나 지혜는 국가의 어느 한 부분에만 있어도 그 국가를 용기 있는 국가나 지혜있는 국가로 만든다." 여기서 덧붙이고 싶은 말이 있다. "품격도 역시 국가의 어느 한 부분에만 있어도 그 국가를 품격을 갖춘 국가로 만든다"는 말이다. 주목할 것은 품격을 갖춘 국가를 만들기 위해 요구되는 소수 엘리트 또는 리더의 역할이다. 이런 지도자에 대한 욕구가 지금 절실한 것이다. 지금 한국 민주정치는 탁월한 능력을 가진 사람들에 의한, 이른바 '아리스토크라시(aristocracy)'냐, 아니면 능력과 자질이 떨어지는 사람들에 의한 '카키스토크라시(kakistocracy)'냐 하는 문제에 봉착해 있다.

품격을 갖춘 리더라면 정치가 '비열한 직업'이라기보다는 '고귀한 직업'이라는 것을 행동으로 보여 줄 준비가 되어 있는 사람이다. 또 권력을 잡은 것이 독선과 아집을 부릴 수 있는 기회보다는 설득과 아량 및 '노블리스 오블리제'를 보일 수 있는 기회임을 알고 있는 사람이다. 그런가 하면 품격을 갖춘 리더라면, 대통령직이란 대선이라는 전략적 게임에서 이기고 지는 것이 '복불복'의 논리로 결정되는 직업이 아니라 자신을 지지한 국민은 물론, 자신을 지지하지 않은 국민들을 위해서도 봉사하기 위해 불린 '소명(召命)'이며 '천직(天職)'이라는 점을 계속해서 보여 줄 결의를 다질 사람이다. 또 복지사회를 만들고 완벽하게 정의롭고 평등한 사회를 건설하는 것이 통치자의 우선적 소임이라고 목소리를 높이지는 않을 것이다. 그보다는 오히려 국정이란 인간이 할 수 있는 가장 품위 있는 행위라는 것을 입증할 것이다. 자신의 품격을 통하여 국가 전체의 품격을 높이는 것이 자신이 우선적으로 할 일이라는 점을 알고 있는 사람이기 때문이다.

3.1.5. 결어: 이번 대선은 '바를 정(正)자'가 빠진 정치에 그 '정(正)자'가 들어가는 계기가 되어야……

우리는 '정치'와 '대선'에 민감한 관심을 가지면서도 정작 그 동안 잃어 버린 것이 있었다. 국화빵에 국화 없고 붕어빵에 붕어 없듯이, 우리 정치에는 '바를 정(正)자' 정치가 빠져 있었다. '바를 정자'의 의미는 정치의 '펀더멘탈'에 관한 것이다. 정치에서 이기고 지는 것이 중요하지 않은 것은 아니지만, 승패가 정치의 모든 것은 아니다. 숨쉬기가 인생의 목표고 스코어가 테니스경기의 목표라고 생각하는 사람이 과연 있는가. 물론 숨쉬는 것이 중요하고 경기에서 스코어가 중요하지만, 그것이 삶의 목표나 경기의 목표가 될 수는 없다. 이와 마찬가지로 정당정치나 대선에서 이기는 것이 중요하지만, 집권 자체가 정치의 목표가 될 수는 없다.

그러나 유감스럽게도 그 동안 한국 정치에서 워낙 '전략적 사고'와 '정략적 행보'가 판을 치다보니, '공공의 이익(public interest)'이나 '공동선(common good)'과 같은 개념은 존재하지 않는다고 생각하는 풍조가 만연하고 정치의 목표에 대하여 고민하는 법을 아예 잃어 버렸다. 그 결과 정치가 어지러워져 '중구난방(衆口難防)'의 정치가 된 것이다. 그래 가지고는 아무리 정책개발에 열을 올려도, 또 공약과 정책발표를 감시하는 매니페스토운동을 벌여도 실효성이 없다. 이른바 '100대 정책'을 호기있게 개발하여 유권자에게 호소하는 것이 중요하지 않다고 말할 수는 없겠지만, 그보다 더욱 중요한 것은 '정치란 무엇인가', '공동선이란 무엇인가'하는 문제에 대한 치열한 고민을 해야 한다는 것이다.

대통령이 한 번 되어보겠다며 어렸을 때부터 꿈을 가진 사람, 자나깨나 권력을 추구하는 사람이 천신만고끝에 대통령에 당선되어 인사권과 재정권 및 통치권 등 막강한 권력을 행사하게 되었을 때, 그 개인에게는 꿈에도 잊지 못할 신화가 되고 영광이 되겠지만, 그것이 반드시 공동체 전체에 행운이 되는 것은 아니다. 자수성가나 자아실현의 꿈보다는 좀더 공인의 정신이 있어야 하지 않겠는가. 따라서 신명을 바쳐 헌법적 가치와 자유적 가치를 수호할 의지가 있는 것인지, 또는 '국리민복(國利民福)'이 무엇이며 '국태민안(國泰民安)'이 무엇인지, 국가적 이익을 위해 정파적 이해를 초월해 통합력을 발휘할 수 있는지 하는 점을 진심으로 고민할 수 있어야 한다.

그런 실존적 고민 없이 "정치가 별거냐"라고 생각하며 자신의 주위를 맴돌며 개인적 충성을 약속하였던 사람들에게 관직을 주거나 좌절시키는 권한을 즐기겠다거나, 또는 미래를 위한 계획과 로드맵을 짜는 행위 또는 토론과 홍보에만 열을 올리는 말잔치 범주 정도로 생각하거나, 자신을 지지하는 사람들로 모임을 만들어 차츰 외연을 넓혀 가는 것을 정치의 속성으로 파악한다면, 근본부터 잘못된 것이다. 서민들의 희노애락의 절박함을 모르는 안이함, 명예욕에 사로잡혀 국가의 품격제고보다 자신의 위상제고에 더욱 힘을 쏟는 이기적 모습, 평범한 능력과 비전만 가지고도 '이미지 메이킹'이나 국민들의 감성에만 호소하여 표만 잘 모으면 된다는 생각, 제대로 된 비전 없이 다만 '공적 점쟁이'가 되어 5년 사이에 천년왕국을 만들겠다는 허풍을 떨며, 자신을 알리기보다 남을 흠집내는데 초점을 맞추는 캠페인, 이런 것들은 모두 '분바르는 정치'에 불과하다. 하지만 이런 '껍데기들'이 악화가 양화를 구축하듯 우리 정치에서 승자가 되고 정치의 흐름을 좌지우지하는 데 큰 영향력을 행사하였다는 사실을 누가 부정하겠는가. 반대로 정치란 인간이 할 수 있는 가장 품위 있고 영웅적인 행위이며, 동시에 공익적인 행위라고 생각하고 헌신해 온 사람들은 오히려 적자생존을 못하고 정치판에서 하나씩 둘씩 사라져 버렸다. 그래서 우리 정치에서 '정(正)자'가 빠진 것이다.

금년의 대선에서 특정인 누가 이기고 누가 지든, 그것이 우리의 관심사는 아니다. 다만 정치의 근본이 바로잡히는 계기가 되어야 한다. 차기 대통령은 선거에서 승리하였기 때문에 비전과 리더십을 가진 존재로 평가받는 것이 아니라 비전과 리더십을 가졌기 때문에 승리하였다는 평가를 받아야 한다. 2007년 대선을 계기로 '껍데기'는 가고 '알맹이'가 오는 정치적 프로젝트가 성공하기를 간절히 바란다.

김 태 우

제 9 장

국민의 정부 및 참여정부의 안보 · 북핵정책

1. '햇볕정책 · 평화번영정책'의 문제점
2. 대북 핵정책의 문제점
3. 결론 및 건의

1 '햇볕정책 · 평화번영정책'의 문제점

① 정책수립과정의 투명성 부족

- 김대중 정부의 대북 정책은 대통령 본인과 임동원, 박지원 등 최측근 인사로 구성된 폐쇄적인 정책결정 서클에 의해 결정. 임동원의 경우 국정원장, 통일부 장관, 특보 등 요직을 거치면서 햇볕정책을 입안·수립·집행
- 참여정부에서도 '이종석 라인 및 코드인사'가 외교·안보·북한 정책 전반에 영향력 행사

② 국민적 합의부족

- 여론확인, 국회동의 등 민주적 절차 미흡

③ 정책선택폭 축소

- 햇볕정책은 무조건적 유화정책으로 한 방향의 정책만을 공언함으로써 정책선택의 폭을 좁히고 다른 정책으로의 전환에 애로, 대북 지렛대 축소, 대북 협상력 위축 자초
- 참여정부의 평화번영정책도 동일한 문제점

④ 정책의 정당성 문제

- 대북지원의 비등가성이나 비동시성을 지나치게 강조함으로써 북한의 변화를 유도하기보다는 오히려 북한의 오만과 내정간섭을 자초한 측면
- 북한은 지원쌀을 싣고 간 남한의 선박 억류, 남한 적십자 총재와 통일부 장관 경질요구, '선군정치 은덕론', '북핵

남한 보호론', 2007년 신년공동사설에서 남한 대선 개입의사 표명 등 오만한 내정간섭 지속

- 북한은 햇볕정책에도 불구하고 1998년 강성대국론 표방 대북 지원을 핵개발 및 수령독재체제 공고화에 활용
- 대북 유화정책은 북한이 상응하는 변화를 수용할 때에만 정당성 유지

⑤ 안보태세 약화

- 국민의 정부는 "확고한 안보를 토대로 하는 대북 포용정책"을 약속하였으나, 사실상 국방안보정책을 햇볕정책의 일부로 편입
- 안보부처 특성 희석→국정원의 정보력 및 대공기능 저하 북한 도발에 대한 군의 미온적 대응→2001년 북한 상선의 영해침범, 2002년 서해교전 등 악순환
- 참여정부에서도 유사한 문제점

⑥ 국가정체성 및 주권 훼손

- "북한의 낮은 단계의 연방제안과 남한의 연합제안이 서로 공통성이 있다고 인정하고 앞으로 이 방향에서 통일을 지향시켜 나가기로 합의한다"는 6·15 공동선언 제2항은 적대관계가 청산되지 않은 상태에서 통일방안부터 먼저 합의한 것으로서 국가정체성 혼란 불가피
- 2000년 남북정상회담 전후 시기 북한 금강산댐 공사 대대적 진척. 금강산댐은 사실상 한국 수자원을 절취하는 행위이나 한국은 이의 제기 포기. 북한의 북방 한계선(NLL) 현상타파 시도에도 미온적 대응하여 NLL 붕괴시 서울 측방 노출로 수도방어전략 수정 불가피

⑦ 남남갈등 심화

- 유화정책에 대한 찬반론. NGO 간 보혁논 쟁 등

2 대북 핵정책의 문제점

① 북한 대량살상무기 개발 방치·기여: 북핵 거론시 남북관계에 장애물이 될 것을 우려하여 사실상 핵개발 방치. 대북 지원이 북한 핵개발에 사용되었을 가능성

② 북핵 정당화 기여: 북핵이 남북접근에 장애물이 될 것을 우려하여 매 단계마다 북한 입장을 두둔하거나 북핵위협 폄하

③ 장단기 대비책 지연·저해: 한미동맹 변질로 인한 핵우산 약화, 독자적 대북 억제력 함양 지연 등

④ 북핵관련 몰이해 확산: "북한 핵실험은 실패한 실험," "북한이 핵을 사용해도 전쟁에는 이기지 못할 것," "북핵은 남한용이 아니므로 우리에게는 무해," "북핵은 가난을 극복하기 위한 것" 등

3 결론 및 건의

① 국민의 정부 및 참여정부의 대북정책과 핵정책은 남북 정부 간 관계개선, 체감 전쟁위협 감소, 평화무드 조성, 교류확대를 통한 민족동질성 회복 등 일정한 성과 기록

② 그럼에도 안보태세 약화, 북핵 방조, 특정 성향 인사에 의한 정책결정과정 독점, 배타적 민족주의 정서 확산으로 인한 국제

관계 후퇴 등 적지 않은 문제점을 드러냈음.

③ 향후 대북 정책은 '동족' 겸 '안보위협'이라는 북한의 두 얼굴을 동시에 중시한다는 원칙하에 수립·집행될 필요성. 즉, '화해협력'과 '안보'라는 두 개의 수레바퀴가 균형을 이루면서 함께 굴러가는 것이 대북 정책의 기본원칙

④ 이에 따라 향후 핵정책도 '3불(북한 핵보유, 핵위협, 핵사용 불용)', '병행(대화를 통한 평화적 해결노력과 북핵제거 실패에 대비한 안보정책 병행)', '조화(대북외교와 국제외교 간의 균형과 조화)'라는 3대 원칙에 의거하여 수립·집행되어야 함.

김 형 준

제 10 장

국정활동 전반에 대한 평가

노무현 참여정부가 출범한 지 어느 덧 4년이 된다. 참여정부에 대한 평가는 시각에 따라 큰 차이를 보인다. 진보적 시각에서 보면 참여정부 4년은 그 동안 한국 사회를 짓눌러 왔던 특권과 반칙으로 점철된 기득권구조가 해체되고 있는 발전의 시기이다. 더 나아가 참여정부 4년은 지난 30여 년간 국가주도형 발전과 대응되는 '대안적 발전'을 모색한 시기라고 할 수 있다. 참여정부가 이룩한 가장 긍정적인 변화는 "그 동안의 국가건설과 산업화 과정에서 상대적으로 소홀히 다루어졌던 이슈들을 중심으로 발전의 전략을 짜게 되었다는 것이다"(이재열, 2006, p. 411). 양승함(2006, p. 30)은 참여정부에서 "개혁적 아이디어가 싹트기 시작하였고, 정경유착 및 정치비자금 등 오랜 권력형 부조리의 연결구조가 끊어지고, 정치·경제·관료의 권력남용이 붕괴되고 있는 것은 긍정적인 성과이다"라고 평가하였다. 더욱이 참여정부는 차별해소와 양성평등을 위한 가시적인 성과를 이루어 냈다. 이주노동자에 대한 차별해소를 위한 고용허가제 보완, 호주제 폐지, 성매매방지법 등이 이에 해당된다. 더욱이 경제정의를 추구하기 위한 가시적 조치로 성장보다는 공정한 분배를 위해 부동산보유세를 개편하고, 조세형평성을 제고시키려는 참여정부의 노력은 정책효과성을 넘어 긍정적으로 평가받을 만하다.

반면, 보수적 시각에서 보면 참여정부는 대한민국의 정통성을 부인하고 국가안보를 위태롭게 하며 한국 사회를 분열과 대립으로 몰아넣은 퇴보의 시기이다. 한마디로 참여정부의 집권 4년은 개혁을 둘러싼 분열과 갈등으로 점철된 시기로 평가되고 있다. 실제로 서울대학교가 광복 60주년을 맞아 실시한 국민의식조사 결과에서도 참여정부에 대한 이러한 보수의 부정적 시각과 평가가 국민들의 지지를 받고 있는 것으로 나타났다. 발전론적 측면에서 평가해 보면 국민들은 참여정부가 민주주의 절차를 갖추었으나 실질적인 발전을 담담하지 못한 퇴보기로 인식하고 있다. 사회·경제적인 측면에서는 '과거 혼란 속에 가난 이미지'로의 회귀로 인식되고 있었고, 정치·사회적 측면에서는 사회적 갈등의 분출로 인해 혼란이 가중된 시기로 인식되고 있었다. 구체적으로 국민들은 참여정부에 대해 풍족(3.7%)보다는 가난(19.9%)을, 밝음(9.2%)보다는 어두움(27.7%)을, 발전(8.8%)보다는 퇴보(36.4%)를, 안정(5.6%)보다는 혼란(51.5%)을 더 많이 떠올리고 있는 것으로 나타났다.

참여정부에 대한 이러한 국민들이 부정적 인식과 평가의 총체적인 부산물은 노무현 대통령에 대한 국정운영 지지도의 끝없는 추락이다. 취임 초 70%를 상회하였던 지지도가 임기를 1년 남겨 둔 현재 10% 초반에 머무르고 있다. 이는 임기를 1년 남겨 둔 역대 대통령들이 보여 주었던 지지도에도 훨씬 못 미치는 수치이다. 여하튼 참여정부의 지난 4년의 국정활동 전반을 집약해서 평가한다면 신드롬(syndrome)으로 시작해서 디스카운트(discount)로 막을 내리고 있다. 신드롬이란 원래 의학용어로 "어떤 공통성이 있는 일련의 병적 징후를 총괄적으로 나타내는 말"이다. 하지만 최근에는 대중매체의 영향력이 커지면서 특정 인물을 우상화하고 모방하는 현상을 신드롬이라 부르기도 한다. '노무현 신드롬'은 지난 2002년 대선에서 극적인 역전드라마가 만들어지면서 확산되었다. 대선 1년 전 지지율이 8.2%에 불과하였던 노무현 후보가 국민참여경선을 통해 이인제 후보를 물리치고 여당 대선후보로 선출되었다. 그 이후 정몽준 후보와의 단일화 게임에서 승리한 여세를 몰아 철옹성과도 같았던 이회창대세론을 격파하며 16대 대통령으로 선출되면서 대선불패의 노무현 신드롬은 절정에 이르렀다. 결국 '노무현 신드롬'은 변화와 개혁에 대한 국민의 열망으로 탄생된 것이다. 한편, 디스카운트란 한 상품이 실제가치보다 낮게 평가받을 때 쓰는 경제용어이다. '노무현 디스카운트'는 한국 경제의 불확실성을 근거로 외국인들이 한국의 주가를 실제가치보다 낮게 평가하는 '코리아 디스카운트'에 빗대서 만들어진 신조어이다. "노무현 대통령이 벌이는 일은 무조건 싫다," "노무현 대통령이 이야기하니까 거부한다"는 의미로 사용되고 있다. 다시 말해, 노무현 대통령에 대한 메시지 거부현상으로 해설할 수 있다. 최근 이러한 '노무현 디스카운트'현상은 반복적으로 확인되고 있다. 다수의 국민들은 노 대통령이 제안하고 추진하려는 4년 중임제 개헌과 남북정상회담 개최의 필요성에는 동의하지만 다음 정부에서 추진하라고 요구하고 있는 것이 대표적인 사례이다. 화려하였던 '노무현 신드롬'이 냉소로 가득 찬 '노무현 디스카운트'로 바뀐 이유는 다양하겠지만 그 근본에는 노 대통령의 사고체계에 깊이 자리잡고 있는 '혼동과 착각'이다.

첫째, 권위와 권위주의의 혼동이다. 참여정부는 권력기관의 정치중립화와 당정분리같이 그 동안 한국 정치를 무겁게 내리누르고 있었던 탈권위주의를 제거함으로써 제왕적 통치의 틀을 스스로 해체시키는 괄목할 만한 업적을 이루었다. 하지만 권위주의를 해체하는 과정에서 대통령의 신성한 권위를 스스로 해체시키는 우를 범하였다. 한마디로 참여정부는 권위주의를 해체시키는 데는 성공하였을지 모르지만 대통령의 권위를 유지하는 데에는 실패하였다. 권위주의는 권력이 제도화되지 못하고 사유화됨으로써 권력자의 지시와 명령이 법과 원칙보다 우선하는 구조이기 때문에 청산대상이 된다. 하지만 민주적인 선거를 통해 선출된 대통령의 권위는 국민을 설득하고 갈등을 조정하는 사회적 정통성을 담보하기 때문에 청산이 아닌 보존의 대상이다. 여하튼 참여정부는 단기적으로 권위주의는 타파할 수 있지만, 모두가 존중할 수 있는 대안적 법적·합리적 권위는 쉽게 만들어지는 것이 아니라는 점을 인식하지 못하였다. 결과적으로 급속한 권위주의 타파를 보완할 정당한 권위형성이 지체되는 '권위 지체현상'이 지배하게 되었다(이재열, 2006, p. 424).

노 대통령과 청와대 참모들은 참여정부의 국정운영이 성공하지 못한 이유로 척박한 정치토양, 급격한 변화에 대한 정치권의 적응능력 부족과 역사의식의 부재, 아직도 독재시대의 유산에 젖어 있는 준비 안 된 국민을 지목할지 모른다. 하지만 대통령이 스스로 권위를 무너뜨리고 비생산적인 정치의 한복판에 선 것이 어쩌면 국정운영 실패의 근본원인일지도 모른다.

둘째, 막말과 설득의 혼동이다. 노무현 대통령은 국민에게 진정성을 보이기 위해서는 시중의 언어로 형식에 얽매이지 않고 직설적으로 여과 없이 말하는 것이 중요하다고 생각하였는지는 모르지만 이 또한 커다란 착각이었다. "대통령직 못해 먹겠다"라는 발언을 비롯해서, "재신임받겠다," "임기를 채우지 못하는 대통령이 안 되었으면 좋겠다," "모든 것이 노무현이 하는 것 반대하면 다 정의라는 것 아니겠습니까. 흔들어라 이거지요, 흔들어라. 난데없이 굴러들어온 놈……" 등 충격적이고 상식에 맞지 않는 말들로 대통령의 권위는 땅에 떨어졌다.

노 대통령이 막말과 설득을 혼동하는 동안 대통령의 권위와 신뢰는 무너져 내려갔고, 누적되고 각인된 불신의 학습효과가 노무현 디스카운트로 표출된 것이다. 다시 말해, 막말로 인한 '신뢰상실'이 노무현 디스카운트의 중요한 원인이 되었다. 한준 연세대 교수가 "상대의 말을 믿기 위해서는 '말의 내용'과 더불어 '전달자'에 대한 신뢰가 동시에 충족되어야 한다"며, "노 대통령은 '전달자'로서 신뢰를 상실해 국민과 의사소통에서 실패하고 있다"는 주장도 이러한 진단과 맥을 같이한다.

셋째, 선거게임과 통치게임의 혼동이다. 극한 표현을 쓴다면 선거에서는 한 표만 더 많이 얻어도 승리할 수 있다. 따라서 확실한 표를 얻기 위해서는 전략적으로 편가르기를 할 수 있고, 의도적으로 상대후보에 대한 증오와 분노를 유도하기도 한다. 하지만 일단 선거가 끝나면 효율적이고 성공적인 통치를 위해 선거게임을 접고 화해와 통합을 가치로 국민 모두를 아우르는 통치게임에 충실하였어야 한다. 노 대통령은 우리 사회는 "정의가 패배하고 기회주의가 득세한 굴욕의 역사"라는 부정적인 인식을 갖고 증오, 배제, 분노를 바탕으로 끊임없이 선거를 치르듯이 통치를 하였기 때문에 국민통합과 야당의 협력을 일구어 내지 못하고 실패하였다. 여기에 제도화되어 수렴되지 않는 과잉참여는 사회갈등을 고조시키면서 '참여폭발의 위기'를 가져왔다. 더구나 선거를 치르듯 통치를 하려고 하였던 관행은 인기영합의 포퓰리즘을 강화시켰다. 안병진(2007, pp. 169~170)의 주장대로 참여정부는 포퓰리즘과 수십 년 뒤의 미래 과제에 강한 집착을 보이는 '토플러(Toffler)주의'가 결합되어 진보·보수 양 진영에서도 환영받지 못하였고, 결과적으로 현재 거의 통치가 불가능한 상황에 직면하게 되었다.

넷째, 방향과 방법의 혼동이다. 참여정부는 분명 변화와 개혁에 대한 국민의 열망으로 탄생하였다. 2002년 대선에서 확인된 시대정신은 변화와 개혁이었고, 한나라당이 두 번의 대선에서 패배한 근본이유는 이러한 시대정신을 제대로 읽지 못한 채 대세론에 도취되어 수구적인 모습을 보였기 때문이다. 문제는 참여정부는 이러한 시대정신을 구현하는 방법에 대해 지나치게 무지하였다는 것이다. 방향이 옳으면 방식이 잘못되고 미숙하더라고 괜찮다는 편의주의적 사고가 지배하고 있었기 때문이다.

통치관리라는 뜻의 거버넌스(governance)는 제각기 다른 목적과 목표를 가진 정치적 행위자와 제도, 기업이익, 시민사회, 초국가적 조직 등과 같은 다양한 행위자들 간의 지속적인 조정과 결합을 의미한다(양승함, 2006, p. 34). 따라서 '국가통치관리'는 '국가거버넌스'를 의미하는 용어로 사용할 수 있다. 참여정부는 국가운영 방향성에 대한 국민 공감대의 지나친 확신으로 통치관리구조를 합리적으로 조종하는 데 실패하였다. 양승함(2006, p. 34)의 지적대로 참여정부는 "국정운영 경험이 전무하였던 주요 정책결정자들이 배우면서 국가관리를 해야 하였기 때문에 실험적일 수밖에 없었으며, 민주화 운동의 투쟁이념이 변화·적응하기도 전에 권력을 장악하였기 때문에 모험적일 수밖에 없었고, 정책개발능력보다는 이념적 사명감이 투철하였기 때문에 현실주의적이기보다 이상주의 국가관리를 할 수밖에 없었다." 특히, 참여정부가 큰 비중을 두고 추진하였던 국가 일부와 사회 일부가 연대하여 나머지 국가와 사회를 제어하려는 수평적이며 협력적인 국가·사회 연결망 통치관리구조, 일명 '네트워크 거버넌스'는 많은 문제점을 내포하고 있었다. 그 중에서도 정책결정에 시민사회의 참여과잉은 국가적 사업의 우선순위의 왜곡을 종종 가져왔고, 또한 책임지지 않는 주체들이 정책결정에 참여함으로써 책임소재의 실종을 초래하였으며, 국가권력을 제한하고 감시해야 할 시민사회의 본래 성격과 책무가 일탈되는 경우도 발생하였다. 여하튼 참여정부는 국정관리방식의 정교함을 추구하기보다는 개혁의 방향성만을 믿고, 참여를 확대하면 문제가 해결될 것이라는 순진함에 도취되어 아무리 방향이 옳더라도 방식이 잘못되면 국민의 지지를 받을 수 없다는 철칙을 깨닫지 못하였다.

다섯째, 권력과 리더십의 혼동이다. 권력과 리더십은 영향력(influence)을 행사한다는 면에서는 차이가 없지만, 영향력을 행사하는 방식에서는 근본적인 차이가 존재한다. 권력은 물리적 강제력과 지시, 처벌을 매개로 한 '부정적 영향력(negative influence)'을 행사하는 방식인 반면, 리더십은 설득과 보상을 매개로 영향을 받는 사람이 자발적으로 영향력을 행사하는 사람이 요구하는 방향으로 행동하도록 '긍정적 영향력(positive influence)'을 행사하는 방식이다. 또한 지도자와 구성원 간에 공동으로 추구하려는 목표가 존재한다. 노 대통령은 역대 대통령과 마찬가지로 권력이나 카리스마가 있어야 리더십을 효율적으로 발휘할 수 있다고 착각하였다. 이는 권력이나 카리스마를 리더십의 필요조건으로 간주하는 데서 비롯된 것이다. 그러나 권력이나 카리스마는 리더십의 충분조건은 될 수 있지만 필요조건은 아니다. 다시 말해, 감동과 설득을 통해 자발성을 유발시킨다면 굳이 권력을 행사하지 않더라도 리더십이 발휘될 수 있다는 뜻이다. 소수 비주류의 상징이었던 노무현 대통령이 '진보독재'의 오명을 받게 된 근본이유가 바로 설득의 리더십이 실종된 증오, 분노 배제의 정치에 매몰되었기 때문이다. 최근 조기숙 전 청와대 수석은 자신의 책에서 "청와대에서는 대통령의 리더십 스타일이나 바람직한 대통령상에 대해 조언하는 것이 성역에 속하였다"고 썼다. 이 말이 맞다면 결국 청와대 누구도 "대통령은 이렇게 말해야 한다"거나, "대통령은 어떻게 처신하는 것이 바람직하다"는 이야기를 입 밖에 꺼낼 수 없었고, 실제로 대통령에게 그런 직언을 한 사람도 거의 없었다는 것이다. 참여정부에는 리더십은 없고 오직 대통령의 지시와 명령만이 있다는 것을 입증해 주는 것이다.

노 대통령에게 설득의 리더십이 부족하다는 것은 참여정부의 정책수행능력에도 부정적인 영향을 미쳤다. 정부의 정책수행능력은 크게 정책입안-정책결정-정책집행-정책환류라는 네 가지 차원에서 평가할 수 있다.

첫째, 정책입안단계에서는 여론수렴의 진정성이 핵심 사항이다. 정부가 미리 결정을 해 놓고 구색맞추기식으로 사회의 다양한 요구를 형식적으로 수렴하는지, 아니면 백지상태에서 진솔하게 의견을 수렴하느냐가 중요한 평가기준이다. 또한 얼마나 다양한 의견을 수렴하느냐가 관건이다.

둘째, 정책결정단계에서의 핵심은 정책내용이 아니라 과정에 관한 것이다. 수렴된 의견을 토대로 어느 정도 표준화된 절차와 원칙을 거쳐서 정책결정이 이루어지느냐가 중요한 평가기준이다. 여론을 충분히 수렴한 다음 담당 전문가들과의 집단토론을 통해 정책결정을 하는 것인지, 아니면 대통령과 소수 핵심 측근들이 모여 대통령의 판단과 결심에 의해서 최종 결정을 하는지가 관건이다.

셋째, 정책집행단계에는 결정된 정책을 얼마나 일관성 있게 집행하는가, 아니면 여론의 눈치를 보면서 요동치는가가 관건이다.

넷째, 정책환류단계에서는 집행된 정책에 대한 효과성을 냉정하게 평가해서 잘못되었으면 신속하게 수정을 하느냐, 아니면 여론에 아랑곳하지 않고 자신들의 정책이 옳다고 홍보하는 데에만 집중하느냐가 중요한 평가기준이다.

참여정부의 정책수행능력에서 나타난 특징은 중요한 국가과제가 대통령의 지시에 의해 결정됨으로써 정책효과성을 충분히 검토하지 못한 상태에서 정책이 결정되는 후진성을 보였다는 점이다. 노무현 대통령은 중요한 결정을 내릴 때 많은 사람들의 의견을 듣고 혼자서 결정을 내리는 성향을 보였다. 즉, 노 대통령은 다른 사람의 의견청취만 강조하고 결정에 이르는 합의적 토의나 논의, 그리고 어떤 정책의 문제점에 대한 다방면에 걸친 종합적이고 객관적인 분석과 검토과정이 생략되어, 모든 것은 대통령 개인의 직관에 근거한 결정과 추진만이 두드러져 보였다. 예를 들어, 부동산정책, 자주국방, 전시작전권 환수, 한·미 FTA 등 중요한 국가어젠더를 추진하는 과정에서 정책효과성에 대한 치밀한 분석보다는 대통령의 의지와 거대담론에 기반을 둔 정책당위성에만 매몰됨으로써 사회의 분열과 갈등을 양산시키는 경우가 수시로 발생하였다. 이러한 노 대통령의 국정활동 성향은 조기숙 전 청와대 홍보수석이 자신의 책에서 "노 대통령은 참모들에게도 내가 해 왔던 방식으로 일하게 내버려 두라"고 증언한 데서 잘 나타나 있다.

노 대통령은 역대 어느 대통령도 결코 시도해 보지 못하였던 다양한 정치실험을 하고 있다. 집권당 총재자리를 단호히 거부하고 평당원으로 남으면서 당·정분리의 원칙을 내세웠다. 또한 여권 내 유력대권후보를 내각에 전면 포진시키는 독특한 대선후보 관리시스템을 작동시켰다. 하지만 이러한 노 대통령의 정치실험은 기대와는 달리 집권당의 무기력을 가속화시켰다. 열린우리당 싱크탱크인 열린정책연구원의 지적대로 당·정분리로 당은 오히려 대통령과 정부에 대한 피동적 지원세력에 머물면서 자율적 이미지가 상실되어 지지율이 급락하는 원인이 되었다. 선거구제 개편, 대연정 등 중요한 정치의제가 대통령과 소수인사가 참여하는 외부회의에서 주도됨으로써 열린우리당은 '무늬만 여당'인 거수기 정당으로 전락하였다. 어설픈 당·정분리가 여권의 위기를 초래한 것이다. 오늘날 열린우리당 탈당사태의 근원도 결국 이와 같은 노 대통령의 잘못된 정치실험이 깊이 자리잡고 있다. 노 대통령의 인식체계 속에 내재된 이러한 혼동과 착각은 궁극적으로 참여정부가 추구하려 하였던 '국민과 함께 하는 민주주의', '더불어 사는 균형발전사회', '평화와 번영의 동북아시대'라는 3대 국정목표를 실현하는 데 결정적인 걸림돌로 작동하였다. 결과적으로 참여정부 4년 동안 '국민과 함께 하는 민주주의'는 끊임없이 국민을 꾸짖고 가르치면서 '계도민주주의'로, '더불어 사는 균형발전사회'는 중앙과 지방의 격차가 더 벌어지면서 '더불어 살 수 없는 불균형 양극화 사회'로, '평화와 번영의 동북아시대'는 북한 핵실험과 한미동맹체제의 심각한 균열로 '긴장과 고립의 동북아시대'로 현실화되면서 국정운영목표가 정반대 방향으로 실현되는 기현상이 발생되었다.

요약하면, 참여정부는 노 대통령의 인식체계에서 내재된 혼동과 착각으로 지난 4년 동안 국민들이 실질적으로 체감하고 자긍심을 느낄 수 있는 성과는 만들어 내지 못하였다. 오직 국정운영의 실패를 야당과 언론, 그리고 무지한 국민 탓으로만 돌리는 편의주의적이고 무책임한 언행이 '노무현 디스카운트'를 가속화시켰다.

최근 노 대통령은 신년연설에서 "민생문제를 만든 책임은 없고, 참여정부의 민생문제는 문민정부 시절에 생긴 것을 물려받은 것이다"라고 말하였다. 또한 "국민평가에 연연하지 않겠다," "성공한 대통령에 매달리지 않겠다"라고 하였다. 이는 참여정부가 핵심 국정철학으로 내세운 '국민주권시대'를 정면으로 부정하는 것이다. 더욱이 청와대는 최근 "선거중립과 정치중립은 다르며, 노 대통령이 정치중립까지 해야 할 의무는 없다"고 발표하였다. 임기 말에 '정치인 노무현'으로서의 적극적인 활동을 할 수 있다는 뜻을 분명히 한 것으로 해석된다. 이와 같은 노 대통령과 청와대의 언급 속에는 역대 대통령과 같은 임기 말 전철을 밟지 않겠다는 강력한 의지가 작동한 것으로 판단된다. 의지마저 막을 수는 없겠지만, 대통령이 과거 신드롬에 도취되어 국민이 진정 무엇을 원하는지를 제대로 파악하지 못하는 것은 자신뿐만 아니라 국민을 또 다시 불행하게 만들 수 있다.

노 대통령이 남은 1년 동안 정치 전면에 나서기보다는 분노와 증오, 배제의 응어리를 떨쳐 버리고 참여정부가 출범 직후 줄기차게 부르짖었던 국민이 대통령인 그 민심 속에서 왜 신드롬이 디스카운트로 변화되었는지를 냉정하게 살펴보는 것이 필요하다. 그래야만 성공한 대통령은 아니더라도 자신의 실패를 진솔하게 인정한 최초의 '용기 있는 바른 대통령'으로 기억될 수 있는 유일한 길이 열릴 것이다.

2008년에 출범하는 차기 정부는 참여정부의 국정운영 실패를 반면교사로 삼아 다음과 같은 점을 유념해야 한다.

첫째, 혼동과 착각에서 벗어나 자신의 통치환경에 대한 냉철한 분석과 이를 바탕으로 합리적인 국가관리체제를 구축해야 한다. 차기 정부는 무엇보다 경험적·합리적·실용주의적 국가관리체제를 구축해야 한다. 이를 통해 국정운영의 불예측성과 불안전성을 제거해야 한다. 무엇보다 차기 정부는 개혁의 명확한 정책적 청사진을 제시하고, 모호하고 추상적인 국가관리 비전과 목표가 난무하지 않도록 해야 하며, 코드정치와 대중영합정치의 늪에서 벗어나야 한다.

둘째, 권력만을 활용해서 리더십을 발휘하려는 유혹에서 벗어나야 한다. 새 대통령은 시대정신에 맞는 긍정적인 통치철학과 역사의식을 바탕으로 국민 모두를 설득시킬 수 있는 통합의 리더십을 보여야 한다. 아무리 확고한 비전이나 철학을 갖고 있더라도 그것이 시대정신에 부합하지 않으면 이상주의에 빠지게 된다. 성장과 효율성이 시대정신으로 부각되고 있는데, 분배와 평등을 부르짖으면 민심과 멀어지게 된다. 또한 아무리 확고한 비전이나 철학을 갖고 있더라도 그것이 긍정적인 사고에 바탕을 두지 않으면 극단주의와 폐쇄주의로 빠질 수 있다. 지난 2002년 대선에서 유난히 자주와 민족을 강조하였던 노무현 후보는 선거과정에서 "반미면 어떠냐," "남북관계만 잘 되면 다른 것은 깽판쳐도 괜찮다"고 발언한 적이 있다. 또한 대통령 취임사에서는 "대한민국은 정의가 패배하고 기회주의가 득세한 굴욕의 역사이다"라고 하였다. 많은 국민들은 변화와 개혁이라는 시대정신을 기치로 내걸었던 노무현 후보를 대통령으로 뽑았지만 결과는 국민의 기대에 크게 미치지 못하였다. 지나치게 강한 부정의 역사의식을 갖고 있었던 노 대통령의 변화와 개혁은 결과적으로 통합과 화합이 아니라 분열과 갈등만을 증폭시켰기 때문이다. 국가지도자의 긍정적 사고가 왜 중요한지를 깊이 깨닫게 해 주는 교훈이다.

셋째, 전문성을 갖춘 좋은 참모를 많이 준비해야 한다. 유권자는 선거에서 대통령을 뽑지만 실제적으로는 대통령 참모들도 함께 뽑는 것이다. 선거 이후 당선된 대통령은 예외 없이 자신과 철학을 공유하는 핵심 참모들을 국정운영에 적극적으로 참여시키기 때문이다(김형준, 2007, p. 140). 하지만 참여정부에서 보듯이 대통령의 핵심 주변이 능력보다는 코드와 연고에 의해 채워질 경우 국정이 실패할 확률이 그만큼 높아진다. 따라서 차기 대통령은 사회에서 인정받는 준비된 참모를 많이 포진시킬 수 있도록 사전에 철저히 준비해야 한다. 대통령이 포퓰리즘의 유혹에서 벗어나지 못하고 여론에 민감하게 반응하면서 조급하게 정책의 실질적인 효과보다는 가시적인 전시효과에만 집착할 경우 이를 온몸으로 막을 수 있는 참모들을 주변에 많이 포진시켜야 한다.

참고문헌

김형준, 「제왕적 대통령의 종언과 3권분립: 노무현 대통령을 중심으로」, 양승함 편, 『노무현 정부의 국가관리 중간평가와 전망』, 서울: 연세대학교 국가관리연구원, 2006.

______, 「김영삼대통령과 세계화」, 한국정치학회·관훈클럽 공동주최, 『한국 대통령 리더십 학술회의』 발표논문, 2007.

안병진, 「보수적 포퓰리즘의 부분적 성공과 자유주의의 새로운 민주주의 모델 정립의 실패」, 양승함 편, 『노무현 정부의 국가관리 중간평가와 전망』, 서울: 연세대학교 국가관리연구원, 2006.

______, 「노무현 대통령 리더십 특성: 토플러주의와 포퓰리즘의 모순적 공존」, 한국정치학회·관훈클럽 공동주최 『한국 대통령 리더십 학술회의』 발표논문, 2007.

양승함, 「노무현 정부의 국정철학과 국가관리원칙」, 양승함 편, 『노무현 정부의 국가관리 중간평가와 전망』, 서울: 연세대학교 국가관리연구원, 2006.

이재열, 「사회갈등과 국민통합: 사회해체에서 연대와 통합의 네트워크 거버넌스」, 양승함 편, 『노무현 정부의 국가관리 중간평가와 전망』, 서울: 연세대학교 국가관리연구원, 2006.

유 호 열

제 11 장

자주에 올인한 4년의 성적표: B⁻학점

1. 총 론
2. 각 론

1 총 론

① 지난 4년간 노무현 정부가 외교·국제분야에서 이룩한 성과를 목표와 대비해 평가할 때 보통 이하의 실적을 보여 주었다.

② 노무현 정부의 외교·국제분야에서 지향한 목표는 자주의 실현과 동북아지역에서의 중심역할을 수행하는 것이었으나 4년간 이 같은 목표를 달성하지 못하였을 뿐만 아니라, 그 과정에서 국가이익의 훼손과 정체성을 상실함으로써 향후 우리 외교에 심대한 부담과 과제를 안겨 주었다.

③ 노무현 정부는 세계화 시대에 주도적으로 참여할 수 있는 기회를 상실한 채 전통적인 한미관계는 이완되고, 한일관계 및 한중관계는 시대적 요구에 부응하지 못하였으며, 통일을 대비한 전략적 기반을 구축하지 못하였다.

④ 세계 10위권의 국력에 걸맞은 외교력을 발휘하지 못하였으며, 세계화 시대를 적극 활용하지 못함으로써 대한민국의 브랜드가치를 하락시켰다.

2 각 론

2.1. 한미동맹관계의 약화

① 노무현 정부 출범 이후 전통적인 한미관계는 동맹으로서의 성격이 약화됨으로써 안보공약에 대한 신뢰가 약화된 반면, 실리적

인 측면에서 추가부담 등 제반 문제점을 안겨 주었다.

② ‘자주적 협력안보’나 ‘동북아 균형자론’과 같은 추상적인 용어를 동원한 한미동맹관계의 변화 시도는 노무현 정부의 의도와 관계없이 미국 조야로부터 친중외교정책으로 인식됨으로써 현 정부하에서는 미국과의 전반적이고 긴밀한 관계는 복원될 수 없을 정도로 악화되었다.

- 북한문제를 비롯한 안보문제에 있어 핵심 정보를 공유하는 데 제약요인이 되었다.

③ 한미동맹의 핵심 요소인 전시작전권의 단독행사 시기를 2009년부터 2012년 사이에 마무리하게 됨에 따라 엄청난 국방예산의 지출을 감당해야 할 것이다.

- 북핵실험 이후 북한의 핵전력에 대한 충분한 대비책이 부재한 실정이다.

④ 주한미군의 추가 감군 및 재배치과정에서 한미 간 충분한 협력이 이루어지지 못함으로써 주일미군의 역할증대 및 미일동맹을 중심으로 미국의 대아시아 정책이 추진될 수 있는 빌미를 제공하였다.

⑤ 용산 미군기지 이전에 따른 비용 등 방위비 분담에서의 부담이 지속적으로 증대되었고, 평택 미군기지 건설 지체에 따른 비용도 증대되는 등 국민의 경제적 부담이 가중되었다.

⑥ 한미관계에서 최대 강점인 이라크 자이툰부대 파병에도 불구하고 경제적·외교적 실리를 획득하지 못하였으며, FTA 등 한미 현안에서 별도의 이득을 얻어 내지 못하였다.

- 자이툰부대 파병을 미국의 대북정책의 지렛대로 한정함으로써 여타 경제적·정치외교적 실리획득의 기회로 활용하지

못하였다.

2.2. 일본과의 공조체제 약화

① 일본과의 전통적인 우호관계 및 북핵문제 해결 등에 있어 한일, 한미일 공조체제가 유명무실해졌다.

- 북한의 미사일 발사 및 핵실험에 있어 일본과의 효과적인 공조체제가 가동되지 못하였다.
- 북한에 대한 인식과 향후 대응에 있어 1990년대 KEDO식 협조체제가 구축되기 어려울 것이어서 우리측 경제적 부담이 증가될 것이다.
- 북일수교협상 과정에서 우리측 입장과 역할은 배제될 것으로 우려된다.

② 한일관계는 일본 고이즈미 총리의 신사참배 강행과 일본 우익세력의 교과서문제 및 지방정부의 독도영유권 주장 등 일본측의 문제가 적지 않음에도 불구하고 이에 대해 적절한 대응을 하지 못함으로써 한일관계를 복원하는 데 주도적 역할을 하지 못하였다.

③ 오히려 노무현 정부는 한일관계의 악화를 정치적으로 활용함으로써 일본의 군사대국화에 대한 적절한 제어역할을 하지 못하였다.

- 한미동맹과 미일동맹관계를 유기적으로 연계시키지 못한 채 일본측 구상대로 군사력이 증감되는 상황을 방관할 수밖에 없었다.

④ 일본의 과거사문제에 있어서도 중국과의 효과적인 협조관계를 도출하지 못한 채 중일관계의 개선에도 불구하고 한일관계는

회복되지 못한 책임을 면할 수 없다.

2.3. 한중관계의 한계극복 실패

① 노무현 정부는 미국과의 전통적인 동맹관계, 일본과의 신공조체제를 약화시키면서 중국과의 관계강화를 모색하였으나 한중관계의 한계를 극복하지 못함으로써 소기의 성과를 거두지 못하였다.

② 북핵문제 해결을 위한 6자회담에서 중국과의 긴밀한 협조를 통해 북핵문제 해결에 있어 주도적 역할을 수행하고자 하였으나 미중관계의 현실 앞에 무력해질 수밖에 없었다.

- 미국은 중국을 북핵문제 해결의 중재자로 활용하였고, 중국 역시 미국의 기대에 부응하는 것이 국익에 합당하였으므로 노무현 정부의 정책은 실효를 거두지 못하였다.
- 북핵문제뿐만 아니라 향후 동북아 정세 전반에 대한 미중간 합의는 한국의 입장을 어렵게 하는 요소이다.
- 이완된 한미관계하의 한국은 중국으로서는 상대적으로 이용가치가 감소될 수밖에 없다.

③ 중국의 동북공정은 중국 내부의 정치적 통합뿐만 아니라 북한의 급변사태 등 동북아 질서 개편을 염두에 둔 중장기적 전략의 일환임에도 노무현 정부의 단견과 판단착오로 인해 효과적으로 대응하지 못하였다.

- 중국은 동북공정을 통해 동북아지역에 대한 역사적 정통성을 구축하고 향후 통일한국에서의 역할을 증대시킬 것이다.
- 중국의 급성장과 패권지향적 정책이 가시화될 경우 한반도는 중국의 변방으로 전락할 위험에 빠질 것이다.

④ '동북아 중심국가', '동북아 경제중심', '동북아 균형자론'의 과대한 기대와 실속 없는 주장으로 중국 등 주변국가들의 경계심을 자극함으로써 향후 통일한국 구축에 있어 주변국의 전폭적인 지지와 협력을 도출하는 데 많은 비용과 부담이 초래될 수 있을 것이다.

- 김정일 정권의 유지를 선호하거나 통일한국의 등장을 반기지 않을 가능성이 증대하였다.
- 미중 간, 미중일러 간 한반도를 둘러싼 밀약가능성 등

2.4. 세계화 시대 '대한민국'의 브랜드가치 하락

① 노무현 정부는 세계화 시대의 특성을 충분히 이해하지 못하고 북한문제와 자주성 확보에 올인함으로써 대한민국의 브랜드 가치를 제고하지 못하였다.

- 국제·외교문제를 북한, 남북관계의 하위변수로 상정함으로써 스스로 문제해결의 재량권을 축소시켰다.
- 국제사회의 문제이자 불량국가인 북한과의 민족공조에 함몰되어 국제사회에서 북한과 동일시됨으로써 국제적 이미지가 실추되었다.
- 탈북자, 국군포로, 납북자문제에서의 소극적 입장은 중국 및 국제사회를 설득하고 도움을 유도하는 데 효과적이지 못하였다.
- 대한민국의 정체성과 대한민국 국민으로서의 자부심을 살리지 못하였다.

② 북핵문제 해결의 원칙을 살리지 못함으로써 6자회담에서 역할이 축소되고 영향력을 발휘하지 못하였다.

- 북한문제 해결에 있어 햇볕정책에 대한 과도한 집착으로 2005년 중대발언 등 막대한 경제적 부담을 떠안게 될 위험이 있다.
- 북한에 대한 국제사회의 제재에 소극적으로 참여함으로써 오히려 북한문제 해결에 있어 고립되는 과오를 범하였다.

③ 유엔 등 국제사회에서 북한 인권문제를 제기함에 있어 소극적으로 대응함으로써 민주화와 경제발전으로 세계 10위권의 우수국가임에도 국제신인도나 평판에 있어 과소평가되는 손실을 감수할 수밖에 없었다.

- 국제사회에서 정치적 자유민주주의, 경제발전 및 인권 등 제반 측면에서 지도적 위치에 있음에도 OECD 참여국에 걸맞지 않게 평가되고 있는 것이 현실이다.

④ 독일 통일에서의 교훈처럼 국제사회의 적극적 지지와 협력을 도출하지 않고 통일을 달성할 수 없음에도 불구하고 이러한 통일에의 의지와 준비부족이 필요 이상으로 공표됨으로써 향후 통일 추진 동력을 회복하는 데 어려움에 예상된다.

- 통일에 따른 주변국의 우려를 불식하기 위한 다자 간 기구 형성에서의 지도력 상실
- 통일비용 조달에서 주변국의 지원획득에 어려움 예상

⑤ 노무현 정부의 소극적·폐쇄적 세계관과 외교정책은 WTO 체제하의 주요 국가와의 FTA 체결 등 숱한 난제들을 해결하는 데 장애요인이 되었다.

- 닫힌 민족주의, 전근대적 민족공조는 대한민국의 선진화를 제한하는 족쇄로 작용하고 있다.

⑥ 국제·외교문제를 다룰 전문적 기구와 인재를 적재적소에 활용하지 못한 채 이른바 '코드인사'로 일관함으로써 외교역량을 극도로 위축시켰다.

- 개혁의 주체를 전문외교관으로 한정함으로써 구조적 개혁은 달성하지 못하였다.
- 외교·국제정책을 총괄할 장관 및 청와대 NSC를 효율적으로 운영하지 못하였다.

⑦ 다만, 반기문 외교통상부 장관이 유엔 사무총장에 선출됨으로써 대한민국의 국제적 위상을 회복하는 전기를 마련한 것은 성과이자 향후 기대사항이다.

- 반 총장 개인의 역량에만 머물 것이 아니라 효율적인 대유엔, 대국제사회 외교역량을 갖추어 세계화 시대에 걸맞은 선진 외교강국으로 거듭나야 할 것이다.

이 종 열

제 12 장

참여정부 4주년 평가: 행정분야를 중심으로

1. 서 론

2. 조직 및 인력증원에 대하여

3. 정부혁신 노력에 대하여

4. 정부정책에 대하여

1 서 론

참여정부의 행정분야에 대한 평가는 다양한 분야가 포함될 수 있다. 가장 많이 회자되는 키워드(key word)는 정부혁신이다. 본 발제문에서도 정부혁신을 중심으로 행정분야에 대한 평가를 시도해 본다. 글 구성은 정부혁신에서 중요하게 고려되는 분야를 중심으로 비판과 반론 그리고 평가를 제시한다.

2 조직 및 인력증원에 대하여

2.1. 비 판

참여정부의 행정에서 줄곧 논의대상이 되어 온 것은 조직과 인력의 규모이다. 노무현 대통령은 정권출범 당시 감축일변도의 혁신은 지양하겠다고 천명하였다. 이에 시간이 지남에 따라 조직과 인력의 비대화에 대한 비판이 쏟아져 나왔다. 부총리, 차관 등 고위공무원의 증가와 일반공무원의 증가에 대한 비판이 그것이다. 또한 소방방재청, 방위사업청 등 새롭게 신설된 조직과 기존 조직의 확장에 대한 지적도 있다.

2.2. 반 론

이러한 비판에 대한 반론 또한 존재한다. 현 대통령비서실 사회정책수석실 김일재 행정관이 한국행정학회 학술대회에서 발표한 「참여정부의 조직·인력관리 현황과 방향」(2006)이라는 논문이 대표적이다. 그의 주장에 의하면,

첫째, 참여정부는 그 동안 과거 정부에서 추진해 온 감량 위주의 '작은 정부' 지향에서 벗어나, '일 잘하는 정부, 신뢰받는 정부' 구현을 통해 정책품질을 향상시키고 대국민 서비스의 질을 높이는 것을 목표로 하고 있다.

둘째, 조직관리의 방향은 단순히 공무원수를 줄이는 "감량 위주의 작은 정부"가 아닌 "일 잘하는 정부를 통해 정책품질을 향상시키고 국민에 대한 서비스를 극대화"하는 데 있다. 다만, 반드시 필요한 분야는 적정 기구와 인력을 보강하되, 자체 기능조정과 인력재배치, 업무프로세스 개선 등을 통해 기구·인력증가를 최소화하고 있다.

셋째, 참여정부 출범 이후 인력증감 현황을 보면, 2005년 7월 말 행정부 국가공무원은 총 56만 8,889명으로 참여정부 출범당시 57만 6,223명과 비교할 때 총 7,334명이 감소하였다. 철도청 공사화로 인한 감소인원 2만 9,756명을 감안하면, 참여정부 출범 이후 실질적인 공무원 증원은 2만 2,422명이라고 할 수 있다. 증원된 2만 2,422명의 내역을 보면, 교육여건 개선을 위한 교원 1만 1,232명, 치안서비스 개선을 위한 경찰 4,220명 등 대부분 대국민 서비스 제공 인력이 차지하고 있다.

넷째, 위와 같은 인력운영과 조직관리의 효과는 다음과 같은 주요 사례를 통해 살펴볼 수 있다. 가장 큰 증가비율을 차지하고 있는 교원의 경우, '국민의 정부' 말부터 증원을 추진, 학급당 학생수 감축 등 교육여건 개선에 효과가 있었던 것으로 분석되며 평균 학급당 학생수는 2001년 37.5명에서 2004년 33.6명으로 감축된 것으로 나타나고 있다.

표 1 교원증원에 따른 학급당 학생수 변화

구 분	교원증원	학급당 학생수			
		평 균	초 등	중 등	고 등
2002년	12,000	35.2	34.9	36.7	33.9
2003년	13,623	33.9	33.9	34.8	33.1
2004년	5,515	33.6	32.9	35.1	32.7

표 2 해경인력 증원의 효과

구 분	증원 전	증원 후		
	2002년	2003년	2004년	2005. 9 현재
불법조업 외국어선 단속·검거	176척	240척(37%↑)	662척(276%↑)	651척
해난사고 구조	191척	228척(19.4%↑)	360척(88.5%↑)	375척

표 3 특허인력 증원의 효과

구 분	2002년	2003년	2004년	2005년 예측
특허·실용신안	22.6월	22.1월	21.8월	17.8월
상 표	11.9월	10.7월	9.6월	8.3월
디 자 인	8.4월	7.3월	7.0월	6.7월

또한 경찰인력 증원을 통해 파출소 등 2교대 근무의 3교대 전환에 따른 열악한 근무여건 개선 및 대국민 치안서비스 질 제고 등의 효과를 거둔 것으로 나타나고 있으며, 특히 해경의 경우 불법조업 외국어선 단속·검거 및 해양사고 구조율 제고 등으로 확대된 해상치안 및 국민안전 서비스 제공에 기여한 것으로 분석된다.

아울러 특허심사인력 증원에 따라 특허심사와 관련된 민원인 대기시간을 획기적으로 감축한 것으로 분석된다.

2.3. 평 가

비판과 반론 모두 일리가 있다. 그 이유는 정부혁신은 기본출발점이 감축관리이다. 어떠하든 줄이면서 생산성을 높이자는 것이다. 생산성을 높이기 위하여 늘리겠다는 것은 혁신의 본질에서 벗어나며 때로는 위험한 발상이기도 하다. 그러나 이러한 원칙이 철칙은 아닐 것이다. 예외는 있다 하겠다. 그러나 논쟁의 불씨는 늘리지 않고는 그러한 성과를 거둘 수 없었는가 하는 점이다. 그렇게 하는 것이 진정한 의미의 혁신이라는 것이다.

3 정부혁신 노력에 대하여

3.1. 비 판

정부혁신은 참여정부의 대명사가 되었다. 그만큼 참여정부는 혁신을 강조하였다. 모든 사업에 혁신이라는 이름이 붙어야만 제구실을 하는 것이다. 혁신만능주의이며 위원회공화국, 매뉴얼공화국이라고 불린다. 공무원은 혁신에 지쳐 혁신피로감에 젖어 있으며 일따로 혁신따로라는 유행어가 생겨났다. 혁신을 위한 혁신, 겉만 포장하는 혁신이라는 비판을 한다.

3.2. 반 론

행정자치부는 「2006년 중앙행정기관 혁신 상반기 성과와 하반기 중점 추진과제 보고서」에서 정부혁신 수준진단(2006. 6~7, 중앙부처 50개 기관), 현장실태조사(2006. 4~5, 2500명 설문조사, 120명 FGI), 성공사례 분석(2006. 7, 224개) 등을 통해 다각도로 참여정부 혁신성과를 평가하였다.

첫째, 공직 내부의 온라인 정부업무관리시스템의 범정부적 확산, 성과 중심의 혁신제도 도입(고위공무원단제 출범(2006. 7)을 통해 책임·경쟁의 공직문화 기반조성, 직무성과계약제, 성과관리카드 확산 등 성과와 보상연계 확충, 팀제·총액인건비제 등 조직운영의 자율성 확대), 국정 평가인프라의 정비 등의 혁신시스템 및 제도 등 인프라 구축이 마무리되어 가고 있다.

둘째, 혁신성과를 국민과 세계 속으로 확산하기 위해 50개 전 부처에서 행정시스템 등 71개 브랜드 과제를 선정·추진하여 우수 혁신시스템의 브랜드화를 실천하고 있다. 또한 업무와 연계한 문제해결형 학습을 추진하고 실천 위주의 학습동아리를 운영하여 혁신 내재화 단계에 맞는 변화관리 학습을 지원하고 있다. 이 밖에도 부처에서 자율적으로 사용할 수 있는 간이모형(GII_Core)을 개발하는 등의 성과창출 중심의 혁신과제 추진 및 학습도 활발히 이루어지고 있다.

셋째, 2006년 7월 정부혁신지수 진단결과, 중앙행정기관의 혁신수준은 지속적으로 상승중이나 일부 정체 또는 되돌이현상도 발생하였다.

넷째, 현재 혁신 5단계에서 고도화로 질적 도약을 위해 반드시 거쳐야 하는 '내재화의 벽'에 봉착하여 일부 기관은 혁신문화가 정착되지 못하고 오히려 혁신정체, 퇴보, 동력상실 등을 경험하고 있

표 4 질적 도약의 애로요인

개인 차원	· 혁신성공에 대한 회의적 시각/성과에 대한 조급증 · 자아실현 등 상위욕구와 연계된 참여정치 부족/'재미없는 혁신'
조직 차원	· 리더의 교체에 따른 리더십 부족 · 창의적 아이디어, 도전정신, 튀는 사람을 꺾는 조직문화
제도·시스템 차원	· 제도 도입·시스템 구축에만 치중, 공감대 형성 등 변화관리 노력 미흡 · 혁신노력과 성과에 대한 평가·보상체계 미흡

다. 또한 혁신기법을 실제 업무에 적용하여 본 경우는 25.4%에 불과하며 매뉴얼의 업무활용도와 만족도(45.5%)가 전반적으로 낮은 수준이고, 매뉴얼, 우수사례를 공유하고 학습할 수 있는 교육프로그램이 부족한 실정이다.

질적 도약의 애로요인을 개인 차원, 조직 차원, 제도·시스템 차원에서 요약 정리하였다.

다섯째, 일반직원의 업무관리시스템 필요성에 대한 인식·공감대 형성이 미흡하여 기존 전자문서시스템과 차별성 인식 미흡, 성과평가 왜곡 우려 등의 문제점을 낳고 있어 온라인 업무관리시스템 정착을 위한 변화관리가 부족하다고 평가하였다.

3.3. 평 가

정부혁신은 많은 부분에서 상당한 성과를 거두고 있다. 시스템 효율화로 인한 성과향상이 뚜렷하다. 혁신의 필요성과 방법의 교육이 제공되었다. 무엇인가 새롭게 해 보겠다는 노력과 시도가 분명 있었다. 그러나 부작용 또한 많이 나타나고 있다. 그 이유를 보면 무엇보다 혁신이 동시다발적으로 진행되었고, 단기간의 성과를 요구함으로 인한 조급함이 심각하였다. 이에 따라 각 부처는 눈에 보이는 성과에 치중하다 보니 새로운 시스템 구축에 계속 관심을 보이고 비가시적인 문화변화와 행태변화의 확산에는 소홀히 하는 결과가 초래되었다. 또한 상당수 부처가 내재적인 혁신이 아니라 혁신부서 혁신에서 몸부림치는 사태가 빚어지기도 하였다. 이는 결국 혁신도 시간이 필요하다는 것과 인내와 끈기가 요구된다는 교훈이다.

4 정부정책에 대하여

4.1. 비 판

이창원 교수는 행정개혁시민연합이 주최하는 "노무현 정부 4년 평가" 토론회에서 발제를 담당하였다. 노무현 정부 4년에 대한 다양한 분야의 평가가 이루어졌다. 평가방법은 설문지 분석이 사용되었다. 여기에서는 행정분야와 관련되는 '정책분야별 평가'부분만 요약한다.

노무현 정부정책에 대한 전체적인 평가결과는 53.4점(2005년)→51.6점(2006년)→44.8점(2007년)과 같이 하강곡선을 그리고 있는데, 특히 2007년도의 하락폭이 컸다. 재정 및 경제분야에 대한 평가 역시 51.8점(2005년)→48.4점(2006년)→40.3점(2007년)과 같이 하강곡선을 그리고 있는데, 특히 2007년도의 하락폭이 컸다. 사회복지분야에 대한 평가 역시 52.4점(2005년)→50.7점(2006년)→45.4점(2007년)과 같이 하락하고 있는데, 특히 2007년도의 하락폭이 컸다.

정부혁신분야에 대한 평가는 59.5점(2005년)→61.0점(2006년)→

54.9점(2007년)으로 2006년도에 전년 대비 1.5점 상승하였지만, 2007년도에 다시 6.1점 하락하여 2005년도 평가보다도 나쁘게 나왔다.

교육분야에 대한 평가는 41.2점(2005년)→52.6점(2006년)→42.3점(2007년)으로 2006년도에 '사학법 개정' 등으로 인해 전년 대비 11.4점 상승하였지만, 2007년도에 다시 10.3점 하락하여 2005년도 평가수준으로 회귀하였다.

기타 정책분야에 대한 평가는 57.4점(2005년)→54.5점(2006년)→47.8점(2007년)과 같이 하강곡선을 그리고 있는데, 특히 2007년도의 하락폭이 컸다.

노무현 정부의 정책분야 평가 중 가장 높은 점수를 받은 분야는 '지방분권'으로 58.5점이지만, 2005년의 64.0점, 2006년의 61.2점에 비해서는 평가결과가 하락하고 있는 것을 알 수 있다.

과거에 비해 평가결과가 하락하고 있는 점은 모든 분야에 걸쳐 동일하게 나타나고 있는 현상이며, 그 중에서도 '주택가격 안정'의 경우 2005년의 64.8점, 2006년의 46.4점, 그리고 2007년의 27.4점으로 가장 급속하게 하락하고 있다.

노무현 정부의 정책분야 중 두 번째로 높은 점수를 받은 항목은 '부정부패 척결'(57.1점)이고, 이어서 '사회적 차별해소'(57.0점), '국가균형발전'(52.9점), '정부혁신'(52.7점) 등이 뒤따르고 있으나 이러한 항목 또한 과거에 비해 계속해서 평가결과가 하락하고 있어 노무현 정부에 대한 실망감을 그대로 반영하고 있다고 볼 수 있다. 그리고 '한반도 평화체제 구축'이 50.2점으로 총 25개 항목 중 6개 항목만이 50점을 상회하고 있을 뿐이다.

2005년의 경우에는 '사회적 차별해소' 66.0점을 비롯하여 '주택가격 안정' 64.8점, '부정부패 척결' 62.4점, '문화산업 육성' 62.2점, '지방분권' 64.0점, '한반도 평화체제 구축' 61.6점, '국가균형발전' 60.2점 등 60점을 상회하는 정책분야를 비롯하여 13개 항목이

50점을 상회하였으나, 2006년에는 '사회적 차별해소' 62.6점, '부정부패 척결' 61.2점, '지방분권' 61.2점 등 60점을 상회하는 항목이 3개뿐이며, 50점을 상회하는 항목 또한 13개 항목으로 숫자는 같지만 그 평가점수는 떨어졌다.

이를 종합하면, 노무현 정부에 대한 기대 및 신뢰감이 해를 거듭함에 따라 하락하는 것을 반영한다 하겠다. 특히, 그 중에서도 가장 주요한 정책으로 지적되는 것이 '주택가격 안정'으로 64.8점(2005년)→46.4점(2006년)→27.4점(2007년)의 거의 수직하강곡선을 그리고 있다.

4.2. 반 론

정책에 대한 설문조사 평가는 근본적으로 한계가 있다. 가장 심각한 것은 정책의 내용을 잘 모르고 이미지평가를 한다는 것이다. 예를 들면, 노무현 대통령과 여당에 대한 이미지를 정책과 결부시켜 평가한다는 것과 언론 등에 의하여 생각이 조종될 수 있다는 것이다. 물론 이에 대한 또 다른 반론이 있을 수 있다. 인하대 이기우 교수는 참여정부정책에서 성공한 정책으로 예를 든다면, 재산세와 같은 보유세 강화라는 것이다. 이는 그 동안 학자들이 줄곧 주장해 온 것을 참여정부에서 실현하였다는 것이다. 운영진 교수는 디지털 예산회계제도, 복식부기제도 도입 등을 지적하고 있다.

4.3. 평 가

참여정부의 정책에는 분명 공과가 있다. 과로서는 때로는 시간상의 문제일 수 있고 또 다른 외부요인일 수 있다. 그러나 많은 정책은 또한 성공을 거두고 있기도 하다. 이것은 또한 어떤 시각에서 보는냐에 따라서 달라질 수 있는 문제이기도 하다. 예를 들면, 국방정책, 조세정책, 복지정책, 노동정책, 사법정책, 주택정책, 교육정책, 환경정책, 재난정책 등에서 논쟁은 지속적이다. 이념에 따라 처한 위치에 따라 상반된 평가가 나올 수 있다.

3 사회분야

김 진 영

제 13 장

참여정부 교육정책에 대한 평가와 전망

1. 서 론
2. 참여정부의 정책에 대한 회고
3. 미래를 위한 정책기조 제언
4. 맺는 말

1 서 론

지금까지 우리 나라의 모든 정권이 교육의 중요성을 인식하고 있었고 교육개혁을 시도하였다. 특히, 1992년 대통령선거 이후로는 대통령 선거기간부터 교육과 관련한 중요한 공약들이 제시되었으며 나름대로의 교육개혁이 시도되었다. 그러나 어떠한 정권도 성공적인 교육개혁을 이루었다는 평가는 받지 못하고 있다. 무엇보다도 국민들, 특히 교육의 주요 참여자인 교사, 학부모, 학생 모두 현재 시스템에 만족하지 못하고 있다.

거의 모든 국민들이 각자 처한 상황에 따라 나름대로의 바람직한 교육시스템에 대한 견해를 가지고 있으며, 그 견해들이 서로 다른 상황에서 모두를 만족시킬 수 있는 교육시스템의 설계는 매우 어려운 작업일 수밖에 없다. 거기다가 이번 정권에서는 전반적인 사회의 갈등이 고스란히 교육계에도 반영되어 정부와 교사단체 그리고 교사단체 간, 학부모와 교사단체 간의 갈등을 여러 차례 드러내기도 하였다. 실제로 참여정부가 교육과 관련해서 추진한 정책 중에 유관단체들의 합의가 이루어진 부분이 거의 없다고 해도 과언이 아닐 것이다.

이러한 상황에서 참여정부의 교육정책에 대한 비판은 사실 상당히 어려운 작업일 수밖에 없다. 무엇보다도 비판하는 사람의 정치적 입장에 따라 상당히 다른 의견이 제시될 것이고, 그를 종합한 '객관적 비판'이란 있을 수 없기 때문이다. 객관적 비판이 실질적으로 불가능한 상태에서 보다 '정직한' 비판은 비판하는 사람의 입장을 분명히 밝힐 때 가능할 것이다.

본고에서도 객관적이고 모든 사람들이 동의할 수 있는 비판이라는 허상을 제시하기보다는 비판자의 입장 또는 시각부터 밝히고자 한다. 기본적으로 본고에서는 교육의 '수요자' 입장을 취할 것이다. 교육은 교육을 받는 사람에게 도움을 줄 수 있어야 한다. 교육은 그 지향점이 지적인 발전이건 좀더 포괄적인 인격적인 발전이건 간에 교육을 받는 학생들의 발전을 뒷받침할 수 있어야 한다. 개인의 발전이 무엇인가 하는 데에는 이견이 있을 수 있겠으나 교육의 목적이 교육을 받는 사람의 발전을 위한 것이라는 데에는 이견을 달기 어려울 것이다.[1] 그렇다면 기본적으로 교육을 받는 사람의 입장이라는 시각을 유지하는 것은 정당화될 수 있을 것이다.

다음으로 본고에서 취하고자 하는 입장은 비판은 미래지향적인 대안제시라는 관점에서 이루어져야 한다는 것이다. 현 정부의 실정을 나열하면서 비판의 소리를 높이는 것만으로는 현재 산적한 우리 나라의 교육문제를 풀 수 없음은 물론이다. 대안을 제시하는 생산적 비판으로 차분한 논쟁을 이끌 수 있어야 할 것이다. 이러한 견지에서 본고에서는 장기적으로나 단기적으로 대안을 제시하지 않는 비판은 지양하고자 한다.

생산적 비판을 위해서는 현 정부의 교육정책에 대한 평가를 두 가지 방향에서 접근해야 할 것이다. 우선은 정책목표의 설정과 정책수단이 합리적인가 하는 것이요, 다른 하나는 교육에 참여하는 많은 사람들의 이해관계를 적절히 조정하면서 목표한 바대로 정책을 이끌어 갔느냐 하는 점이다.

목표설정과 정책수단의 합리성에 대해서도 다양한 견해가 있을 수 있겠지만, 전반적으로 평가하면 현 상황에 대한 인식이나 정책목표의 설정은 크게 잘못되지 않았던 것으로 보인다. 그러나 정책추진에서 적지 않은 혼선이 있었다는 데에는 거의 모든 평자가

[1] 물론 이런 시각은 개인의 발전이 사회 전체에 긍정적인 역할을 한다는 시각에 기초를 두고 있다.

동의할 것으로 생각된다. 본고에서는 지난 4년간 정책추진의 혼선 사례 몇 가지를 대안을 모색한다는 입장에서 짚어 볼 것이다.

또한 반드시 정부의 실정 때문으로 보기는 어렵지만 고등교육의 낮은 경쟁력이 앞으로 우리 교육계가 해결해야 할 가장 중요한 문제라는 인식하에 우리 교육의 경쟁력을 진단하고 경쟁력의 의미에 대해서도 생각해 볼 것이다.

사실상 교육정책 전반에 대해서 자세히 살펴보는 것은 필자의 능력 밖에 있으므로 본고는 참여정부의 정책기조와 정책수행능력을 보여 주는 몇 가지 예를 보여 주는 부분과 미래의 교육정책을 위해 고려할 사안들을 제시하는 부분으로 구성된다.

2 참여정부의 정책에 대한 회고

2.1. 현실인식과 정책기조: 대선에서 최근까지

참여정부의 정책기조를 살피기 위해 지난 2002년 대통령선거 당시 교육관련 공약과 그 이후 인수위원회에서 제기된 정책과제 등부터 짚고 넘어갈 필요가 있다. 다음은 "자율과 다양성을 통한 희망의 교육"이라는 구호 아래 제시된 교육관련 선거공약 내용이다. 참여정부가 5년 동안 추구하려 하였던 교육정책기조라고 할 수 있다.

① 우리 나라 교육체제를 내실화·자율화·다양화하며, "생동감 있고 즐거우며 머물고 싶은" 학교로 혁신해 나가겠습니다.

② 전인교육을 바탕으로 공교육의 실효성을 높이는 방향으로 경쟁력과 책무성을 함께 연계하는 등 교육개혁의 패러다임을 전환

해 나가겠습니다.

③ 분권화와 민주화의 맥락에서 단위학교의 자치와 자율운영 제도의 확립을 통해 학교의 수평적 리더십(leadership)과 탈권위주의 구조를 만들어 나감으로써 교육주체의 자치와 참여를 통한 자율적인 교육발전을 지향해 나가겠습니다.

④ 교사의 사회경제적 지위를 획기적으로 개선하여 교사로서 긍지와 자부심을 가지고 사회적으로 존경받는 전문직으로 위상을 새롭게 하겠습니다.

⑤ 교육복지의 지속적 확대를 통해 "교육적 삶의 질"을 높이고 교육불평등을 해소해 나가겠습니다.

⑥ 대학의 다양화·특성화를 통해 대학교육의 경쟁력을 높이고 지방대 중점육성을 통해 대학서열화와 학벌사회를 타파하여 실력 중심 사회로 전환해 나가겠습니다.

선거공약이라는 것이 지닌 속성이 그렇겠지만, 우리 나라 교육의 이상적인 모습을 추상적인 수준에서 제시한 것으로 보인다. 자율화, 다양화, 경쟁력, 책무성, 분권화 등은 적어도 1990년대 초반 문민정부 이래로 오랜 기간 동안 우리 나라 교육에서 추구해 왔던 과제들이다.

그렇지만 구체적인 정책들로 들어가면 갈등의 요인이 들어가 있음을 볼 수 있다. 아래는 당시 제시되었던 정책들이다. 특히, 교원정책과 사립학교법은 커다란 갈등을 일으키게 되는 것은 잘 알려진 바와 같다.

① 교원정책에 있어서 점수제에 의한 승진제도를 합리적으로 개편, 외부초빙제·보직제를 포함하여 학교장 임용제도의 다양화, 표준수업시수의 법제화, 초등학교에 교과전담교사 확충과 보조교사제를 도입, 교원자율연수휴직제의 수혜자 대폭 확대, 교원의 양성

대 임용비율을 적정하게 조정

② 학교자치 확대를 위해 학교운영위원회 위원·교사회·학부모회 전원으로 교육감과 교육위원 선거인단 확대, 교사회·학생회·학부모회 법제화

③「사립학교법」개정과「사학진흥법」제정

④ 평준화 정책에 대해서는 고교평준화 정책의 기조는 유지하되 공립학교 설립확대 및 지역 간·학교 간 교육여건의 평준화를 지속적으로 추진, 자율학교·특성화고·특수목적고 등 학교형태의 다양화를 적극 추진하고 설립목적에 맞게 운영, 특수목적고교가 본래의 취지를 살려 나갈 수 있도록 유도

⑤ 교육과정을 전면 개편하되 교육과정 개편을 '일괄개편-전면수정체제'에서 '상시개편-수시개정체제'로 전환

⑥ 교육복지를 실질적으로 확대하여, 교육불평등을 적극 해소하고 교육을 통한 국민의 "삶의 질"을 제고, 농·어촌과 사회적 취약계층의 교육격차를 실질적으로 줄이기 위해서 교육투자 우선지역(education zone) 설정, 우선적으로 집중투자할 수 있도록 법제화

⑦ 농어촌교육진흥특별법을 제정하여 농어촌·도서벽지 학교를 지원육성함으로써 도농 간 교육격차를 축소, 초등학교 학습준비물, 현장체험학습, 학교급식의 무상제공으로 실질적인 완전 무상의무교육을 실현

⑧ 저소득층 중·고등학생에게 특기·적성교육비 등 교육비 지원을 확대

⑨「유아교육법」제정, 만 5세 아동에 대한 무상교육을 전면 실시, 유아교육부터 고등학교까지의 특수교육을 점진적으로 무상화

⑩ 교육재정 GDP 6% 확충

⑪ 교원과 학부모를 비롯한 교육주체와 교육전문가, 교육행정가, 시민사회단체 관련자 등 '교육당사자'가 대표성을 가지고 주체

적으로 참여하는 대통령 직속의 교육혁신 기구를 설치

이어서 대통력직 인수위원회에서는 "참여와 자치를 통한 교육 공동체의 구축"과 "공교육의 내실화와 교육복지의 확대"를 교육정책의 기본방향으로 수립하였다. 인수위원회가 작성한 보고서에서는 공약에서 밝힌 기조나 정책내용과 어느 정도 상응하는 정책과제들이 제시되고 있다.

① 교육주체들의 참여를 확대해 나가기 위하여 교사회·학부모회·학생회 법제화, 점수제에 의한 교원승진제도의 문제를 해결하기 위한 보직제 등 교장제도의 다양화

② 공교육 강화를 위하여 입시 위주의 교육문제를 해결하기 위하여 대학서열구조의 완화와 수학능력고사의 자격고사화, 교육재정의 확대, 비정규직 교원문제의 해결

③ 교육복지의 확대를 위하여 유아교육 공교육화와 특수교육 강화, 도시 저소득층 지역을 위한 교육투자 우선지역 실시, 농어촌 교육을 위한 특단의 대책수립 등을 설정

④ 평준화 정책과 관련하여 특수목적고 등이 본래의 목적대로 운영되는가를 평가하여 정책을 수립하겠다는 과제설정

대선 공약과 인수위원회 보고서에서 설정한 교육정책의 방향은 정부출범 이후 2003년 4월 9일 새 정부가 들어와 처음으로 이루어진 교육부 업무보고에서 ① 교육본질을 추구하는 초·중등교육, ② 경쟁력 있는 고등교육, ③ 성장과 사회통합을 위한 인적 자원정책, ④ 국민이 체감할 수 있는 사교육비 경감대책 등 네 가지 핵심 전략과제로 요약되고 있다.

4년이 지난 현 시점에서 돌아볼 때 대선 공약과 정책 및 전략 과제 자체에서 큰 문제점을 발견하기는 어렵다.[2]

또한 올해 신년연설에서도 문제점에 대한 인식에는 큰 문제점을 발견하기 어렵다. 몇 가지 대목을 살펴보자. 우선 "교육의 목표는 경쟁력 있는 사람, 창의적인 사람, 사람다운 사람, 훌륭한 공동체 시민을 양성하는 것"이라고 밝히면서 "초·중등교육은 공교육 정상화로, 대학은 입시개혁으로 풀어야 한다"고 지적한 점은 모두 공감할 수 있을 것이다.

한국 교육의 현실적인 문제에 대한 인식에서도 "초·중등교육의 경우 아이들은 과중한 입시부담·성적부담을 지고, 학부모는 과중한 사교육비 부담을 지는 결과 기회의 불균형, 계층이동의 기회 상실이 가장 큰 문제"라고 지적하는데, 이 역시 모든 국민들이 공감할 수 있는 부분이다.

"초·중등학교 선생님은 교단붕괴, 공교육의 부실이라는 문제에 부딪히며 대학교육의 문제는 수요자를 만족시키기 못하는 교육으로 경쟁력 없는 대학교육이 문제"라는 데에도 동의할 수밖에 없다. 한편, "초·중등교육은 공교육의 정상화로 풀어야 하며" 초·중등교육의 방향을 현실적으로 결정하는 "대학입시가 문제인데, 대학은 뽑기 경쟁에서 가르치기 경쟁으로, 한 줄이 아니라 여러 줄로 경쟁하는 사회가 되어야 하며, 서열화가 아니라 적절한 차별화, 학연사회의 해소, 내신과 교단의 신뢰회복이 필요하다"는 인식도 공감할 수 있다.

또한 "교사의 자질향상을 위해서는 경쟁과 평가를 받아들여야 하며," "다양화 시대의 교육수요를 충족하기 위해서는 학교의 개방도 필요하다"는 인식도 국민들 사이에 공유되어야 할 것이다.

연설에서 비교적 중요한 부분을 차지한 방과 후 학교의 지금까지의 성과에 대한 평가에는 견해차이가 있을 수 있겠지만, 사교

---

[2] 물론 수학능력고사의 자격고사화 같은 세부정책들은 찬반논란의 여지가 있다.

육의 흡수와 저소득층의 교육복지를 위해 발전시켜 나가야 할 정책이라고 볼 수 있다.[3]

물론 신년연설의 교육부분에서 대통령의 인식과 동의할 수 없는 부분들이 있지만,[4] 큰 방향에서는 상당 부분 공감할 수 있는 인식을 가지고 있다고 볼 수 있다. 그럼에도 불구하고 구체적인 성과에서 높은 평가를 내리기 어려운 가장 중요한 이유는 정책추진에 있어 상당한 혼란을 보여 주었다는 것과 실제로 국민들이 체감할 수 있는 정책이 구현되지 못하였다는 데에서 찾아야 할 것이다.

2.2. 정책추진상의 혼란

구체적인 정책추진과정에서 나타난 혼란은 이전 정권과 크게 다르지 않다. 우선 장관의 교체패턴에서 두 정권의 유사성이 잘 나타난다. 국민의 정부에서는 7명의 교육부 장관이 자리를 차지하였다. 장관 역임자들의 간단한 약력으로 보면 교육계과 큰 인연을 맺지 않았던 장관(이해찬: 1998. 3. 3~1999. 5. 24)에서 경제·경영 전공자 또는 사업가형 장관으로 교체되었다가(김덕중: 1999. 5. 24~2000. 1.24), 교육학을 전공한 장관으로(문용린: 2000. 1. 24~2000. 8. 7), 그리고 다시 사업가형 장관에서(송자: 2000. 8. 7~2000. 8. 31) 교육학전공 장관

[3] 방과 후 학교에 대한 대통령의 구체적인 언급은 다음과 같다. "방과 후 학교는 대통령 프로젝트입니다. 일차적으로 사교육을 학교 안으로 끌어들이는 것이 목표입니다. 그러나 좀더 크게 보면 저소득층 학생들에게 기회를 제공하고 생활을 보호하고, 학교가 지역사회의 구심역할을 함으로써 지역공동체를 복원하는 계기가 될 것입니다. 교육부 조사에 따르면 지난 해 98.7%의 학교가 방과 후 학교에 참여하였고, 280개 시범학교를 대상으로 조사한 결과 이로 인한 사교육비 경감효과가 1인당 월평균 6만 2,000원으로 나타났습니다."

[4] 이를테면, 우리 나라 중등교육이 PISA나 TIMSS에서 높은 성적을 차지하는 것은 사실이지만 이는 뒤에서 보듯이 공교육보다는 사교육에 입은 영향이 크다는 점에서 다소 유보적인 평가를 내려야 할 부분이다.

으로(이돈희: 2000. 8. 31~2001. 1. 29), 다시 교육학을 전공하지 않은 교수출신 장관으로(한완상: 2001. 1. 29~2002. 1. 29), 그리고 다시 교육학전공 장관으로(이상주: 2001. 1. 29~2003. 3. 6) 바뀌었다. 기본적으로 교육학 전공자와 비전공자가 교대되는 패턴이다.[5]

참여정부 들어서는 지금까지 6명의 장관이 임명되었다. 장관 역임자들을 보면 처음에는 교육학 전공자에서(윤덕홍: 2003. 3. 7~2003. 12. 24) 정치학 전공자로(안병영: 2003. 12. 24~2005. 1. 4) 바뀌었다가 사업가형 장관으로 변한 후(이기준: 2005. 1. 5~2005. 1. 10), 교육과는 거의 무관한 경제관료 출신의 장관에서(김진표: 2005. 1. 28~2006. 7. 21) 역시 교육과는 무관한 행정학 전공자(김병준: 2005. 7. 21~2006. 8. 7)를 거친 후 교육학전공 교수출신의 장관(김신일: 2006. 9.20~)으로 변하고 있다.

이런 장관 교체과정을 보면 경쟁력 제고를 중요시하면서 시장을 이해하고 경쟁을 중요시하는 견해를 교육부문에 도입하려는 노력들이 어느 정도 시도되었으며, 교육계와 무관한 장관들을 통해 교육행정을 개편하려는 노력들이 시도되기도 하였지만, 결국은 교육계에서 오랜 경험을 거치면서 우리 나라 교육계에 대한 경험이 많은 장관들로 바뀌지 않을 수 없는 상황이 전개되어 왔음을 짐작할 수 있다.

정책의 혼선은 향후 정권들이 극복해야 할 과제이다. 그런 면에서 혼란을 보였던 몇몇 정책을 되짚어 보는 것도 의미 있을 것이다.

2.2.1. 교원정책

교원정책은 교육정책 전체에서 가장 중요한 위치를 차지한다.

[5] 한완상 장관부터는 교육인적자원부가 출범되면서 교육인적자원부 장관은 부총리가 된다.

교육에서 가장 중요한 투입요소는 인적 자원이기 때문이다. 따라서 어떠한 제도의 개선이라도 유능한 교사의 확보와 그들의 노력을 유도할 수 있는 유인구조 없이는 교육의 궁극적 목표라고 할 수 있는 유능한 인재양성에 큰 기여를 하기 어려울 것이다.

기본적으로 현 정권의 교원정책은 경력평정의 연공서열식 승진구조를 완화하고 근무성적 평정의 객관성·신뢰성을 제고하려는 목적을 갖고 있다. 교원평가, 수석교사제, 교장공모제 등 교원정책은 현 정부의 교육개혁에서 우선순위에 있었지만, 세부정책도 잡음과 혼란 속에서 정부와 교사단체, 그리고 학부모단체의 의견대립이 강하게 드러나곤 하였다. 물론 교사들에게 직접적인 영향을 미치는 교원정책이 아무런 반대의견 없이 지나가리라고 기대하는 것 자체가 너무나 단순한 견해일 수 있다. 그렇지만 교원정책과 관련하여 짚고 넘어가야 할 중요한 사실 중 하나는 현 정권하에서 문제가 되었던 교원정책들 중에서 현 정권부터 논의가 출발된 것은 거의 없다는 점이다.[6] 이렇게 오랜 기간 동안 추진되려고 하였던 많은 정책들이라면 사실상 이번 정권에서는 실시되어야 하였다. 시범운영 등이 이루어지기도 하였지만 오랜 기간 논의되었던 사항들이 다시 갈등을 일으키고 국민들에게 혼란을 준 것은 아쉬운 일이다.

가장 직접적인 원인은 많은 유관단체들의 의견을 조율하는 어려움이다. 〔표 1〕은 교원정책과 관련된 주요 쟁점에 대한 관련단체의 입장을 정리하고 있다. 다면평가에 의한 교원평가제, 교장공모

[6] 예를 들어, 수석교사제와 같은 경우 이미 논의는 1980년대 초부터 시작되었다. 1987년에 교육개혁심의회가 교육개혁과제로 대안을 제시한 이래로 교육계에서는 수석교사제 도입의 필요성을 꾸준히 주장해 왔으며, 1993년 하반기 한국교원단체총연합회와 교육부의 정기교섭에서도 1994년 상반기까지 수석교사제의 시행방안을 마련하고 관련법을 개정하기로 합의한 바 있었다. 그러나 소요예산의 확보 및 관계법 개정이 벽에 부딪쳐 오늘날에 이르기까지 수석교사제는 시행되지 못하는 실정이다.

표 1 교원정책 주요 쟁점에 대한 관련 단체 입장과 동향

기관·단체	다면평가 도입방안	교장공모제	공모교장 권한과 책임	수석교사제
교육혁신위 개선시안	·초기 2년간: 동료교사만 반영, 학생·학부모평가는 교장·교감의 교사 평정자료로 활용 ·3년차 부터: 학생, 학부모평가도 10% 반영	·15년 이상 초·중등학교 교육경력자(교육공무원 포함) 대상으로 교장공모제 도입 ·유형: 학교단위 공모제와 지역단위 공모제	·교감 포함 정원의 30% 이내 교원 초빙권 부여 ·학교구성원이 참여하는 교장·교감 평가 실시	·수석교사제의 합리적 도입추진 ·구체적인 사항은 추후 교육부 연구
한국교총	·인기영합교사 등장, 교사 자율성 침해이유로 반대 ·반대 시위 예상	·교장 전문성 약화, 학교의 정치판화 이유로 초기 적극 반대 ·교감직 유지, 지원자격 강화 후 반대 약화	·약한 반대. 다만, 승진제 교장과의 형평성 문제제기	·보직형 수석교사제 반대 ·자격제 수석교사 요구
전교조	·사실상 교원평가 방안으로 반대 ·적극 투쟁 예상	·집행부는 공식 반대, 내부 논쟁 중인 상황	·교장의 독점적 지배구조화 방안이라며 반대	·도입 반대. 특히, 자격제 반대
좋은 교사 운동	·학생·학부모 평가 반영 소극적 찬성	·적극적 요구 ·학교를 교육 중심 조직으로 만드는 방안으로 규정	·교장 권한 강화 우려 반대 ·교장·교감평가 적극 주장	·도입 반대. 특히, 자격제 반대
전국 참교육 실현 학부모회	·학생·학부모평가도 근평 반영 적극 요구 ·적극 지지 예상	·적극적 요구 ·교육의 다양화·특성화에 도움	·교장 권한 강화 반대 ·교장·교감평가 적극 주장	·교사직급화, 원로교사 우대책으로 변질 우려 반대
인간교육 실현 학부모회	·교사직급화, 원로교사 우대책으로 변질 우려 반대	·적극적 요구 ·지역사회·학부모 의견반영 기제	·대체로 찬성, 특히 책무성 강화 방안 요구	·도입 찬성
교육인적 자원부	·정책 일관성 문제로 반대	·도입 소극적 찬성 ·시범운영 필요	·공모교장 교원초빙권 찬성	·찬성, 추후 구체 방안 마련
단체 주장 반영내용	·8월 11일 본위원회에서 최종방안 논의 예정	·지원자격 교육경력 15년으로 강화하여 도입	·교원초빙권 30%로 축소 조정	·보직제 명기 하지 않고 도입 필요성 제안

자료: 교원승진·교장임용제도 개선방안.

제, 수석교사제 등에 대해 관련단체는 모두 다른 의견을 가지고 있다.

특히, 교원평가는 당사자 간의 이해관계의 대립을 선명하게 보여 주고 있다. 이에 대해 살펴보면서 향후 교원정책에 대한 시사점을 생각해 본다.

교원평가에 대해 기본적으로 교원단체들은 반대하고 학부모 및 사회단체들은 찬성하는 입장이다. 교원평가에 대해 반대하는 교원단체의 입장은 다음과 같이 정리될 수 있다. 우선 한국교총은 교원평가는 교원의 전문성을 무시한 것이며, 특히 학부모와 학생이 교사의 교육활동에 대해 평가하는 것은 교육활동의 전문성을 배제한 위험한 생각이라며 비판한다. 또한 교원평가 결과는 수업의 전문성 향상에만 활용하는 것이 아니라 교원퇴출로 이어질 수 있다는 우려를 나타내고 있다. 전교조의 교원평가 도입에 대한 전체적인 시각은 교원평가가 교원노동관리 통제수단이라는 것으로 사기업 노동통제방식에 의한 교원평가방식으로 인식하여 비판하고 있다. 교원평가의 구조조정 수단화가 될 것을 우려하면서 현행 근무평정제도 폐지 선행 등을 주장하고 있다. 두 교원단체가 공통적으로 현재 교육의 산적한 문제를 교사들의 책임으로 몰고 가는 데 대한 깊은 반감을 갖고 있는 것으로 보인다.

이러한 교원단체의 반대에 대해 본고의 입장, 즉 학생과 학부모라는 교육수요자의 입장을 견지한다는 입장에 입각해 보면 당연히 교원평가제는 실시되어야 할 것이다. 교원단체의 주장처럼 교사라는 전문가를 비전문가가 평가하는 것은 문제로 여겨질 수도 있다. 그러나 교육전문가라면 피교육자에 대한 이해도를 높일 필요가 있다.

물론 교원단체의 주장처럼 그 동안 누적되어 온 우리 나라 교육의 문제가 교사들에게만 책임이 있는 것은 아니다.[7] 그러나 지금

표 2 교육주체별 교원평가방안 도입에 대한 입장 비교

구 분		찬성 입장	반대 입장	주요 대응논리
교원 단체	한국교총		○	· 포퓰리즘적 접근 · 공교육 부실 책임론 · 교원불신론과 교육수요자론 · 교직경쟁론 등
	전 교 조		○	· 교원노동관리 통제수단 · 사기업 노동통제방식에 의한 교원평가방식 · 교원평가의 구조조정 수단화 · 현행 근무평정제도 폐지 선행 등
학부모 및 시민사회 단체	참교육을 위한 학부모회	○		· 학교 교육력 향상 · 교원평가를 통한 부적격 교원 선별 등
	교육과 시민사회	○		· 교육정책의 권리주체로서 학부모 인권 · 학생의 친권자로서 학습권에 대한 책무성 요구 등
	좋은 교사 운동	○		· 교사의 수업전문성 신장 · 자기계발 유도를 통한 교육의 질 향상 등
	개혁시민운동 연대		○	· 교원평가 이전에 교육의 본질과 학교 민주주의 선행 · 현행 교사근평제 개선 선행 등
언 론 계		○		· 시대정신을 반영한 교원 경쟁 필수 · 교원평가 결과의 무능교사 퇴출 연계 등

제기되고 있는 교원평가는 교사들에게 책임을 전가하기 위한 것이 아니라 향후 교육의 발전이 교사들에게 달려 있다는 절박한 상황에서 나온 선택임을 인식해야 할 것이다. 현재 교육문제의 책임이 교사들에게만 있는 것은 아니다. 그러나 교육현장의 교사들이 변하

7 사실 교육문제가 풀기 어려운 이유 중 하나는 책임소재를 밝히기 어렵다는 점도 있다. 미래를 위해서는 책임소재를 논하기에 앞서 현재 할 수 있는 수단들을 강구

지 않으면 현재의 위기가 극복되기 어려운 것 또한 분명한 사실이다.

부적격교사의 문제도 분명 극소수에게만 해당하는 일부의 문제이지만 자녀를 학교에 보내는 학부모나 그러한 교사의 영향권에 있게 되는 학생들에게는 지극히 중요한 문제이다. 문제교사가 많아서가 아니라 그런 교사들이 교단에 서는 것을 구조적으로 막을 방안들이 실질적으로 필요하다.

교원평가제의 도입은 장기적인 관점에서 논의되는 것이다. 현 정권에서 도입이 무산되더라도 지속적으로 제기될 문제이다. 단번에 부작용이 없는 완벽한 제도를 만들고 실시하기보다는 실행해 가면서 보완하는 관점을 취하는 것이 바람직할 것이다.

교원평가를 중심으로 교육계 내의 갈등에 대해 소개하였는데, 이런 갈등을 피해갈 수는 없다. 정부의 역할은 갈등을 조정하면서 정책을 추진하는 것인데, 오랫동안 논의되어 온 정책의 추진이 난항을 겪는 것은 정부의 능력부재를 보여 주는 아쉬운 대목이나 남은 기간 동안 애초에 의도하였던 교원정책들을 추진하려는 의지를 보이는 것은 다행이라고 하겠다. 뒤를 잇는 정권도 지금까지 추진해 온 교원정책 방향을 바꾸어서는 안 될 것이다.

2.2.2. 사립학교법

현 정부의 교육정책 중 사립학교법만큼 다루기 어려운 주제도 없지만 언급하지 않을 수 없다. 사립학교법은 이른바 4대 개혁입법 중 하나로 많은 갈등을 야기하였던 법이다. 아직도 첨예한 입장대립이 있는 이 법의 입법과정과 관련한 혼란에 대해 자세히 언급하는 것은 큰 의미가 없을 것이다. 다만 사학의 자율성 보장과 교육

해야 할 것이다.

의 공공성 확보라는 두 가지 입장을 조화시킬 방안을 찾기에 앞서 정치계가 이 법과 둘러싼 공방을 이념논쟁 쪽으로 몰고 간 데 대해서는 큰 아쉬움을 갖는다.

우리 나라는 고등학교 이후 사학에 의존하는 바가 매우 크다. 그런데 많은 문제사학들이 있는 것도 분명한 사실이다. 이들을 견제할 최소한 장치는 마련되어야 한다. 그런데 이 '최소한의 장치'에 대한 극단적인 견해차이가 사립학교법을 둘러싼 혼란을 만들었다.

사실 큰 혼란을 야기하였던 문제인 만큼 해결책을 제시하기 어렵다. 단, 문제를 풀어가기 위한 단초는 하나 제시해 볼 수 있을 것이다. 이 문제가 해결되기 어려운 이유는 사학이라면 모두 같은 취급을 해야 한다는 견해를 취하는 데 있는 것으로 보인다. 우리 나라 사학은 매우 모범적인 사학에서 비리사학까지 다양한 모습을 보인다. 재정적인 측면에서 우리 나라 사학이 얼마나 다양한지는 〔표 3〕에서도 확인된다. 재정결함보조를 받는 사립중·고등학교 중에서 법정부담금을 부담하는 학교는 15% 미만에 불과하다. 반면, 약 75%에 해당하는 사립학교가 의무부담의 50% 미만만을 담당하고 있다.[8]

물론 이런 논의를 법정부담금을 부담하지 못하는 학교에 큰 문제가 있음을 의미한다고 해석해하기보다는 사립중·고등학교 중에서 공립학교만 못한 교육환경을 가진 학교들이 많다는 것을 암

8 중학교 무시험제 및 고교평준화제도 시행으로 학생들의 학교선택권 및 사립학교의 수업료 및 입학금 책정권이 제한된 상태에서 공·사립 재학생 간 교육의 기회균등과 설립주체의 차이에 따른 불평등해소 차원에서 재정지원이 필요한 것은 사실이다. 이런 상황에서 사립학교 설립·경영자가 최소의무로 부담해야 할 부분이 법정부담금이라고 생각하면 될 것이다. 법정부담금은 연금부담금, 재해보상부담금, 의료보험부담금 등이다. 원칙적으로는 사학이 이만큼은 전액 부담해야 하나, 그 전액을 부담하기 어려운 경우 부족액을 학교가 부담할 수 있도록 하여 학교설립·경영자의 책임을 면제해 주고 있다.

표 3 재정결함 보조 사립중·고등학교의 법정부담금 부담실태

구 분	계	9% 이하	10~29%	30~49%	50~99%	100% 이상
학교수	1,787	880	444	111	91	261
비율(%)	100.0	49.3	24.8	6.2	5.1	14.6

자료: 교육인적자원부(2003).

시한다고 보는 것이 대안마련에 바람직할 것이다.

다시 한 번 본고는 기본적으로 교육수요자의 입장을 견지함을 강조하고자 한다. 학교선택권이 없는 현재 상황에서 공립만 못한 사립학교에 본인의 의사에 반하여 다니게 되어서는 안 될 것이다. 자율과 책임이라는 관점에서 의무수행만큼의 자율을 부여하는 방안을 모색하는 과정에서 해결방안의 단서를 찾을 수 있지 않을까 생각된다.

2.2.3. 교육과정, 대입제도, 사교육

실질적으로 학부모와 학생에게 가장 중요하게 와 닿는 교육정책은 입시정책이다. 고등학교 졸업생의 80%가 대학에 진학하는 상황에서 대학입시가 초·중등교육의 내용까지 좌우한다는 것은 너무나도 당연한 사실이다. 그리고 누구나 다 입시에서 고통을 겪는다. 더 답답한 사실은 이렇게 고통을 겪고 대학에 들어가면 대학에서는 학생들의 학업능력이 예전만 못하다는 평을 한다. 교육의 질이 저하되면서도 학생들에게 고통을 주는 것은 이해하기 어려운 수수께끼가 아닐 수 없다. 그리고 이 이해하기 어려운 현실을 제대로 진단하고 개선하는 것이 교육정책의 중요한 내용이 될 것이다.

실상 현 정권에서 대입제도와 관련해서는 본고사·고교등급제·기여입학제 등을 금지하는 이른바 3불정책의 기조를 유지하는 것을 포함하여 제도의 변화가 논의된 것은 없는 것으로 보인다. 물론 지금까지 3불정책은 긍정적인 역할을 해 온 것이 사실이다. 3불정책은 온 국민의 관심사인 대학입시가 공정하게 이루어지는 데 긍정적인 역할을 해 왔다는 사실은 인정해야 할 것이다. 그러나 이러한 제도가 미래에도 필요한지에 대해서는 근본적인 의문을 던져 볼 필요가 있다.

기본적으로 대학은 자율과 경쟁을 바탕으로 발전하는 곳이다. 그리고 학생선발에 대한 자유는 자율과 경쟁에서 매우 중요한 위치를 차지한다. 장기적으로는 대학당국이 입시에 있어 자율과 책임을 지면서 3불정책이 더 이상 국가의 '정책'이 되지 않는 것이 바람직할 것으로 생각된다. 3불정책을 지키느냐 마느냐보다 더 중요한 것은 우리가 미래의 인재를 길러 내는 기관으로서 대학을 믿고 그들에게 입시에서 더 많은 자유를 주는 것이 더 미래지향적인 입시정책이 될 것이라는 사실이다. 이러한 대학의 자유확대는 교육의 다양성이 확보되는 것과 보조를 맞추어 전개되는 것이 바람직할 것이다.

대입제도와 뗄 수가 없는 관계에 있는 것이 사교육이다. 늘어나는 학원과 가계의 사교육비 지출은 공교육 위기의 원인이자 결과라고 할 수 있다. 엄청난 개인적 비용을 요구하는 사교육이 공교육을 무력화시키는 사회적 비용까지 야기하는 문제야말로 현재 우리 나라가 안고 있는 여러 교육문제 중에서도 가장 큰 문제이다.

이 문제에 대한 현 정권의 해결방안은 EBS 방송과외나 방과 후 학교와 같은 사교육 대체수단의 제공이라고 볼 수 있다. 당장 그 효과가 눈에 띄게 크지는 않더라도 일단 납득할 수 있는 방안들이라고 생각된다. 특히, 교육성취도의 차이가 실질적으로 방과 후에 결정되는 현 상황에서 방과 후 학교는 지속적으로 실시하고 보완해 나갈 필요가 있다.

이상적인 교육제도를 설계하더라도 학생이나 학부모의 행태를 충분히 고려하지 않으면 바라던 효과를 얻을 수 없다. 근본적으로 사교육문제는 교육시스템 내에서는 해결할 수 없다는 현실을 인정해야 할 것이나. 학업성적이 아닌 다른 다양한 기준이 통용되는 입시와 사회구조를 만들어 갈 때, 그리고 대학입시에서 원하는 성취를 하지 못하였더라도 제2, 제3의 기회가 계속 주어지는 사회구조가 만들어질 때 과도한 사교육은 자연스럽게 사라질 것이다. 그러나 적어도 그 이전까지지는 대학입학에 쏠린 학부모와 학생의 관심을, 이를테면 전인교육의 강조와 같은 이상론만으로는 바꿀 수 없다. 학교교육과 대입제도가 고등학교 교과과정에 충실하지 못하게 되면 당연히 사교육은 팽창할 것이다.

이렇게 본다면 사교육을 줄이기 위해서는 방과 후 학교나 방송과외 같은 값싸고 질 높은 사교육 대체수단의 제공과 대학입학과 고등학교 교과과정이 좀더 밀접한 관계를 맺도록 하는 교육과정 개편이 동시에 이루어져야 할 것이다. 사교육을 공교육에 흡수하려면 고등학교 교육과정이 입시와 가능한 한 직접적으로 연결되는 것이 바람직할 것이다.

3 미래를 위한 정책기조 제언

3.1. 현실진단

미래의 정책설계를 위해서는 우리 교육, 특히 교육경쟁력에 대한 현실진단이 필요하다. 초·중등교육의 경쟁력을 평가하는 지표는 현실적으로 학생들의 인지능력을 점수화한 성적 외에는 생각하기 어렵다. 성적을 기준으로 삼는다면 우리 나라 초·중등교육은 이미 상당한 경쟁력을 확보하고 있는 것으로 보인다. 국제비교 평가시험인 TIMSS(Third International Math and Science Study)나 PISA(Program for International Student Assessment)의 결과를 놓고 보면, 우리 나라 초등학교와 중학교 학생들의 수학과 과학과목 성적은 세계에서 가장 높은 수준이다.

이렇게 우수한 성적에도 불구하고 초·중등교육, 특히 공교육에 대한 불신은 매우 큰데 사실 거기에는 충분한 근거가 있다. 졸고(2005)에서는 국제비교평가 중 하나인 TIMSS 수학시험에서 거둔 우리 나라의 높은 성적이 사교육에 많이 의존하고 있음을 보인 바 있다. 우리 나라는 40개국 가까이 참여한 이 시험에서 싱가포르에 이어 2위를 차지한 바 있다. 적어도 평균성적으로 보자면 우리 나라는 세계 어떤 나라에 비해서도 중학교 수학교육의 경쟁력은 뒤지지 않는 것으로 보인다. 가장 많은 노벨상을 배출한 유대민족들이 모여 사는 이스라엘도 평균성적은 우리 나라에 비해 1 표준편차 이상 낮다.[9]

그런데 흥미로운 사실은 우리 나라가 사교육을 받은 학생들의 평균성적이 그렇지 않은 학생들의 평균성적에 비해 월등히 높은 유일한 나라라는 점이다. 〔표 4〕는 1995년 TIMSS 수학 평균성적을 과외수업을 받은 학생들과 그렇지 않은 학생들로 나누어서 제시한 것이다.

〔표 4〕에 제시된 싱가포르, 일본 등은 사교육이 널리 행해지는 나라로 알려져 있고 전반적인 성적이 우수한 나라이다. 그렇지만 사교육을 받는 학생들의 성적이 더 높은 것은 아니다. 함께 표에 제시된 미국, 이스라엘, 덴마크 등의 나라는 사교육을 받는 학생의 비중이 낮으며 그들의 성적이 크게 낮다. 이는 사교육이 대부분의

[9] 여기에서 제시된 TIMSS 시험점수는 세계평균이 500점, 표준편차는 100으로 표준화된 것이다.

표 4 과외 여부에 따른 성적차이(TIMSS, 1995, 중학생 성적)

	과외하지 않는 학생			과외한 학생			
	학생수	평균점수	표준편차	학생수	백분율	평균점수	표준편차
한 국	2,973	569.32	106.48	2,787	48.39	619.43	101.84
싱가포르	5,445	620.53	94.58	2,782	33.82	616.45	88.26
일 본	3,893	590.79	102.32	6,296	61.79	583.58	98.40
미 국	6,961	491.52	91.21	3,465	33.23	475.44	91.52
이스라엘	1,017	536.86	88.63	287	22.01	494.29	89.89
덴 마 크	3,677	491.08	82.17	257	6.53	423.13	70.36

자료: 김진영(2005).

나라에서 해당 과목에 어려움을 느끼는 학생들을 위한 보정적(remedial) 성격을 가지고 있음을 암시한다.

그에 반해 우리의 사교육은 다분히 성적이 우수한 학생들을 대상으로 더 높은 성적을 올리는 역할을 하거나, 아니면 다른 나라의 사교육에 비해 훨씬 더 효율적으로 학생들의 성적을 높이고 있는 것을 보인다.

그렇다면 공교육의 경쟁력이 낮더라도 사교육이라도 높은 경쟁력을 유지한다면 그나마 국가경쟁력은 어느 정도 유지되는 것이 아니겠느냐는 반문도 나올 수 있을 것이다. 특히, 수학과목은 학생들의 인지능력(cognitive skill)을 가장 잘 반영하는 과목이며 미래의 생산성과 매우 밀접한 관련이 있다. 이 과목의 성적이 높다는 것은 미래의 과학자와 고급기술인력을 배출할 잠재력이 높음을 의미하기 때문이다. 성적을 끌어올린 원인이 어디 있든 간에 그것은 사교육을 포함한 한 나라의 교육경쟁력으로 보아야 하지 않겠느냐 하는 주장은 일견 설득력이 있는 것 같다.

그러나 이러한 주장에는 적어도 두 가지 문제가 있다. 하나는 이러한 높은 수학성적이 대학교육 이후로 유지되지 못한다는 사실이며, 다른 하나는 높은 수학성적을 갖춘 개인들이 자신의 인지능력을 충분히 발현할 전공을 선택하지 않는다는 사실이다.

이상에서 간단하나마 국제비교를 통해 우리 초·중등학교의 경쟁력을 평가해 보면 두 가지 시사점을 얻을 수 있다. 첫째는 우리나라의 높은 성적을 경쟁력이라고 한다면 그 경쟁력은 공교육시스템보다는 사교육에서 기인하는 바가 크다는 것이며, 둘째는 초·중등학교의 경쟁력이 고등교육 이후로 연결되지 못한다는 점이다. 이제 고등교육의 경쟁력에 대해 논의할 차례이다.

대학경쟁력지표는 몇몇 기준에 의해 국가별로 조사도 되고 발표도 되고 있다. 그리고 그 결과는 항상 많은 국민들의 우려를 낳고 있다. 우선 지표들에 대해 알아보자.

가장 많이 인용되는 IMD 지표는 "대학교육이 경쟁사회 요구에 부응하는가?"라는 1개의 설문문항(응답 척도: 1. 전혀 도움이 안 된다~6. 아주 도움이 된다)을 가지고 기업 최고경영자를 대상으로 조사한 자료를 바탕으로 한다. 대학교육의 현장성에 대한 평가라 할 수 있다.

상해 교통대학의 평가기준은 노벨상과 필즈상을 수상한 동문수 10% 및 교수진수 20%, 생명과학 등에서 자주 인용되는 우수연구자수 20%, 네이처와 사이언스에 실린 논문수 20%, SCI 논문수 20% 및 교수 1인당 위 5가지 기준비율 10%이다. 교수 및 동문들의 연구수준에 대한 평가라고 할 수 있다.

영국의 『더 타임즈』지는 동료평가 50%, 교수 1인당 논문인용도 등 연구영향도 20%, 교수 대 학생비율 20%, 외국인 학생비율 5%, 외국인 교수비율 5% 등을 기준으로 삼고 있다. 교수 연구역량과 교육의 질 외에도 국제화를 경쟁력을 가늠하는 중요한 기준 중의 하나로 삼고 있다.

이런 외국기관의 발표가 아니더라도 학생과 학부모라는 교육 수요자나 고등교육을 거친 인재를 써야 하는 기업은 우리 나라 고등교육의 경쟁력에 대해서 높은 평가를 내리지 않는다. 사회의 수요에도 부응하지 못하며, 연구역량에서도 세계 최상위권의 대학과는 멀어져 있는 것이 우리 고등교육의 현실이다.

그렇다면 왜 대학의 경쟁력이 낮아졌는지 그 원인을 찾아 내야 할 것이다. 그 원인은 한마디로 요약하면 경쟁의 부재라고 할 수 있다. 우리 나라의 대학은 사실상 사회 전반에 걸쳐 점증해 온 경쟁에서 가장 멀리 떨어진 안전지대 중 하나였다. 대학 간 경쟁이 없어도 대학에 오겠다는 학생으로 넘쳐났으며, 대학의 주축인 교수사회는 업적평가 없이도 승진·승급하는 관행으로 인해 가장 변화하지 않고 노력하지도 않는 직업집단으로 남아 있었다.

단지 우리 나라가 노벨상을 받은 인재를 배출 못하였기 때문에, 또는 교수 1인당 논문수가 적기 때문에 대학교육의 경쟁력이 떨어진다고 진단하는 것은 아니다. 앞으로 우리 나라가 필요로 할 인적 자원의 배출이 제대로 되지 않고 있는 것이 우리의 현실이며, 여전히 최전선(frontier)에 있는 지식의 상당 부분은 해외에서 수입되고 있는 것이 우리 고등교육의 현실이다.

결과적으로 고등교육의 경쟁력을 평가하는 가장 중요한 기준은 교수들의 역량으로 모아진다고 해도 큰 무리는 없을 것이다. 사실 고등교육에서 연구와 교육은 분리된 과정이라고 보기 어렵다. 가장 활발히 연구하는 교수만이 지식의 최전선에서 현장성이 풍부한 교육을 할 수 있기 때문이다.

그럼 어떻게 고등교육에서 교수들의 역량을 극대화할 수 있을까? 여기에 대해서는 늦은 감은 있지만 우리 나라 대학들도 답을 찾은 것으로 보인다. 경쟁의 부재가 낮은 경쟁력의 원인이었기 때문에 경쟁력 제고를 위한 답은 경쟁의 도입과 경쟁의 촉진이라고 할 수 있을 것이다. 실제로 김진영(2006)에서는 교수들의 연구업적 증가가 대학인지도 상승 또는 입학생들의 성적상승으로 이어질 수 있음을 보인 바 있다. 다행히 최근에는 우수교수 유치를 위한 경쟁도 본격화되어 가는 모습을 보이는데, 이는 대학경쟁력 향상에 크게 기여하리라 생각된다. 대학의 경쟁력 확보를 위한 경쟁은 우수학생과 우수교수를 확보하려는 경쟁으로부터 출발해야 한다. 고등교육의 목표가 우수한 인적 자원의 배출인 것과 같이 고등교육의 가장 중요한 투입요소 역시 우수한 인적 자원이기 때문이다. 그렇다면 정부의 정책도 자연스러운 경쟁의 환경을 만들어 주는 데 있다고 볼 수 있다.

3.2. 교육경쟁력에 대한 재인식

교육경쟁력과 관련하여 두 가지를 강조하고자 한다. 하나는 경쟁력에 대해 반감을 가질 필요가 없다는 것이며, 다른 하나는 진정한 경쟁력 향상을 위해서는 경쟁력에 대한 단견을 극복해야 하는데 이것이 교육시스템 내에서만 해결이 가능한 것이 아니라는 점이다.

적지 않은 사람이 우리의 교육경쟁력에 대해서 걱정하는 한편으로 경쟁에 대한 뿌리 깊은 반감을 갖고 있다. 경쟁력보다는 제대로 된 인품을 가르치는 것이 교육이라고 주장하기도 한다. 분명 옳은 측면이 있다. 그러나 경쟁력 있는 사람의 인품이 잘못될 가능성이 높다는 것은 그릇된 시각이다. 경쟁력과 인품은 대체되는 관계라기보다는 보완의 관계로 보아야 할 것이다.

보다 현실적으로 우리는 경쟁의 세기에 경쟁의 세계에서 살고 있다. 경쟁 자체를 폐기하기보다는 경쟁이 사회 전 구성원에게 도움이 되도록 사회체제를 설계하는 것이 더 지혜로운 자세이다. 미래의 더 나은 삶을 위해서는 국민 개개인이 경쟁력을 갖고 있어야 하며 그러기 위해서는 경쟁력을 키워 줄 수 있는 교육을 받아야 한다. 그리고 경쟁력 있는 교육은 보다 경쟁저인 환경하에서 형성될 수 있는 것이다. 교육을 포함한 모든 분야에서 경쟁력은 경쟁의 산물임을 잊지 말아야 할 것이다.

우리 나라의 거의 모든 교육문제의 중심에 있는 대입경쟁은 분명 심각한 문제이다. 그러나 심각한 문제가 있다고 해서 경쟁을 제한하거나 막으려는 시도는 필연적으로 국가생산성 자체를 감소시킬 우려가 있다. 더 현명한 대응방안은 경쟁을 제한하는 것이 아니라 대학입시라는 한 시점으로 집결된 경쟁의 시점과 수학능력이라는 한 지표로 집결된 경쟁의 차원을 더 넓히는 것이다.

물론 높은 성적을 얻는 교육경쟁력과 높은 소득을 올릴 수 있는 개개인의 경쟁력이 결코 국가경쟁력을 보장하지는 않는다는 사실은 충분히 인식해야 한다. 교육의 경쟁력이 국가경쟁력으로 자연스럽게 연결될 수 있는 제반 조건형성이야말로 교육경쟁력 확보 못지않게 중요한 과제이다.

우수한 인재들이 적재적소에 배치되려면 경쟁을 제약하는 사회관행의 많은 개편이 필요하며, 이는 교육의 영역을 사실상 넘어서는 것이다. 우리가 교육에 경쟁력을 이야기하면서 모든 문제를 교육에만 있다고 생각하고 접근하면 문제들의 해결 실마리를 놓칠 수 있다. 때로는 교육이 문제의 원천이 아니라 문제의 반영이라는 시각도 필요하다.

예를 하나만 들어 보자. 최근 대학에서는 전공에 따른 성적차이가 두드러진 현상으로 등장하고 있다. 현재 이루어지는 전공의 서열화는 교대와 의대의 약진으로 요약될 수 있다. 그런데 교사와 의사가 우리 나라에서 공적인 보호에 따른 렌트(rent)를 누리는 직종이라는 점을 생각해야 한다. 고득점자들을 이들 전공으로 이끄는 것은 적성이나 비교우위보다는 직업의 안정성과 높은 기대수입이다. 이러한 전공 쏠림은 우수한 인재들을 경제성장에 필요한 혁신을 가능케 하는 분야에서 멀어지게 함으로써 국가 전체의 생산성을 높이는 데 걸림돌이 될 가능성이 매우 높다. 문제는 이러한 우려는 교육제도 내의 개혁만으로는 해결될 수 없다는 것이다.

다시 한 번 강조하지만 교육경쟁력을 제고하는 궁극적 목적은 미래 세대들의 삶의 질이 교육경쟁력에 달려 있다고 믿기 때문이다. 따라서 초·중등학생들의 성적이라는 지표로 표현되는 교육경쟁력 향상이라는 중간 표적에만 매달려 궁극적인 목적을 보지 못하는 실수를 저질러서는 안 될 것이다. 이를테면, 초·중등교육의 경쟁력은 높은 점수를 얻는 데 있는 것이 아니라 학생들이 미래에 자신의 경쟁력을 극대화할 수 있도록 비교우위를 스스로 발견할 토대를 마련해 주는 데에 있다. 따라서 자기자신에 대한 성찰을 할 수 있도록 많은 독서시간과 여유를 줄 수 있는 교육이 성적을 높이는 주입식 암기교육보다는 더 경쟁력 있는 교육이라 할 수 있다. 세계에서 가장 많은 시간을 공부하는 우리 나라 초·중·고등학생들이 궁극적으로 경쟁력 있는 인재로 성장하지 못하는 원인 중에는 분명 교육경쟁력에 대한 단견도 있다.[10]

10 이를테면, 초·중등교육의 경쟁력은 높은 점수를 얻는 데 있는 것이 아니라 학생들이 미래에 자신의 경쟁력을 극대화할 수 있도록 비교우위를 스스로 발견할 토대를 마련해 주는 데 있다. 따라서 자기자신에 대한 성찰을 할 수 있도록 많은 독서시간과 여유를 줄 수 있는 교육이 성적을 높이는 주입식 암기교육보다는 더 경쟁력 있는 교육이라 할 수 있다. 세계에서 가장 많은 시간을 공부 하는 우리 나라 초·중·고등학생들이 궁극적으로 경쟁력 있는 인재로 성장하지 못하는 원인 중에는 분명 교육경쟁력에 대한 단견도 있다.

3.3. 저출산 고령화 시대의 교육정책

그 동안 우리 나라 정책은 장기적인 인구변화에 제대로 대응해 왔다고 보기 어렵다. 앞으로는 저출산 고령화 추세에 적응할 수 있는 교육정책의 모색이 필요하다. 〔표 5〕에서 보듯이 저출산에 따라 학령인구는 크게 감소하게 된다. 이는 교육여건을 개선하고 교육의 질을 높일 수 있는 기회를 제공해 주리라 판단된다.

또한 지역에 따라 학생수 변화가 크게 다르므로 각 지역의 교육여건이 균형을 이룰 수 있는 세심한 계획이 미리 수립되어야 할 것이다.[11]

또한 교사의 전반적인 고령화 현상도 고려되어야 할 것이다. 〔표 6〕은 교사정원이 2005년 수준을 유지한다는 가정하에 가까운 장래에 경력연수별 교사의 비중이 어떻게 변할지를 예측해 본 결과이다. 물론 교육여건 개선을 위해서는 교사가 다소 증가하는 것이 바람직할 것이지만 학령인구의 감소로 교사수가 2005년 수준으로 유지된다 하더라도 교사 대 학생비율은 상당히 줄어들 것이다.[12] 이 예측에 따르면 2015년에 이르면 고등학교 교사의 40%가 경력 25년 이상의 교사로 채워지게 된다. 정년보장 대신 임금피크(peak)제 등을 통해 연공서열 중심의 직선형 보수체계에 대한 개선이 이루어져야 함을 보여 주는 대목이다.

3.4. 자료공개문제

기본적으로 전문가라고 하는 사람들도 교육의 성과란 무엇이며 그 성과를 높이는 원인은 무엇인지 잘 모른다. 이러한 무지의

[11] 지역별 학령인구 변화추이는 안종석 외(2006) 참조.

[12] 자세한 분석은 안종석 외(2006) 참조.

표 5 연령별 학생수 변화추이(2005년=100)

연 도	계	초등학교	중학교	고등학교	대학교
	6~21세	6~11세	12~14세	15~17세	18~21세
2005	100	100	100	100	100
2006	99	97	102	103	96
2007	98	95	102	107	93
2008	96	90	100	111	93
2009	95	85	98	113	95
2010	94	81	95	113	98
2011	92	78	92	111	101
2012	90	74	89	109	104
2013	88	71	87	105	105
2014	86	69	82	101	104
2015	84	69	75	98	102
2016	81	68	69	96	100
2017	79	68	67	90	96
2018	76	67	67	83	93
2019	74	66	67	77	91
2020	72	65	66	75	86
2021	70	64	65	74	81
2022	68	62	65	74	76
2023	66	61	65	73	71
2024	65	59	64	73	69
2025	64	58	62	72	69
2026	63	57	61	72	68
2027	62	56	59	70	68
2028	61	56	57	69	67
2029	60	56	56	67	67
2030	60	55	55	65	66

자료: 통계청, http://www.nso.go.kr/의 연도별 인구추계 자료를 이용하여 계산.

표 6 경력별 교원비중

(단위: %)

		5년 미만	5~9년	10~14년	15~19년	20~24년	25~29년	30~34년	35년 이상	25년 이상
초등학교	2005	17.7	20.9	10.0	12.6	10.0	10.5	9.4	8.4	28
	2010	10.3	17.7	20.9	10.5	12.6	10.0	10.5	7.5	28
	2015	9.6	10.3	17.7	20.9	10.5	12.6	10.0	8.4	31
	2020	10.4	9.6	10.3	17.7	20.9	10.5	12.6	8.0	31
	2025	10.5	10.4	9.6	10.3	17.7	20.9	10.5	10.0	41
	2030	12.1	10.5	10.4	9.6	10.3	17.7	20.9	8.4	47
중등학교	2005	18.4	12.7	12.3	23.3	15.4	9.4	5.8	2.6	18
	2010	5.0	18.4	12.7	12.3	23.3	15.4	9.4	3.5	28
	2015	7.3	5.0	18.4	12.7	12.3	23.3	15.4	5.6	44
	2020	11.8	7.3	5.0	18.4	12.7	12.3	23.3	9.3	45
	2025	18.6	11.8	7.3	5.0	18.4	12.7	12.3	14.0	39
	2030	18.9	18.6	11.8	7.3	5.0	18.4	12.7	7.4	38
고등-일반고	2005	15.8	14.4	11.5	22.4	16.9	10.8	5.8	2.4	19
	2010	4.8	15.8	14.4	11.5	22.4	16.9	10.8	3.5	31
	2015	7.8	4.8	15.8	14.4	11.5	22.4	16.9	6.5	46
	2020	13.2	7.8	4.8	15.8	14.4	11.5	22.4	10.1	44
	2025	19.1	13.2	7.8	4.8	15.8	14.4	11.5	13.4	39
	2030	18.0	19.1	13.2	7.8	4.8	15.8	14.4	6.9	37

주: 교사 총수가 2005년 수준을 유지한다는 가정하에서 계산된 연령대별 교사 비중임.
자료: 안종석 외(2006).

자각 속에서 자료를 통해 제도의 효과를 실증적으로 예측하거나 제도의 결과를 점검할 수 있는 정책, 즉 충실한 연구에 기반을 둔 제도개혁(research-based reform)이 실시되어야 할 것이다.

특히, 교육과정평가원이나 교육청 자료의 공개 및 분석이 제도화될 때 국민들이 납득할 수 있는 정책실시의 근거가 제시될 수 있을 것이다. 지금까지는 의미 있는 자료들이 독점되고 잘 분석되지 못한 것이 현실이다. 정보의 공개와 분석은 정부의지만 있으면 실시될 수 있다. 개인정보의 보호라는 중요한 기본제약 외에 자료 공개에 대한 다른 제약들은 사라져야 할 것이다.

4 맺는 말

우리 나라의 교육은 몇 명의 생각으로 단기간에 개혁하기에는 너무도 어려운 상황에 처해 있는 것이 사실이다. 단순히 정부의 실정을 열거하는 것만으로는 산적한 문제를 해결할 수 없다. 또한 모든 교육문제를 교육시스템 안에서만 해결하려고 하는 것도 사실상 불가능하다. 우리 나라의 교육은 우리 사회의 제 문제를 반영하는 거울이다. 교육문제 해결을 위한 노력은 교육 외 부문의 불합리한 제도들의 개편과 맞물려야 소기의 성과를 올릴 수 있을 것이다.

교육시스템 내에서 교육개혁을 위해 최선을 다하자면 교육은 그 수혜자인 학생들의 입장을 반영하여 학생들이 지덕체를 겸비한 경쟁력 있는 인재가 되도록 도와야 한다는 기본입장을 분명히 할 필요가 있다. 보다 구체적으로 학생들의 경쟁력을 높여 주되 그들 스스로 자신의 경쟁력 있는 분야를 찾고 개발할 수 있도록 도와야 할 것이다. 그들의 입시부담은 가능한 한 덜어 주어야겠지만, 학생과 학부모들의 부담을 덜어 주는 것이 궁극적 목표는 아니다. 현재와 같은 고등교육의 낮은 경쟁력은 심각하게 받아들이고, 그 경쟁력 향상을 염두에 두는 초·중등교과과정과 입시제도도 심도 있게 논의해야 할 것이다. 물론 이러한 논의는 수많은 전문가들의 진지한 노력이 정부의 정책의지와 수행능력과 결합될 때 가능한 일이다.

참고문헌

교육인적자원부, 『지방교육재정운용편람』, 2003.

심진영, 「국제비교를 통해 본 사교육의 원인과 결과」, 한국재정공공경제학회 학술대회 발표논문, 2005.

______, 「수학능력시험 실시 10년간 대학의 서열변화」, 『공공경제』 제11권 제1호, 2006.

안종석·박노욱·정재호·김진영, 『교육재정의 효율성 제고방안 연구』, 한국조세연구원, 2006.

안 종 범

제 14 장

노무현 정부 복지정책의 평가와 개선과제

1 복지여건의 변화

1.1. 복지수요 변화

외환위기 극복과정에서 몰아닥친 경제구조조정은 대량해고를 불가피하게 하였고, 이로 인해 그 동안 경험하지 못하였던 본격적인 실업을 맞이하였다. 이후 외환위기가 어느 정도 극복되면서 우리 경제는 외환위기 이전 수준으로 되돌아가고 있지만 소득분배의 악화와 빈곤의 고착화라는 새로운 문제가 사회적 이슈로 등장하였다.

외환위기 이전까지 1990년대의 도시가구 지니계수는 0.280~0.290 수준을 유지하다가, 외환위기를 거치면서 1999년 0.320까지 크게 치솟아 2001년까지 비슷한 수준을 유지한 뒤, 2002년 이후 감소하여 2003년 0.306으로 낮아졌다. 그러나 이러한 추세는 2004년부터는 다시 높아져서 2006년에는 0.310에 이르렀다. 특히, 소득분배 불평등은 전국가구에서 더욱 심화된 것으로 나타나는데, 2003년 전국가구의 지니계수는 0.341에서 2004년 0.344, 2005년 0.348, 2006년 0.351로 악화일로로 치닫고 있는 것으로 나타나고 있다. 즉, 외환위기 이후 개선되던 분배상태가 현 정부 들어 최근의 낮은 성장과 함께 낮아져 분배상태가 나빠진 것으로 나타났다.

이에 따라 빈곤탈출, 사회적 소외(social exclusion)의 극복, 그리고 소득보상의 요구증대 등과 같은 후진국형 복지수요가 증가하고 있으며, 이와 더불어 이제는 편안하게 살고자 하는 욕구가 커지고 있어 선진국형 삶의 질 향상 요구에 기초한 복지수요가 증대하고 있다. 이와 같이 우리 나라는 외환위기로 인하여 삶의 질 향상을

표 1 도시가구 및 전국가구의 지니계수 추이

연도	1997	1998	1999	2000	2001	2002	2003	2004	2005	2006
도시	0.283	0.316	0.320	0.317	0.319	0.312	0.306	0.310	0.310	0.310
전국	–	–	–	–			0.341	0.344	0.348	0.351

자료: 통계청, KOSIS.

요구하는 복지수요의 증대와 빈곤화 및 분배악화로 인한 후진국형 복지수요 증대가 상존하고 있다. 따라서 삶의 질 향상을 위한 복지와 소득보상을 위한 복지는 기본적으로 정책의 방향과 내용이 다르다는 점에서 이에 대한 최적의 정책적 대응을 하지 않을 경우 재원의 막대한 낭비에도 불구하고 실효성은 지극히 저조한 복지구조를 갖게 될 위험이 있는 것이다.

1.2. 저출산 · 고령화

우리 나라는 2000년 8월 노인인구 비중이 7%를 넘어서면서 고령화 사회로 진입하였다. 그러나 현재 우리 나라 고령화 정도는 다른 OECD 국가들에 비하여 심각한 정도는 아니다. 우리 나라는 OECD 국가 중에서 터키, 멕시코에 이어 가장 인구구조가 젊은 나라 군에 속한다. 평균연령이 33세로 OECD 평균인 38세에 비해 상당히 낮고, 노인인구부양비가 OECD 평균의 절반 수준보다도 낮은 상태이다. 그러나 이러한 추세는 급반전될 것으로 전망된다. 산업화와 그로 인한 가족구조의 변화, 산아제한정책의 시행 등으로 인하여 1970년에 4.53%이었던 출산율이 1.08%까지 하락하였기 때문이다. 이는 인구구조를 유지하기 위해 필요한 대체출산율 2.1%뿐만 아니라 OECD 평균인 1.7%보다도 크게 낮은 수준이다. 동시에 선진국에서 진행된 의학기술의 발달로 인한 결실을 공유하게 됨으로써 평균수명이 급속히 연장되어 1950년대 이후 27년가량 연장되었다. 그 결과 향후 노인인구의 비중은 급격히 증가하여 2019년에는 14%를 넘어서면서 고령사회(aged society)로, 2026년에는 20%를 넘어서서 초고령사회(hyper-aged society)로 진입할 전망이다. 노인인구의 비중이 7%에서 14%로 되는 기간이 영국은 45년, 프랑스는 115년, 서독은 45년, 스웨덴 85년인 데 비해, 우리 나라는 겨우 18년에 불과할 정도로 고령화가 세계에서 가장 빠른 속도로 진행될 것으로 전망되고 있다.

이와 같은 고령화의 진전은 근로연령인구의 축소를 통해 조세수입 및 사회보험료 수입을 감소시키는 반면, 연금수급자의 증가와 노인의료비의 증가 등을 통해 사회보장지출을 증가시킴으로써 재정악화요인으로 작용한다. 따라서 현재 우리에게 필요한 것은 고령화로 인해 발생할 수 있는 경제·사회적인 문제를 해소하기 위한 대책마련이 시급하다. 세계에서 가장 빠른 속도로 고령화가 진행되고 있음을 감안할 때 다른 나라에서 수년에 걸쳐 이룩해 낸 일을 1년 동안에 이루어 내야 할 정도로 시급한 과제가 우리 앞에 놓여 있다.

1.3. 재정여건의 악화

우리 재정은 그 동안 외환위기 극복과정에서 핵심적인 역할을 수행하였다. 오랜 기간 동안 건전하게 운용된 재정 덕분에 금융구조조정 지원과 실업 및 빈곤대책 지원 등에 대규모 자금을 투입할 수 있었다. 이러한 정부의 적극적 재정정책으로 인하여 외환위기 직후 우리 재정은 적자로 반전하게 되었다. 그 이후 경제회복을 통한 세입증가, 국민연금 등 사회보장성 기금의 흑자증가에 따라 균형기조를 회복한 수준이다.

그러나 재정건전성을 보다 명확히 판단하기 위해서는 통합재정수지의 조정이 필요하다. 그 이유는 국민연금이 1989년에 도입되어 아직 연금지출이 본격적으로 이루어지지 않고 있기 때문이다. 현재 매년 큰 폭으로 흑자를 보이고 있는 국민연금은 장래의 연금지급에 대비하여 대부분 금융자산에 투자되고 있으므로 재정의 건전성을 제대로 평가하기 위해서는 통합재정수지에서 이를 제외해야 한다. 그리고 2003년부터 공적 자금 보증채를 국채로 전환하고 있으며, 이로 인해 일시적으로 통합재정수지가 악화되고 있다. 보증채로 인한 재정건전성 악화는 이미 과거에 발생한 것이므로 재정기조를 파악하기 위해서는 국채전환분을 현재가 아닌 보증채 발행시점에 계상하는 것이 바람직하다. 이러한 조정과정을 거치면 통합재정수지는 정부의 발표와는 달리 최근 2년간 적자를 보이는 것으로 나타나고 있다.

재정수지와 더불어 재정건전성을 판단하기 위한 또 다른 지표는 정부부채이다. 우리 나라의 중앙정부 채무는 1980년대 초 이래 완만하게 하락하는 모습을 보였으나 외환위기로 인해 급격히 상승하는 추세로 돌아섰으며, 상승추세는 외환위기를 벗어난 지금까지도 계속되고 있다. 특히, 2003년 이후에는 공적 자금의 국채전환 및 외환시장 안정용 국채발행 증가 등으로 그 증가가 가속화되고 있는 실정이다. GDP 대비 국가채무는 1997년 말 12.3%에서 2005년 말 30.7%로 증가하였다. 보증채무 역시 외환위기 직후 금융구조조정을 위한 공적 자금 투입으로 급증하였으나 2001년 17.1%까지 증가하였다가 감소하는 추세를 보이고 있는데, 이는 보증채무의 확정채무로의 전환 때문이다. 국가채무에 중앙정부 보증채무를 합할 경우 2005년 말의 총부담수준은 GDP 대비 37.5%에 달한다. 여기에 정부의 공식 통계에 포함되지 않고 있는 공적 자금 손실금, 4대 공적 연금 책임준비금 부족액, 건강보험 누적적자 등을 합칠 경우 국가채무의 규모는 훨씬 크게 늘어난다. 이와 같이 급속히 늘어가는 국가채무는 이자부담의 증대로 인한 재정부담의 증대와 투자의 구축효과 등으로 경제침체를 더욱 가속화시키고 장기화시킬 수 있다.

이상과 같이 외환위기 이후 국채발행과 공적 자금 투입증가 부담으로 정부의 재정건전성이 크게 악화되고 있다. 이러한 재정건전성 악화와 국가채무 증대에 따라 복지재정 확보에 따른 어려움이 증대하고 있다.

2 한국 복지패러다임의 변화와 특징

2.1. 한국 복지패러다임의 변화

1997년 외환위기와 김대중 정부의 출범은 한국 복지패러다임의 전환점이 되었다. 국민의 정부는 경제정책과 노동시장정책에 있어서는 신자유주의적 접근을 취하면서도 복지정책에 있어서는 국가의 역할과 책임을 확대하였다. 김대중 정부에서 실시된 사회보장제도의 개혁은 4대 사회보험제도와 공공부조 전반에 걸쳐서 이루어졌다. 먼저 4대 사회보험제도를 살펴보면, 1998년 10월 실업보험이 전 사업장으로 확대되었고, 1999년 4월에 국민연금이 도시지역에 거주하는 자영업자들에게 확대되어 전 국민 연금시대를 열게 되었으며, 2000년 7월에는 직장과 지역으로 나뉘어 있던 의료보험조합이 통합되었고, 산업재해보상보험이 전 사업장으로 확대되었다. 한편, 2000년 10월부터 기존의 생활보호제도를 대체하여 국민기초생활보장제도를 시행하면서 공공부조제도의 획기적 변화를 가져왔다.

김대중 정부에서 이루어진 이와 같은 복지제도의 변화는 '생산적 복지'라는 구호하에 이루어졌다. '생산적 복지'란 복지가 경제성장에 방해가 되어서는 안 된다는 인식하에 시장친화적 복지 또는 성장에 기여하는 복지로 해석되는 이 말이 복지에 대한 국가의 역할과 책임을 확대해 온 김대중 정부의 복지정책의 내용과 너무나 큰 차이가 있다. 이러한 '생산적 복지'는 노무현 정부에 들어와 '참여복지'로 이어지면서 복지재정은 더욱 확대되고 있다.

2.2. 한국 복지의 문제

2.2.1. 백화점식 복지

한국의 복지는 불과 20여 년 만에 어느 선진국 못지않게 복지국가의 외형적 틀을 갖추는 압축적 복지성장을 가져왔지만, 선진국에서 실시하는 정책을 따라하면서 나열만 해 놓은 '백화점식 복지'라는 비판을 받기도 한다. 한국은 1980년 후반 이후 많은 복지제도가 새롭게 도입되거나 기존 제도를 확대하였다. 국민연금제도(1988), 전 국민 의료보험 실시(1989), 고용보험 도입(1995), 국민연금 도시자영자 및 4인 이하 사업장 근로자로 확대(1999), 의약분업 및 의료보험통합(2000), 그리고 국민기초생활보장제도의 실시(2000) 등 많은 복지제도가 단시간에 도입되었다. 이에 그 실효성이 부족하고 복지전달체계가 미비하여 복지수요에 부응하지 못한 채 재원의 낭비만 초래하고 있는 실정이다.

2.2.2. 양적 확대 위주의 복지

한국의 복지지출수준을 단순히 GDP, 노년부양비율, 조세부담률 등이 상당히 높은 OECD 국가들과 비교하여 지나치게 낮다고

그림 1 각 복지지출지표의 포괄범위 비교

<table>
<tr><td colspan="4">총사회복지지출: (1)+(2)
(total social expenditure)</td></tr>
<tr><td colspan="3">사회복지지출(1)
(social expenditure)</td><td>자발적
민간지출(2)</td></tr>
<tr><td colspan="2">공공사회복지지출
(public social expenditure)</td><td colspan="2">민간사회복지지출
(private social expenditure)</td></tr>
<tr><td>일반정부
지출</td><td>사회보험
급여</td><td>법정
민간급여</td><td>자발적
민간급여</td></tr>
</table>

<table>
<tr><td>순사회복지지출:(1)+(2)−(3)+(4)
(net social expenditure) ‖← ①</td><td colspan="2">② →‖</td></tr>
<tr><td>총사회복지지출</td><td>조세부과
(3)</td><td>조세감면
(4)</td></tr>
</table>

주: ①은 Tax>TBSPs인 경우, ②는 TBSPs>Tax인 경우임.
Tax: 이전소득자가 부담하는 직·간접세(일반정부지출을 제외하고는 모두 부과됨).
TBSPs(tax breaks for social purposes): 이전소득자, 사회복지서비스 공급기관에 대한 조세혜택.

평가하고, 이를 근거로 무조건 복지지출을 대폭 늘려야 한다는 것은 문제가 있다. 우선 복지지출을 국제비교할 때는 그 범위가 무엇인지를 명확히 해야 한다. 왜냐하면, 복지지출은 그 범위가 다양하게 정의됨에 따라 어느 것을 기준으로 하는가에 따라 그 규모가 달라지기 때문이다. 가장 좁은 범위의 공공사회복지지출, 여기에 법정민간급여(퇴직금 등)를 포함한 사회복지지출, 그리고 여기에 자발적 민간급여를 포함한 총사회적 복지지출, 그리고 여기에 조세부과를 공제하고 조세감면을 더한 순사회적 복지지출 등과 같은 범위에 따라 국제비교의 의미가 달라진다.

표 2 사회복지지출의 추정치 및 실적치 비교

(단위: GDP에 대한 비율, %)

연도	OECD	단순평균 대비 한국 복지지출 비율	노령·장애·유족연금 포함			노령·장애·유족연금 제외		
			추정치 (E)	실적치 (O)	O/E	추정치 (E)	실적치 (O)	O/E
1995	21.71	23.3	7.17	5.05	70.5	4.37	4.76	108.8
1997	21.63	29.9	8.01	6.46	80.6	4.89	6.03	123.2
1999	21.68	45.1	9.51	9.77	102.7	5.78	8.86	153.2
2001	21.68	40.1	10.66	8.70	81.6	6.34	7.89	124.3

자료: 안종범·김을식(2004).

사회복지지출을 기준으로 국제비교를 할 경우 [표 2]에서 나타나듯이 단순비교시 40.1%이던 것이 사회·경제적 요소의 시차적 차이를 감안한 국제비교를 할 경우, 2001년 복지지출지수가 81.6%이고 연금제도의 성숙도까지 고려할 경우에는 124.3% 수준을 나타내고 있다. 법정퇴직금 등 법정민간급여를 포함할 경우 공공복지지출보다 더욱더 OECD 국가에 근접하며 우리의 노령연금제도가 아직 성숙되지 않은 점까지 감안하면 현재 수준이 오히려 OECD 국가보다도 높다는 것이다.

우리의 경제·사회여건을 감안하였을 때 결코 작지 않은 복지지출수준에 도달해 있음에도 불구하고, 우리 나라의 사회복지지출은 외환위기 이후 증가속도가 여타 부문에 비해 상당히 빠르게 증가하고 있다. 즉, 우리 나라의 사회복지분야의 재정투자는 외환위기 이후 크게 확대되어 사회복지·보건분야[1] 예산·기금을 합한 총지출 기준으로 1997년 21조 원에서 2005년은 49조 6,000억 원으로

[1] 보건복지부·노동부·여성부·보훈처·식약청소관의 일반회계, 특별회계 및 기금을 포함하는 통합재정(사업비 총지출).

연평균 11.3% 수준의 높은 증가를 보였다. 뿐만 아니라, 2006년은 56조 원으로 2005년 대비 12.95% 증가하였고, 2007년 예산(안)은 2006년 사회복지·보건분야 재정투자 대비 10.38% 증가한 것으로 나타나고 있다.

2003년 이후 재정투자 추이를 기능별로 살펴보면 기초생활보장 및 취약계층 지원에 각각 연평균 14%, 17% 연도별 재정투자 증가율을 보이고 있으며, 2003년 대비 2007년 예산(안)의 비중은 각각 86.16%, 92.27% 증가하였다. 여성보육부문 및 노동부문의 재정투자 증가율은 각각 연평균 38%, 13% 증가하였으며, 2003년 대비 2007년 예산(안)의 비중은 각각 236.9%, 67.7% 증가한 양상을 나타내고 있다. 특히 빈곤·여성·노동부문 등에서 재정투자 증가추이가 두드러지는데, 노무현 정권의 막대한 재정투자에 비한 성과는 극히 저조한 것으로 나타나고 있다.

2.2.3. 중앙정부 중심의 획일화된 복지

선진국에서는 복지부문에 민간참여가 활발한데도 우리는 중앙정부 중심의 재원마련과 운영체제 구축에 전적으로 의존하는 것이 문제이다. 복지체계는 현행의 일원화된 복지가 아닌 다층적 복지체계로 전환되어야 하며, 이는 공공과 민간, 그리고 중앙과 지방 간의 상호 복지역할 분담을 통해 가능하다. 특히, 지속가능한 복지를 위해서도 필요한 복지수요를 공공부문이 전담하는 것은 바람직하지 않고 사회보험-공공부조-복지서비스의 기능을 공공과 민간부문에서 적정하게 분담해야 한다.

실례로 재정부담을 줄이기 위해 스웨덴은 1994년 민영(民營)연금을 도입하고, 1990년 이후부터는 복지서비스 제공주체에 대한 규제를 풀고 보육시설과 노인요양시설도 민간영리법인이 운영할 수 있도록 하면서 서비스의 질이 향상되고 있다. 그러나 현재 우리 나

표 3 사회복지·보건분야 재정투자 추이

(단위: 억 원)

구 분	1997년	2000년	2002년	2003년	2004년	2005년	2006년	2007년(안)
사회복지·보건	210,282	352,333	379,699	416,987	441,260	496,007	560,262	618,415
(예 산)	54,537	85,360	120,993	136,741	149,036	157,806	145,027	169,396
(기 금)	155,745	266,973	258,706	280,246	292,224	338,201	415,235	449,019
· 기초생활 보장	9,624	24,710	34,303	35,402	39,283	46,524	53,438	65,907
· 취약계층 지원	4,349	6,210	9,400	10,508	11,574	11,338	14,634	20,204
· 여성보육	1,337	1,466	2,461	3,606	4,625	6,786	9,426	12,150
· 국가보훈	11,885	13,881	18,572	22,258	23,721	25,006	26,985	29,876
· 노동부문	29,174	48,913	57,690	62,692	65,262	78,341	93,185	105,122
· 공적 연금	78,560	104,756	110,441	123,722	138,493	160,582	172,025	189,805
· 주택부문	58,816	129,849	107,378	113,443	109,899	116,821	135,459	139,863
· 보건	16,537	22,548	39,454	45,356	47,037	50,609	55,108	55,488

주: 총지출기준.
자료: 기획예산처(2006); 기획예산처(2006c).

라 복지는 사회보험-공공부조-복지서비스 모두 중앙정부 중심의 재원마련과 중앙정부 중심의 운영체제 구축에 전적으로 의존하고 있다. 사회복지서비스의 경우 기본적으로 복지서비스 수요를 제때에 제대로 파악할 수 있는 지방정부가 담당하는 것이 바람직 하지만 여전히 재원이나 행정을 중앙정부에 의존하는 경향이 크다. 아울러 사회복지의 경우 제도 못지않게 행정체계와 전달체계의 구축이 중요한데, 이는 지방정부가 담당하는 것이 바람직하다.

3 노무현 정부의 복지정책 평가

앞에서 살펴본 바와 같이, 우리 나라의 사회안전망은 외형적으로 절대빈곤층에 대해서는 국민기초생활보장제도가 최저생계를 보장하고, 일반국민에 대해서는 4대 사회보험으로 노령·질병 등 사회적 위험에 대해서 1차적으로 보호를 하고 있다. 그러나 역대 정권 중 가장 많은 복지재정지출을 확대해 왔던 참여정부에서 사회안전망의 넓은 사각지대가 존재하고 전달체계의 문제로 인하여 제도의 실효성은 매우 낮은 수준이다. 이는 현 정부의 무능함과 부실한 정책운영을 여실히 보여 주는 것이다. 여기서는 이에 대해 살펴보고자 한다.

3.1. 사회보험: 넓은 사각지대

현 정부처럼 사회안전망의 사각지대를 방치한 채 복지재원만 투입한다는 것은 말 그대로 "밑 빠진 독에 물 붓기"다. 따라서 사각지대가 어느 정도인지 파악하고 이를 메우는 데 중점을 두는 것이 바람직하다. 그래야 복지재원을 확충한 뒤 이를 사용하더라도 복지혜택이 필요한 소외층에게 효과적으로 전달되어 소외탈출의 계기가 될 것이다. 이러한 사각지대 중, 특히 연금 사각지대, 즉 노후소득 보장의 우산 밖에 있는 자와 고용보험 사각지대, 즉 실업으로부터의 보호에서 벗어나 있는 자에 대한 보호가 가장 중요하다.

3.1.1. 공적 연금의 사각지대

공적 연금의 사각지대는 공적 연금의 적용범위의 보편성 측면에서 현재 연금수급세대인 노령계층과 미래 연금수급세대인 근로연령계층으로 구분된다. 노령계층에서는 현재 연금수급권을 확보하고 있는지, 그리고 근로연령계층에서는 미래 연금수급권 확보를 위하여 제도에 가입하여 성실히 보험료를 납부하고 있는지가 중요하다.

우리 나라 국민연금제도가 도입된 이후, 전 가입자의 50% 이상이 1999년 4월 도시지역 확대적용을 통하여 적용되고 있다. 따라서 현 노령계층 중 연금수급권을 확보한 계층은 극히 일부(제도적 초기가입자를 위한 특례노령연금제도(최소 5년가입))로 연금수급권을 제공하나 이마저도 미미한 수준이다. 그리고 현재 60세 이상 총인구 589만 9,000명 중 공적 연금(국민연금+공적 직역연금) 수급자는 1,05만 8,000명(18%)으로 공적 연금 사각지대의 비중은 484만 2,000명(82%)인 실정이다. 여기에 경로연금 총수급자 61만 8,000명(10.5%)을 포함하더라도 공적 소득보장 미수급자의 수는 422만 4,000명(71.5%)으로 미미한 수준이다. 한편, 공적 연금 이외에 공적 부조(국민기초생활보장제도)나 경로연금 등의 공적 소득보장제도로부터 급여를 받는 경우도 60세 이상 인구 중 62만 명으로 10.5%에 불과한 실정이다.

미래연금 수급자인 현재 근로연령층의 공적 연금 사각지대도 심각한 실정이다. 2003년 말 18~59세 연령계층 인구가 3,045만 명 중 수급자격을 갖추어 나가는 사람은 40.1%인 1,243만 명에 불과하다. 18~59세 총인구 중 공적 연금의 잠재적 사각지대 구성은 당연가입 제외 40.1%로 1,223만 명, 납부유예자는 15.0%로 456만 명 및 소득미신고자, 보험료미납자는 3.9%로 120만 명 등으로 연금수급을 위한 자격을 갖추어 나가지 못하고 있다. 이와 같은 상황에서 공적 연금 수급이 본격적으로 이루어지게 되면 노후소득 보장체계가 완성될 것으로 생각하는 것은 환상일 수 있으며, 미래 노령계층의 상당수가 공적 연금의 사각지대에 놓일 것으로 예상된다

3.1.2. 고용보험의 사각지대

고용보험제도는 1998년 10월 1일부터 고용보험의 적용범위가 모든 사업장과 임시·시간제 근로자에게로 확대되고, 1999년 12월 31일 기준기간과 피보험기간이 각각 18개월과 180일로 완화되어 실업급여 수급자수 대비 비중은 꾸준히 증가하고 있다. 이와 같은 실업급여는 실업으로 인한 빈곤의 발생가능성을 낮추는 효과가 있는 것으로 보고되고 있지만(안종범·김철희·전승훈, 2002), 2004년 현재 실업자 중에 실업급여를 수급하지 못하는 자의 수가 78.6%로 나타나고 있다. 이와 같은 수급자 비중은 구미 주요 국가에 비하면 현격히 낮은 수준이다. 실업보험제도만을 운영하는 미국의 경우 수급자 비율은 34%, 실업부조 성격의 제도를 갖고 있는 대부분의 다른 구미 국가의 경우 수급자 비율이 출처에 따라 다르지만 대개 60%, 일본의 경우도 1997년 현재 고용보험의 실업급여 수급자 비율은 39%에 이르고 있다.

또한 고용보험의 심각성은 전체 취업자에서 피보험자가 차지하는 비중이 상당히 낮다는 점에서도 찾을 수 있다. 2000년 이후 고용보험 적용률은 50%대에서 정체되어 있으며, 범위를 좁혀서 상

표 4 고용보험 적용률 추이

(단위: 천 명, %)

연도	취업자(A)	근로자(B)	상용·임시 근로자(C)	피보험자 (D)	D/A	D/B	D/C
1995	19,825	12,899	11,097	4,204	21.2	32.6	37.9
1996	19,141	13,200	11,406	2,322	22.6	32.7	37.9
1997	19,381	13,404	11,518	4,280	22.1	31.9	37.2
1998	18,180	12,296	10,576	5,268	29.0	42.8	49.8
1999	18,426	12,663	10,390	6,054	32.9	47.8	58.3
2000	19,192	13,360	11,003	6,747	35.2	50.5	61.3
2001	19,502	13,659	11,440	6,909	35.4	50.6	60.4
2002	19,965	14,181	11,748	7,171	35.9	50.6	61.0
2003	19,997	14,402	12,273	7,203	36.0	50.0	58.7
2004	20,300	14,894	12,707	7,577	37.3	50.9	59.6

주: 65세 이하 기준.
자료: 노동부(2005).

용·임시근로자 대비 적용률도 60%를 약간 넘는 수준이다. 이에 따라 전체 취업자 가운데 고용보험이 적용되는 피보험자의 비중은 약 1/3에 불과한 실정이다.

3.2. 공공부조: 저조한 대상효율성

경기침체에 따른 빈곤층의 고착화 문제가 심각한 반면 복지대책이나 빈곤대책이 빈곤탈출에 제대로 기여하지 못하고 있다. 한국보건사회연구원(2005)의 「자활사업실태조사」를 이용한 연구에 의하면 해마다 빈곤층으로 남는 가구비중은 커지고 탈출하는 비중은 작아지고 있다. 2002년 빈곤층[2]에 속하였던 가구 중에서 2003년에

표 5 **자활성공자 규모현황**

(단위: 명)

구 분	자활사업 참여자(A)	자활성공(소득기준 초과)			자활성공률 (B/A)
		소계(B)	취업·창업 등	자활특례자 (상향이동)	
2002년	72,446	4,990	3,740	1,250	6.9%
2003년	63,178	4,307	2,953	1,354	6.8%
2004년	76,093	4,131	1,666	2,465	5.4%
2005. 9월	48,908	2,373	1,323	1,050	4.9%

주: 자활사업 참여자(조건부·일반수급자+자활특례자)와 자활성공자는 당해 연도의 누적치.
자료: 보건복지부(2006).

빈곤층으로 남아 있는 가구의 비율은 62.2%였으며, 준빈곤층으로 탈출한 경우는 17.8%, 비빈곤층으로 탈출한 경우는 20.0%로 나타났다. 한편, 2003년에 빈곤층에 속하였던 가구 중에서 2004년에 빈곤층으로 남아 있는 가구의 비율은 64.0%였으며, 준빈곤층으로 탈출한 경우는 18.0%, 비빈곤층으로 탈출한 경우는 18.0%로 나타났다. 이는 해마다 빈곤탈출 가능성이 떨어지고 있음을 시사한다.

한편, 근로능력자를 대상으로 한 자활지원사업에서의 자활성공률은 2002년 6.9%, 2003년 6.8%, 2004년 5.4% 그리고 2006년 9월 말 현재 4만 8,908명이 참여하여 2,373명이 자활에 성공하여 4.9%의 저조한 성공률을 보이고 있다. 이와 같이 자활지원사업은 근로유인형 급여체계가 미흡하고, 일반시장에서 소득활동을 하는 일반근로자에게까지 확대적용되지 못하고 있는 점 등이 문제점으로 지적되고 있다.

---

2 빈곤층은 최저생계비 이하 가구, 준빈곤층은 최저생계비 이상 중위소득의 60% 이하인 가구, 비빈곤층은 중위소득의 60% 이상인 가구를 말한다.

3.3. 일자리 창출정책: 재정확대의 집착과 재정낭비

경제성장률이나 실업률 등의 거시경제변수는 저소득계층의 소득변화에 중요하고 유의한 영향을 미치고 있다. 특히, 최저소득계층인 1분위의 소득은 대체로 경기확장기에 크게 증가하고 수축기에 감소하는 경기순응적(pro-cyclical) 양상을 보이고 있다(안종범·임병인·석상훈, 2006). 이를 근거로 할 때, 저소득계층의 소득향상을 위한 정책적 과제로는 경기활성화를 통한 일자리 창출정책이 우선되어야 한다. 장기적으로 안정적 일자리는 국가의 예산으로 정책적으로 만들어지는 것이 아니라 기업의 투자에 의해 일자리가 창출되어야 한다. 그러나 이러한 당연함에도 불구하고, 우리 정부는 최대한 많은 예산을 투입해야 한다는 강박관념을 갖고 있는 듯하다. 참여정부 출범 후 매년 14% 이상 일자리관련 예산이 증가하고 있다. 2006년도 정부는 일자리 지원사업을 위해 배정한 예산은 총 1조 5,000억 원으로 이는 2005년보다 1,425억 원 늘어난 액수이다. 이를 통해 정부는 52만 6,604명에게 일자리를 지원할 계획이고, 이는 청년실업, 사회적 일자리, 취약계층 일자리의 세 부문에 걸쳐 87개 사업을 17개 부처에서 실시하고 있다.

그러나 정부에서 실시하고 있는 일자리 지원사업은 장기적인 일자리 대책이 아닌 일시적·단기적 일자리 대책(특히, 직접고용) 비중이 높아 매년 예산배정이 증대하여야 그 효과를 유지할 수 있을 정도다. 또한 정부가 추진하고 있는 일자리 지원사업은 해당 인원이나 예산이 매년 증대하고 있으나 인원 부풀리기, 부실한 사업구성, 부처별 중복사업 등으로 인하여 기대하였던 효과를 거두지 못하고 있다. 일례로 공공기관과 민간기업에서 실시하고 있는 청소년 직장체험 프로그램의 경우 정부에서 일자리 지원의 일환으로 예산을 투입하는 사업이나, 사업에 참여한 상당수는 신문정리 같은 단

표 6 일자리 지원사업 내용

	2004년도		2005년도(A)		2006년도(B)		증감(B−A)	
	금액	인원	금액	인원	금액	인원	금액	인원
합계 (1+2+3)	11,329	416,524	14,038	461,763	15,463	526,604	1,425	64,841
1 사회적 일자리	949	47,491	1,691	69,314	3,039	133,509	1,348	64,195
2 청년실업대책(공공부문인력채용 포함)	6,056	220,839	7,885	252,716	7,573	236,531*	△312	△16,185
3 취약계층 일자리 및 직업훈련	4,324	148,194	4,462	139,733	4,851	156,564	389	16,831

주: 청년실업대책에는 공무원, 공기업 등 공공부문 채용 5만 3,017명 포함.
자료: 기획예산처(2006b).

순한 작업을 하거나 우체국에 가서 우편물 분류업무 같은 육체노동을 하거나, 또는 공공기관에서 컴퓨터를 즐기며 시간을 때우기도 하는 등 허드렛일을 많이 하고 있는 것으로 나타났다. 그리고 기획예산처는 올해 산모·신생아 도우미사업으로 1만 1,192명의 일자리를 창출한다고 밝혔으나, 보건복지부의 기준에 맞추어 계산하니 상시 일자리 창출효과는 894명으로 고용효과를 12배가 넘도록 부풀려 사업을 시행하는 등 정부의 일자리 지원사업은 부실하게 운용되고 있다. 또한 청년들의 해외활동을 통한 취업지원사업의 경우에도 노동부의 전문직 해외취업 지원, 중소기업청의 해외시장 개척요원 양성, 정보통신부의 해외인터넷 청년봉사단 파견, 산업자원부의 무역인력 양성사업 등 유사한 사업을 부처별로 시행하고 있다.

이와 같은 일자리 지원사업은 1999년 출범한 이후 2001년에는 파견자 중 77.6%가 창업 또는 취업을 하는 등 한동안 효과가 괜찮았으나, 2004년 청년실업대책으로 대상인원과 예산이 확대됨에 따라 각종 부작용이 나타나기 시작하면서 실제 창업 및 취업비율은 2004년 36.9%로 급감하였다.

3.4. 정치왜곡과 인기영합: 양극화의 논쟁

앞에서 살펴본 바와 같이, 참여정부의 분배정책도 부정적인 평가를 받고 있다. 참여정부 집권 이후 빈곤층의 비중이 줄어들기보다는 오히려 늘어났기 때문이다. 즉, 부유층의 비중은 늘어나지 않은 데 비해 중산층까지 빈곤층으로 전락하면서 빈곤층의 비중이 점점 확산되어 빈곤이 심해지고 있는 것이다. 이는 참여정부의 빈곤층을 줄이기 위한 분배 위주의 정책이 실패하였음을 말해 준다. 그 동안 복지지출의 증대만 있고 복지정책의 내실화와 실효성은 없었다는 점에서 빈곤대책 및 복지정책으로 빈곤화가 더욱 심화된 측면이기 때문이다.

그러나 정부는 이에 대해 책임을 지기는커녕 오히려 우리 사회를 "소수의 승자만 존재하고 다수의 패자는 살 수 없는 카지노 경제"로 비유하고, "승자 독식의 카지노 경제는 강자의 탐욕이 끝이 없어 평화가 없는 비정한 사회를 만들어 낸다"고 진단하고 있다. 그리고 "양극화에서 빈곤층의 규모보다 격차확대가 더 심각한 문제"라며, "이대로 둘 경우 빈곤층의 저항과 계급투쟁이 불가피"하기 때문에 이는 "한국 사회 전체를 날려 버릴 수도 있는 '시한폭탄'이다"라고 주장한다. 그러나 정부는 크게 걱정할 필요는 없다고 우리를 안심시킨다. 우리에게는 '시한폭탄'이 폭발하기 직전에 해체할 희망이 있다는 것이다.

먼저 양극화 현상은 정부가 우려하듯이 작년에 갑자기 생긴 문제가 아니고 또 우리만의 문제도 아니다. 양극화는 21세기 지식

정보사회에 진입하면서 나타나는 현상이고 우리는 외환위기로 더욱 급격히 나타난 문제이다. 그러나 작년 노무현 대통령의 연두기자회견을 시작으로 양극화에 총력을 기울이고 있다. 이를 위해 청와대 내 양극화관련 특별기획팀을 만들어 대대적 기획시리즈를 내보내고, 대통령이 국민과의 대화를 하고, 나아가 각 부처가 양극화와 관련된 각종 작업을 진행하고 있을 정도로 양극화 논의는 급속히 확대되고 있다. 이 과정에서 '양극화 범인찾기'에서부터 '양극화 해소책'에 이르기까지 실로 다양한 논쟁거리가 생겨났고, 이러한 논쟁은 결국 새로운 갈등요인을 만들어 내기도 한다. 즉, 과거 박정희 정권시절의 압축성장, 세계화, 강남 집값문제 등이 양극화를 만들어 낸 주범으로 지목하면서 이들 세력을 극복하고 또 희생을 강요하는 식의 처방을 내놓고 있다. 특히, 노무현 대통령은 국민과의 대화에서 양극화 문제를 강조하면서 상위 20%에게만 세금을 더 거두면 80%는 혜택을 본다는 식의 논리까지 동원함으로써 계층 간 갈등구조를 이용하려 한다는 의심을 받기까지 하였다. 이러한 편가르기 구도는 2005년 8·31 부동산대책 발표 당시 98%를 위한 대책이라고 홍보하던 것과 유사한 것으로서, 대기업과 가진 자에 대한 반감을 극대화하고 이를 이용하려 한다는 의심을 받기에 충분하다.

결국 이와 같은 갈등이 올해 대선을 앞두고 이어지고, 여기에 여·야의 정치적 대결이 뒤섞이면, 우리 사회는 크게 '있는 자'와 '없는 자'로 대립하는 양상이 고착화될 수도 있다. 정부가 양극화가 20:80, 10:90, 2:98로 이루어져 있다고 확신한다면, 아래에 있는 80%, 90%, 98%의 유권자가 자기편이라고 생각하고 이들을 위한 선심정책을 내놓고 오도된 여론을 이끌 수도 있는 것이다.

3.5. 복지비전의 비현실성

참여정부는 장기종합전략 보고서인 『비전 2030—함께 가는 희망 한국』을 발표하였다. 이는 성장과 복지가 함께 가는 동반성장 전략으로 2030년까지 우리 나라를 선진복지국가로 만들겠다는 전략이다. 정부의 발표대로라면 현재 8% 수준에 불과한 국민총생산 대비 공공사회지출인 복지지출규모를 2030년에 21%로 끌어올려 우리의 삶의 질 순위가 세계 10위의 선진복지국가가 된다는 것이다. 그러나 이 보고서는 우리의 능력을 과대평가하고 있고, 그렇게 과대평가된 능력을 넘어선 복지지출계획을 제시하고 있다. 오는 2010년까지 복지예산을 연평균 9.1% 늘린다는 계획으로, 이는 같은 기간 정부예산 연평균증가율 6.4%를 크게 웃도는 수준이다. 문제는 이를 위한 재원마련을 어떻게 하느냐는 것이다. 정부는 오는 2010년까지는 추가적인 증세 없이 충당할 것이라는 입장이지만 결국 정부예산 가운데 복지부문 지출을 더 높일 수밖에 없다. 더구나 비전 2030은 우리 복지에 대한 진정한 평가가 결여된 상태에서 현상태의 복지를 그대로 둔 상태에서 이를 확대하는 계획을 담고 있다. 우리 복지가 갖고 있는 낭비적 요인과 전달체계상 문제 등을 바로잡는 복지구조 개혁이 없이는 아무리 복지지출을 확대하더라도 복지지출수준의 목표치를 달성할지 몰라도 설정한 복지비전 달성은 불가능할 것이다.

4 복지정책의 과제

4.1. 복지정책기조의 대전환

많은 복지선진국들은 고령화 사회 도래에 따른 복지지출의 확대, 성장률의 저하 등으로 인하여 '성장'과 '발전'의 새로운 패러다임을 모색하고 있다. 그러나 우리의 경우 무분별하게 복지제도가 확대되기에 이르렀고, 따라서 복지재정이 크게 확대됨에 따라 미래 한국 복지제도의 지속가능성에 대하여 많은 의문이 제기되고 있는 실정이다. 따라서 지속가능한 복지체계를 구축하지 않고는 복지와 성장 간의 조화를 도모할 수 없다는 점에서 한국 복지패러다임으로서 지속가능 복지가 갖는 의미는 상당히 크다고 할 수 있다.

지속가능 복지는 성장과 복지의 조화라는 21세기 국가비전에 상응하는 복지비전이라고 할 수 있다. 21세기의 한국은 더 이상 복지를 억제하면서 성장만을 추구할 수 없고, 또한 성장을 도외시한 복지의 추구는 실현성이 없다. 따라서 복지와 성장, 나아가 분배와 성장은 더 이상 대립개념이 아니며 동시에 추구하지 않고는 어느 하나도 달성할 수 없다. 성장기반 복지(growth-based welfare)는 성장을 통해, 일자리가 늘고 실업이 줄며, 빈곤문제가 해결됨으로써 복지의 기본수요가 충족될 뿐만 아니라 성장을 통해 정부재정이 건전해지면 안정적 복지재원이 마련되어 복지확충의 원동력이 된다는 것이다. 한편, 복지기반 성장(welfare-based growth)은 소외된 계층의 아픔을 함께 나누는 '더불어 사는 사회'의 기반이 없이는 지속적이고 안정적인 성장이 불가능하다는 것이다.

특히, 세계에서 가장 급속히 진행되고 있는 한국의 고령화는 지속가능 복지가 한국 복지의 새로운 패러다임이 되어야 하는 필요성을 부각하기에 충분하다고 할 수 있다. 고령화는 경제와 재정에 미치는 부정적인 영향이 막대함과 동시에 고령화 자체가 분배구조를 악화시킴으로 인한 복지수요의 급증이라는 문제도 야기한다는 점에서 미리부터 충분히 대처해야 한다.

4.2. 교육-노동-복지의 조화

지속가능 복지는 소외계층들에게 대한 지원에만 초점을 맞춘 기존의 복지(welfare)에서 소외탈출의 기본동력을 제공하는 일자리를 제공하는 일하는 복지(workfare)로, 그리고 보다 나은 일자리, 오래 가는 일자리를 보장해 주는 학습복지(learnfare)로 발전되고 있다. 이러한 일하는 복지와 학습복지는 복지-노동-교육의 삼자의 연계를 통해 가능하다.

교육-노동-복지체제는 사전적 장치 및 사후적 장치로 구분할 수 있다. 사전적인 것은 실업, 은퇴, 질병 등 위험이 발생하기 전에 사람을 보호하는 것으로서 주로 의무교육과 사회보험이 주된 역할을 하고, 사후적인 것은 빈곤, 질병 등의 위험이 발생하고 난 뒤 사람을 보호하는 것으로서 국민기초생활보장, 의료부조 등 공공부조와 복지서비스가 중심이 되는 것이다. 따라서 보다 중요하게는 소외발생 이전에 이루어지는 사전적 복지-노동-교육 연계가 강화될 필요가 있다. 이러한 사전적 연계시스템은 소외발생을 줄여 사회적 비용을 줄이는 효과가 있을 것이다. 그리고 이는 기존의 한 시점에서의 복지가 아닌 평생복지-평생학습-평생고용체계 구축의 기초가 되어야 한다. 유년기-청년기-장년기-노년기로 이어지는 생애주기 동안 보육, 교육, 노동, 고용, 직업훈련, 사회보험, 노후소득보장, 노인복지 등과 같은 복지-노동-교육 연계제도가 중요한 역할을 한다.

4.3. 복지재정 확충전략

우리 나라는 앞으로 고령화가 급속히 진행된다는 하나의 요인만을 감안하더라도, 복지재원을 확충하는 것이 무엇보다 중요한 과제라 할 수 있다. 다만 복지재원을 어떠한 방법으로 확충할 것인가에 대해서는 명확한 원칙과 이를 지속적으로 유지해 나가는 일관성 있는 노력이 필요하다. 이와 같은 복지재원 확충을 위한 재원조달의 기본전략으로 다음과 같은 방법을 생각해 볼 수 있다.

첫째, 기존 복지예산 중에서 낭비적 요인에 대한 재점검이 필요하다. 아무리 많은 재원을 투입하더라도 복지혜택이 필요한 대상에게 제때에 제대로 전달되지 않으면 복지에 대한 불만은 좀처럼 해소될 수 없다. 따라서 기존의 복지제도 운용에 있어 지출효율화 방안과 복지전달체계의 개선이 무엇보다 중요하다. 사회복지부문별로 중복지출요인을 제거하고 복지행정체계의 통합운영을 통한 지출감소 가능성 등을 검토할 필요성이 있다.

둘째, 세출구조 개선을 통하여 복지재원을 확충할 필요가 있다. 재정건전성을 조기에 회복하면서 늘어나는 복지수요를 충족시키기 위해서는 예산배분구조의 변화가 불가피하다. 즉, 기존 예산 중 대내외 환경변화에 부응하여 비중을 감소시킬 수 있는 항목의 예산을 복지예산으로 전환함으로써 재원확충이 가능하도록 유도할 필요성이 있다. 아울러 예산구조 개혁을 통해 인건비, 연금부담금, 교부금, 금융구조조정이자 등 경직성 예산의 비중을 줄이고 이를 복지예산으로 전환하도록 하는 방안도 바람직하다고 할 수 있다.

셋째, 관련제도의 정비를 통해서 복지수요를 충족할 수 있는 궁극적인 재원확충이 필요하다. 소득재분배적 성격을 지니는 금융소득종합과세, 주식양도차익과세, 탈세방지 등을 지속적으로 강화함으로써 소득분배 개선을 위한 복지수요를 충족시킬 수 있다. 교육제도의 개혁, 직업훈련, 재취업 교육 등 고용구조 개선 역시 중요한 과제이다. 교육제도 개혁을 통해 분배구조를 개선하고 빈곤을 축소시킬 수 있기 때문에 장기적으로 복지수요를 충족시키며, 직업훈련 및 재취업교육 등 고용정책의 개선을 통해서는 실업, 빈곤, 분배문제를 해소시킬 수 있다.

넷째, 정책조합(policy-mix)을 통해 재원을 확보하고 동시에 정책의 실효성을 제고할 필요가 있다. 복지지출은 복지제도만으로 발생하는 것이 아니다. 복지지출의 범위를 넓게 보았을 때 복지지출은 다양한 정책프로그램이나 제도에 의해 결정된다. 따라서 이러한 유사한 목적을 갖고 기능을 갖는 각종 정책들을 조화시킴으로써 복지확충의 시너지효과를 발휘할 수 있을 것이다.

마지막으로 복지재원 조달을 위해 최후의 방법으로 조세부담률을 제고하는 것이다. 하지만 조세부담률을 제고하게 되면 국민들에게 직접적인 세부담으로 이어지고, 조세에 대한 불만을 증폭시킬 수 있다는 점에서 신중할 필요가 있다. 대부분의 조세에 대한 불만이 조세의 형평성 문제와 결부되어 나타난다는 점을 고려할 때, 조세부담률을 제고하기 위해서는 조세형평성이 동시에 제고되어야 한다.

4.4. 복지내실화를 위한 평가체제 확립

복지재원이 마련되었다면, 다음으로 생각해 볼 사항은 복지와 관련된 각종 제도와 행정체계를 효율화하기 위한 평가체제의 확립 방안에 대한 것이다. 특히, 복지내실화를 위한 복지-노동-교육 등을 중심으로 하는 policy-mix가 보다 광범위하게 시도될 경우, 이러한 평가체제의 확립은 중요한 역할을 하게 된다. 이를 위해서는 제도도입 이전에 그 타당성을 검토하고, 제도도입 이후에는 사후적인 평가를 통해 제도가 수정·보완될 수 있는 시스템이 마련되어야 한다. 특히, 사후평가는 예산과정의 하나로 인식되어야 한다. 사후평가는 '사전적 (예비)타당성 조사→예산편성→예산심의→예산집행→사업 사후평가→추후 정책 및 예산편성에 반영'이라는 예산과정의 하나로 자리잡아야 한다. 즉, 일반적으로 사업의 타당성 조사보고서에는 사업의 개요와 함께 사업의 목표, 추진방법, 사업의 경제성, 기대효과, 파급효과, 각종 영향평가 결과 등이 사전적 관점에서 정리되어야 한다. 따라서 사업완료보고서에 당연히 포함되어야 할 내용은 이들 항목을 사업 후의 관점에서 다시 정리하고 점검해야 할 것이다. 특히, 복지제도의 사전·사후 평가체제가 구축되기 위해서는 우선 자료개발 및 수집, 실제 평가시행에 대한 책임주체가 명확해져야 한다. 즉, 미국의 기획·평가차관보실(Assistant Secretary for Planning and Evaluation: ASPE) 같은 기구가 보건복지부 산하에 있을 필요가 있다.

사전평가와 사후평가의 연계체계 구축도 중요한 과제이다. 사후평가 결과를 지속사업의 사전평가의 기초자료로 활용하는 환류체제(feedback system)를 구축하는 것이 필요하다. 이는 성과주의 예산체제 구축의 기초가 될 것이다. 아울러 평가를 과학화하고 객관화하기 위해서는 평가의 기준이 되는 지표의 개발이 핵심적인 역할을 한다. 합리적인 평가기준이 될 수 있는 지표의 개발을 통해 시기별로 변화하는 각종 정책 그리고 policy-mix에 대한 평가를 제대로 할 수 있을 것이다. 이러한 정책평가를 과학화하고 객관화하기 위해서는 평가의 기준이 되는 지표의 개발이 핵심적이다. 이를 위해 평가의 기준은 현행의 정적(static)인 평가에서 동적(dynamic)으로, 대상자의 현재 상태(current status)가 아닌 움직임(behavioral response)으로, 총론이 아닌 각론으로, 그리고 철학이 아닌 과학으로 전환되어야 한다. 그래도 남는 나머지는 이념의 문제로 인식하는 것이 바람직하다.

5 결 론

지금까지 복지여건의 변화와 복지정책의 변화과정을 살펴보았다. 그리고 이를 통해 나타난 노무현 정부의 복지정책의 문제점을 살펴봄으로써 앞으로 우리 사회의 복지정책이 나아가야 할 방향을 모색해 보았다. 여기에서 주된 시사점은 다음과 같다.

우리 사회는 외환위기로 인하여 복지여건은 많이 변화하였다. 삶의 질 향상을 요구하는 복지수요의 증대와 빈곤화 및 분배악화로 인한 후진국형 복지수요 증대가 상존하고 있으나, 정부의 재정건정성 악화와 국가채무 증대에 따라 복지재정 확보에 따른 어려움이 증대하고 있다. 그리고 앞으로 빠른 속도로 고령화가 진행될 것으로 전망되고 있다. 이에 따라 우리에게 필요한 것은 고령화로 인해 발생하는 경제·사회적인 문제를 해소하기 위한 대책마련이 시급한 실정이다.

이러한 복지여건의 변화에 따라 우리의 복지정책은 김대중 정부의 '생산적 복지'를 전환점으로 어느 선진국에 못지않게 복지국가의 외형적 틀을 갖추는 압축적 복지성장을 가져왔다. 그러나 선진국에서 실시하는 정책을 따라하면서 나열만 해 놓은 '백화점식 복지'이며, 중앙정부 중심의 획일화된 복지구조를 갖고 있다는 비판을 받기도 한다. 그리고 노무현 정부에 들어와서는 '참여복지'를 중심으로 복지지출의 양적인 확대를 가져왔다.

그러나 이러한 정부의 노력에도 불구하고 빈곤인구의 증가, 소득분배의 악화, 그리고 사각지대가 잔존하는 등 그 효과는 저조한 실정이다. 이러한 낮은 복지실효성은 복지전달체계 및 인프라의 미비, 분산관리되고 있는 개별 사회보장제도 간의 연계성의 미흡, 그리고 복지정책의 사전·사후평가체계의 미비로 인하여 발생하고 있기 때문에 이에 대한 대책이 필요하다.

이를 위해 복지란 단지 돈을 모아 주면 된다는 안이함에서 벗어나, 앞으로 인구고령화에 대비하고 국가의 장기적인 균형발전을 위해서는 성장과 복지가 조화를 이루고 인적 자본 개발을 통해 국민 삶의 질을 제고하면서 성장잠재력을 키워 나가는 성장과 복지의 조화가 필요하다. 복지를 바로 보는 새로운 시각은 누가 왜 어려움을 겪고 있는지를 파악하여, 이를 극복하는 데 가장 적절한 수단을 찾아 내서, 이를 제때 제대로 전달하고자 고민할 때 완성되는 것이다. 그래야 지속가능 복지가 가능해지는 것이다.

참고문헌

고영선, 「재정의 지속가능성, 무엇이 위협하는가?」, 국가경영전략 포럼 심포지엄, 2005.

기획예산처, 『2006~2010년 국가재정운용계획—사회복지·보건분야—』, 2006a.

______, 『2006~2010년 국가재정운영계획—노동·육아분야—』, 2006b.

______, 『2007년 예산(안)』, 2006c.

김용하, 『인구구조 고령화의 경제적 영향과 대응과제 (II)』, 한국개발연구원, 2004.

노동부, 『고용보험 10년사』, 2005.

문형표 외, 『인구구조 고령화의 경제·사회적 파급효과와 대응과제』, 한국개발연구원, 2005a.

______, 『인구고령화와 노후소득보장』, 한국개발연구원, 2005b.

문형표·고영선, 『2005년 국가예산과 정책목표』, 한국개발연구원, 2005.

보건복지부, 『2006년도 자활지원사업 안내』, 2006.

안종범, 「복지분야」, 『예산사업의 사업평가 연구』, 한국조세연구원, 2002.

______, 「한국경제 발전모형의 정립을 위한 쿠즈네츠 가설의 재검토」, 『경제학연구』 제51집 제3호, 2003.

______, 「국민연금제도 개혁의 정치경제학」, 『응용경제』 제7권 제2호, 응용경제학회, 2005.

안종범·김철희·전승훈, 「빈곤과 실업의 원인과 복지정책의 효과」, 『노동경제논집』 제25권 제1호, 한국노동경제학회, 2002.

안종범·김을식, 「복지지출수준의 국제비교」, 『재정논집』 제19권 제1호, 2004.

안종범 외, 『인적자원 확충과 보호』, 나남출판사, 2005.

안종범·임병인·석상훈, 「경기변동과 분배 및 빈곤간 동태적 관계」, 『경제학연구』 제54집 제4호, 한국경제학회, 2006.

최광 외, 『재정사업 사후평가시스템 확립에 관한 연구』, 기획예산처, 2002.

통계청, 『인구동태통계연보』, 각 연도.

______, KOSIS.

An, Chong-Bum and Kwang Choi, "Welfare Policy in Korea: Issues and Strategy," *Korea's New Economic Strategy in the Globalization Era*, Edward Elgar, 2003. 12, pp. 192~212.

조 희 문

제 15 장

참여정부의 문화예술정책 4년에 대한 평가

1. 서 언
2. 무엇을 하려 했는가 — 문화정책의 이념과 목표
3. 문화예술계의 재편과 조직화
4. 그 후의 변화들 — 문화예술계 구도의 개편과 세력화
5. 평 가

1 서 언

노무현 대통령은 역대 대통령 중에서 가장 파격적이며 논쟁적인 인물로 꼽아야 할 것 같다. 하고 싶은 말, 하고 싶은 행동이라면 주저 없이 다 한 것처럼 보이기 때문이다. 방송에서 말하고, 국정브리핑이라는 청와대 홍보채널을 통해서 말하고, '노사모' 회원들에게 말하고, 그것도 모자라면 직접 인터넷에 글을 올리기도 하였다. 취임 때부터 거의 달라진 것이 없다. 과거의 역사를 부정하고, 부유층과 언론을 비난하며, 미국, 일본 같은 동맹국들을 적대시하였으며, 품격을 잃은 막말을 서슴지 않았다.

2003년 2월 25일, 대통령은 취임사에서 "반칙과 특권이 용납되는 시대는 이제 끝나야 하며" "정의가 패배하고 기회주의자가 득세하는 굴절된 풍토는 청산되어야 한다"고 역설하였다. 대한민국은 '반칙과 특권이 횡행하였던 시대'를 거치면서 '정의가 패배하고 기회주의자들이 득세하는 사회'가 되었다는 단정이었다. 이념적으로 대한민국의 역사에 대한 심각한 불신 또는 부정을 담고 있는 이 같은 인식은 근본적으로 현대사에 대한 개조작업으로 이어졌다. 잘못된 과거를 바로잡는다며 일제 강점기의 친일인물들에 대한 조사작업을 대대적으로 벌였고, 정부나 국가권력이 저지른 과오를 바로잡겠다며 과거사 진상조사를 정권적 사업으로 확대해 나갔다. 민주화보상위, 진실화해과거사위, 국방부과거사위, 군의문사위, 친일·반민족진상위, 친일·반민족재산조사위, 제주4·3사건위, 동학혁명위, 경찰청과거사위 등 9개 과거사 위원회는 분야별로 과거를 끌어냈다.

대통령의 의지를 이어받아서일까, 대통령의 참모들 중에서도 특정 언론사나 정치인, 공무원, 법관 등을 향해 격렬한 독설을 퍼부은 사례가 끊이지 않았다. 특히, 대통령의 언행이나 정책 등에 대해 비판적인 입장을 보이는 경우에는 더욱 신랄하였다. 표현의 자유와 권리라는 측면에서 본다면 대통령과 그 측근들은 충분히 그것들을 활용하고 있다고 할 만하였다.

문화예술계는 잘못된 관행과 주도세력을 청산하겠다는 의도를 내세운 '세력교체'작업이 조직적이며 지속적으로 이루어졌다. 그 결과로 정부 요직은 '시대적 과제'를 실행하기 위한 세력으로 교체되었고, 산하기구나 단체들도 개편되었다. 그 과정에서 정책의 집행주체가 누구인가를 가리는 일이 혼란스러운 경우도 있었다. 노무현 정부의 문화정책 방향을 밝힌 「창의한국」은 입안주체가 문화관광부로 명시되어 있지만, 자료의 내용을 분석해 보면 별도의 조직에서 작성한 것을 차용한 정황이 여러 대목에서 드러난다. 정부의 공조직과는 다르게 별도의 조직 또는 세력이 가동되고 있으며, 그들이 작성한 전략과 실행계획이 정부정책으로 둔갑하고 있음을 드러낸 것이다. 문화가 정치적 목적을 실행하기 위한 명분이나 수단으로 동원되고 있다는 반증이기도 하였다.

대통령의 언행과 이어진 여러 가지 후속작업, 문화계에 불어닥친 변화들은 서로 무관한 것일까. 한편으로는 정치적인 행위처럼 보이고, 또 다른 영역은 문화적인 영역처럼 보이지만 참여정부의 문화적 인식으로 본다면 하나의 계열에 있는 사안들이다. 역대 어느 정부보다도 문화와 예술은 중요한 전략으로 부각되었으며, 문화예술계의 핵심 인물들이 구상하는 인식과 전략은 그대로 정부의 정책으로 반영되었다.

그러나 그 같은 변화를 시도한 측을 제외하고는 노무현 정부 시절의 지난 4년이 문화적으로 풍성해졌다고 인정하거나 동의하는 경우를 찾기 어렵다. 문화를 통한 혁명을 시도하였지만 결과는 지극히 반문화적인 수준으로 떨어진 시기였다고 해야 할 것이다.

2 무엇을 하려 했는가—문화정책의 이념과 목표

2004년 문화관광부가 발표한 「창의한국」은 노무현 정부의 문화정책의 방향과 목표를 담은 '로드맵'이다. 그것도 임기 내에 마무리하는 단기적 대책이 아니라 중장기 계획이다. 문화관광부는 이를 '중장기 비전'으로 규정하고, 이전의 정권에서 시행하였던 '문화정책'과 구분하고 있다. 문화의 개념과 대상을 획기적으로 전환할 필요가 있다는 것이다.

> "문화비전은 문화관광부 비전이 아니라 국가 전체의 문화비전을 목표로 한다. 문화비전은 사회를 구성하는 3대 축으로서 정치·경제·문화라고 할 때 문화가 내포하는 다양한 정책영역을 아우르는 문화부문의 비전을 목표로 하는 것이다. 이러한 목표를 고려할 때 우리는 정부에서 통용되는 문화의 개념이 문화관광부가 관장하는 몇몇 영역에 한정되어 있는데다 분야별로 엄격히 나누어져 있다 보니 이들 간의 관계를 설정하거나 문화적 해결을 요하는 사회적 의제를 수용할 수 있는 정책적 틀이 부재하다는 것을 발견하였다."

> "역대 정부의 문화부문 종합계획은 새 정부가 지향하는 국정방향을 반영하는 몇 가지 대원칙을 설정한 후 여기에 부합하는 대표적인 사업들을 제시하는 연역적 방식으로 수립되었다. 그러다 보니 이전 정부에서는 핵심 사업을 제외한 나머지 사업들이 기존 방식대로 진행되어 중장기 계획이 설정한 가치가 정책 전반으로 확산되지 못하는 한계를 노정해 왔다.
>
> 이러한 문제점을 직시하고 우리는 정부가 관행적으로 추진해

왔던 기존 사업 및 계획에 대한 평가를 포함함으로써 새 정부가 지향하는 가치가 몇몇 핵심 사업만이 아니라 정책 전반으로 확산될 수 있도록 하는 데 역점을 두었다. 원칙에서 현장으로, 다시 현장에서 원칙으로, 그리고 원칙에서 단위사업으로, 다시 단위사업에서 원칙으로 순환하는 변증법적 방식을 통해 비전작업을 구체화해 나갔다."

이 같은 시각에서 드러나는 더 큰 변화는 문화의 개념을 새롭게 정의하고, 사회 각 분야를 포괄하는 핵심적인 영역으로 간주하고자 하였다는 점이다. 문화를 정치·경제의 하위영역으로서가 아니라 그것을 아우르는 궁극적 목표로서의 개념을 도입하고자 한 것이다.

"이는 불가피하게 문화부문 전체 영역에 대한 재검토와 재편을 필요로 한다. 문화개념 자체에 대한 검토에서부터 시작하여 기존 정책영역의 위상설정, 새로운 정책영역의 신설, 기존 및 새로운 정책영역 간 관계설정 등과 같은 문제는 현재 행정조직의 틀을 넘어서는 것이 될 수밖에 없다.

그 동안 우리는 문화를 예술이나 문화유산 등 특수한 영역으로 이해해 왔다. 역대 정부가 발표한 중장기 계획 역시 이러한 협의의 문화개념에 입각하여 문화예술, 문화유산, 문화산업을 주요한 정책영역으로 설정해 왔다. 이러한 문화개념에서는 관광·체육·청소년을 포괄하지 못하기 때문에 문화관광부는 단일부처로서의 정체성에 항상 심각한 위협을 받아 왔다. 새로운 정부가 들어설 때마다 관광·체육·청소년을 어느 부처에 두는 것이 타당한가에 대한 논의가 되풀이되고 있는 것은 이러한 정체성의 위기를 단적으로 반영하는 것이다. 더 본질적인 문제는 개인, 지역, 국가의 발전과 직·간접적으로 연관되어 있는 문화적 과제들을 종합적으로 보지 못하게 한다는 점이다. 문화가 삶에 영향을 주는 제 영역을 정책대상으로 설정할 수 없게 만듦으로써 문화적 접근이 필요한 건설교통을 비롯해 교육, 노동, 보건복지, 여성, 환경 등의 문제에 문화정책이 관여할 수 있는 여지를 없애 버리고 부처 간 협력의 필요성조차 인식되지 못하도록 만든다는 것이다."

"기존의 문화정책이 '문화'영역으로만 한정되어 있었으며, 문화관광부의 한정된 정책범위에 머물고 있다는 점을 지적하고 있다. 협의의 문화개념에 기반한 문화정책은 문화가 사회에 미칠 수 있는 다양하고 적극적인 기능을 축소함으로써 문화의 가치를 제대로 인식할 수 없게 만들었다. 궁극적으로는 개인, 지역, 국가의 발전에 문화가 기여할 수 있는 다양한 기회의 상실을 가져왔다. 유네스코는 각국이 발전정책을 펴나가는 데 있어 문화를 고려하지 않음으로써 발생하는 문제들을 직시하고 '문화와 발전(culture and development)'이라는 문제를 오랫동안 고민해 왔다. 이 과정에서 세계 각국의 전문가들은 문화와 발전의 관계를 제대로 설정하기 위해서는 문화의 개념 자체가 확장되지 않으면 안 된다는 결론에 도달하였다. 문화정책에 관한 유네스코 국제회의(UNESCO world conference on cultural policies)에서는 문화에 대한 정의를 다음과 같이 내렸다. 광의의 문화란 어떤 사회나 집단의 성격을 나타내는 독특한 영역, 물질적·지적·정서적 특성들의 총체적인 복합체라고 할 수 있다. 그것은 예술과 문자뿐만 아니라 삶의 양식, 인간의 기본권, 가치체계, 전통, 믿음을 포함한다."

이 같은 인식과 전제를 바탕으로 설정한 3대 추진목표는 ① 창의적인 문화시민, ② 다원적인 문화사회, ③ 역동적인 문화국가이며, 이를 다시 문화와 개인, 문화와 사회, 문화와 경제, 문화와 지역, 문화와 세계 등 5개 영역으로 구분해 모두 27개 항목에 걸친 추진과제를 설정하고 있다(〔표 1〕 참조). '문화비전 27대 과제'는 문화예술교육을 통한 문화역량 강화, 학교체육 활성화를 통한 심신의 조화발달, 문화활동 증진과 여가문화의 질 향상, 생활체육 활성화를 통한 국민건강 증진, 창의적인 청소년문화의 육성, 양성평등문화 확립, 문화적인 노후생활 보장, 사회적 취약계층의 문화권 신장

표 1 문화비전 27대 과제

1. 문화예술교육을 통한 문화역량 강화	14. 문화산업의 고도화
2. 학교체육을 통한 심신의 조화발달	15. 관광산업의 전략적 육성
3. 문화활동 증진과 여가문화의 질 향상	16. 스포츠산업을 신성장동력으로 육성
4. 생활체육 활성화를 통한 국민건강 증진	17. 지역문화역량 제고
5. 창의적인 청소년문화의 육성	18. 쾌적하고 아름다운 공간환경 조성
6. 양성평등문화 확립	19. 문화시설의 균형적 확충과 운영활성화
7. 문화적인 노후생활 보장	20. 국민에게 다가가는 문화정보체계 구축
8. 사회적 취약계층의 문화권 신장	21. 지역문화의 역동적 활성화
9. 새 언어문화의 형성	22. 농어촌의 문화환경 조성
10. 열린 민족문화로 다가서는 문화정체성	23. 신행정수도 문화기획
11. 문화유산의 보존과 전통의 현대적 계승	24. 국가의 문화적 이미지 향상
12. 예술의 창조적 다양성 제고	25. 국제교류 확대를 통한 문화다양성 증진
13. 스포츠의 시스템개편과 지속적인 경기력 향상	26. 동북아 문화협력 강화
	27. 남북문화교류 확대

등을 포함하고 있다. 크게 보아 문화, 예술, 청소년, 체육, 관광, 문화산업, 문화정체성, 문화유산, 전통, 지역문화, 남북교류, 국제교류 등을 담고 있지만 새로운 과제라기보다는 이미 논의된 것들을 다시 정리한 결과에 가깝다. 다만, '신행정수도 문화기획'처럼 이전의 정부에서는 구상할 수 없었던 사항을 추가한 부분 정도가 새로운 과제라고 할 수 있지만, 신행정수도는 헌법재판소의 위헌결정으로 당초 의도와는 크게 달라져야 하였다.

또 다른 차이라면 이전의 정부 문화정책이 다루고자 하였던 주요 영역보다 훨씬 많은 부분을 대상으로 삼고 있다는 점이다.

이 같은 이유는 문화가 정치나 경제의 하위영역이 아니라 궁극적인 목표이자 정치·경제적 관점의 접근으로는 해소할 수 없는 문제들을 포괄하였기 때문이라는 이유다. "우리는 문화비전을 수립하면서 문화를 고려하지 않은 발전이 파생시킨 다양한 사회적 문제들을 문화적 차원에서 해결할 수 있는 방안이 없는가에 대해 다각적인 논의를 전개하였다. 예를 들면, 대구지하철 참사, 새만금 개발을 둘러싼 갈등, 송두율 교수의 방한과 남남갈등, 이혼급증으로 인한 가족의 해체, 이주노동자 차별, 장애인시설의 설립을 반대하는 님비현상, 난개발 등. 이러한 문제들은 영역으로서의 문화에 포함되지 않지만 단순히 정치적 또는 경제적 처방만으로는 해결되지 않는 이른바 문화적 처방을 요하는 사회적 의제라는 인식을 제기한다. 왜냐하면, 이러한 문제들의 대부분은 성숙하지 못한 시민의식, 윤리적 불감증, 차이를 인정하지 않으려는 획일주의, 남을 배려하지 않는 집단이기주의 등 급속한 사회발전과정에서 켜켜이 쌓인 마음의 벽을 허물어야 하는 의식의 문제이기 때문"이라는 취지의 설명은 문화적 영역을 사회 전반으로 확산하려는 시도를 반영하고 있는 것이다.

하지만 그런 점을 감안한다 하더라도 「창의한국—21세기 새로운 문화의 비전」은 참여정부의 문화정책 방향과 비전을 제시한 의욕적인 로드맵으로 포장하였지만 그 내용은 이미 거론되던 각종 논의와 제안을 짜깁기한 것으로서, 일관된 철학이나 문제의식을 드러냈다고 보기는 어렵다. 이전 정부의 문화정책과 차별화한다고 하였지만 콘텐츠의 질은 별로 달라진 것이 없다고 해야 할 것이다.

3 문화예술계의 재편과 조직화

노무현 대통령 재임기간 동안 인사와 관련한 비난, 비판, 논란은 반복적으로 이어졌다. 이념적 지향점이 같지 않으면 배척하고, 철저히 동지화된 인물들만을 배치하려 하였다. 이념적 코드가 맞는 인물들만을 고집한다 하여 '코드인사', 그 과정에서 노출될 수밖에 없는 인적 자원의 한계로 인하여 측근들을 능력, 여론의 반응과는 상관없이 반복적으로 여러 직책에 임명하는 사례가 반복됨에 따라 '회전문인사', '돌려막기인사'라는 말도 나왔다. 그러나 대통령이나 그 측근들은 정책적 실효를 거두기 위해서는 같은 이념을 가진 측근들을 기용하는 것이 당연한 일이라는 주장으로 인사방식을 고집하였다. 논란이 생길 때마다 '인사권은 대통령의 고유권한'이라는 주장을 앞세웠다. 비판을 제기하는 측에 대해서는 '기득권을 지키기 위한 수구적 반발'로 몰아세우려 하였고, 그럴수록 무슨 일이 있어도 청산해야 하는 반정권적 행위로 간주하는 태도를 드러냈다.

문제는 대통령과 그 주변인물들과의 친소 또는 이념적 동질성을 우선한다는 그 자체보다도 검증되지 않은 인물, 역량이 부족한 인물, 여러 가지 이유로 결격사항이 있는 인물들을 기용함으로써 정책의 실패, 사회적 반목과 갈등·분열로 이어지는 경우가 반복되었다는 점이다.

문화예술계도 마찬가지였다. 노무현 정부가 문화관광부 장관에 영화감독 출신의 이창동을 임명한 것은 문화예술계의 구도를 바꾸기 위한 선언이나 다름없었다. 외형적으로 이창동이 행정적 경험은 없다 하더라도 소설가, 영화감독 등의 상당한 경력을 갖고 있었다는 점에서 현장의 문화예술인을 문화행정의 수장으로 기용한다는 파격적 시도라는 모양새를 갖추려 하였던 것으로 보였다.

그러나 이어지는 상황은 그런 명분이나 기대와는 전혀 다르게 나타났다. 문화부 산하 여러 문화예술단체의 장이나 주요 임원 등에 대해 조직적인 개편이 뒤따른 것이다. 이 같은 상황이 현실화될 것이란 징조는 그보다 앞서 나왔다. 문화연대에서 중심적인 활동을 하고 있던 원용진, 강내희 등은 문화예술계의 구도를 근본적으로 바꾸어야 한다는 주장을 제기한 것이다.

“이 같은 정세인식과 정책방향 변화, 그리고 재정투자에 대해서는 대체로 동의하는 편이다. 이에 몇 가지 사안들이 추가될 필요가 있다.

우선 정세인식에서 문화적 역량강화가 필요하다는 인식이 추가되어야 한다. 새로운 감수성을 가진 인간의 등장을 목도하고 있으며 월드컵에서 확인한 바 있다. 새로운 감수성을 가진 사회구성원의 등장은 단순히 바라만 볼 사안이 아니라 사회적 에너지로 승화시킬 필요가 있는 자원으로 인식되어야 한다.

다른 한편으로 기획의 중요성에 대한 인식이 요청된다. 이는 모든 정책영역에 필요한 부분인데 중장기적 전망을 세우는 것뿐만 아니라, 늘 새롭게 변화는 정세에 신속히 대처해 실행계획의 지속 여부, 완급조절 등을 결정하는 싱크탱크를 각 정책부문에 갖추어야 함을 의미한다. 추가되어야 할 정세인식은 참여에 대한 욕구의 증대라 하겠다. 이는 단순히 문화향유의 기회를 더 달라는 차원이 아닌 문화기획에의 참여라는 보다 능동적인 요구를 의미한다. 각종 문화인프라 운용에 자신들이 참여할 수 있게 해 줌으로써 그 효율성을 더 높일 수 있으며, 지역에 맞는 문화프로그램을 운영할 수 있고, 민주주의 훈련이라는 효과까지 얻을 수 있다. 일반대중의 문화기획의 참여뿐 아니라 창작자, 산업종사자의 정책참여 또한 강력하게 요청되고 있다. 그들은 더 이상 문화정책의 대상으로 존재하려 하지 않고 정책참여자의 지위를 요청해 왔다. 균형잡힌 소통을 통한 다양성의 강화 또한 추가되어야 할 정세인식이다. 소통매체의 편중을 불식하여 다양한 정보를 접할 수 있게 할 필요가 있다.

추가되는 정세인식에 맞추어 몇 가지 정책방향이 도출될 수 있다. 첫째, 문화교육의 강화, 둘째 문화기획, 디자인의 중요성 인식, 셋째 문화민주주의의 강화, 넷째 문화예술지원기구의 민주화, 다섯째 적극적인 소통정책을 통한 다양성 강화 등이 그것이다. 이 같은 정책방향은 예산책정뿐만 아니라 문광부 및 관련단체 내 조직개편을 요청하게 된다. 뿐만 아니라 조직 내 소통을 위한 프로그램의 수정 또는 개발도 요구된다.

민주사회에서의 문화정책 기조는 ‘민주적 이념과 가치들에 대한 사회적 동의를 확보하고 그것들을 부단히 재생산하여 개인적·집단적 실천, 행동양식, 제도, 조직의 필수적 조건으로 유지시키려는 모든 공공정책'이어야 한다. 문화정책에서 민주적 이념들의 확보는 당연한 기조가 될 수밖에 없다. 따라서 창조성과 다양성, 자발성, 자유성, 합리성, 상상력, 기회의 개방과 균등분배, 차별철폐 등등의 가치가 충분히 도모되고 발휘될 수 있도록 정책을 감안해야 한다. 이 보편적 정책지향점은 문화관련 부서가 존재하는 이유와도 통할 것이다. 이와 함께 한국이 처한 항상적 특수성이 있다. 그렇다면 이 보편적, 특수한 지향점이 전체 문화지향점에 퍼지도록 하고 정세와 관련 있는 하부 지향점이 정해져야 할 것이다. 하부 지향점은 현재 우리가 처해 있는 정세를 기반으로 할 수밖에 없는데, 현재 제안되고 있는 문화정책은 그런 점에서 일정 정도 문제를 노정하고 있다. 정세를 지나치게 안온하게 문화적으로만 파악하거나, 정세의 원인을 제거한 채 일시적인 정세로 파악해 내거나 우리가 쉽게 그 정세를 대처할 수 있을 거라는 낙관론 등에 기대고 있는 부분이 있기 때문이다.

이와 같은 문화정책 방침에 맞춘 추진전략으로는 다양성 제고를 위한 문화채널 다양화 전략, 문화개념의 확장을 통한 일상문화 관련기구의 확충, 문화인력 양성을 위한 문화조건 확대, 문화향유 인프라 구축 등으로 이어져야 할 것이다. 뿐만 아니라 정책의 효율적 집행을 위한 조직의 개편이나 신설이 필요하고 그를 운용하기 위한 프로그램도 필요하다. 이 같은 새로운 정책의 수립·집행, 그리고 그를 위한 소통은 글월로 표현되기 어려운 정도의 갈등도 수반하기 마련이다. 관행대로 움직이려는 구심력과 그를 타파하려는 원심력은 늘 서로를 당기며 팽팽한 줄다리기를 할 수밖에 없다. 문제는 지금까지 해 왔던 줄다리기와는 달리 그 경기에 동참하는 주체들이 많아져 도대체 힘의 쏠림이 어디로 튈지 잘 모른다는 데 있다.

구경만 하기에는 문화동네의 줄다리기 승부는 너무도 중요하다. 글을 적는 내내 관행적 구심력에 긴장을 줄 수 있는 원심력에 어떤 주체들이 덤벼들까를 고민해 보았다. 정책담당자들인 문화행정 공무원들이 쉽게 구심력에서 힘을 떨구지 않을 거라는 생각을 하면서도 '혹시……'라는 생각도 잠깐 가져보았고, 원심력 주체들을 더 끌어 모으기 위해서라도 문화운동이 더 가열차야 할 것 같다는 생각도 해 보았다. 그 어느 쪽이든 예상이 쉽지 않았던 것은 지금 우리 모두는 매우 중요한 국면에 놓여 있고, 중차대한 세계사적 흐름 속에 던져져 있다는 사실 때문이었다"(원용진, 「참여정부의 문화정책 방향」).

원용진의 주장은 문화예술계의 조직개편에 대한 구상이 참여정부 초기부터의 구상이었다는 사실을 드러낸다. 같은 날 강내희 문화연대 집행위원장은 민예총, 문화연대, 스크린쿼터문화연대 주관으로 열린 '국가정책의 새로운 패러다임으로서의 문화민주주의'라는 주제의 토론에서 "새 정부에서는 그 동안 예총처럼 기득권을 누린 단체들은 발을 못 붙이게 하고 민예총 같은 진보개혁세력을 대거 전진배치해 혁신을 이루게 해야 한다"고 주장해 문화예술계 안팎에서 논란을 일으켰다.

결국 이 같은 주장은 단순한 문제제기 차원의 주장으로 그치지 않았다. 후속인사에서 특정 단체나 집단에 속한 인물들이 문화예술단체나 기구에 임명되기 시작한 것이다. 이른바 진보진영의 인물들이 현장을 주도하는 현상이 가시화한 것이다. 민족문학작가회의(작가회의) 이사장(본 원고에 인용하는 인물의 직책명은 임용당시를 기준으로 함—필자주) 현기영 씨가 문예진흥원 원장에 임명되었고, 사무총장에는 강형철 작가회의 상임이사가, 문예진흥원 행정혁신위원회에는 한국민족예술인총연합(민예총) 일일문화정책뉴스 담당편집자 안성배 씨와 작가회의 소속 회원인 시인 김형수 씨가 위원으로 기용되었다.

문화관광부 산하단체인 한국문화관광정책연구원장에는 이영욱 문화개혁시민연대(문화연대) 정책위원회 부위원장이, 문화관광부 내 자문기구인 문화행정혁신위원회에는 박인배 민예총 기획실장, 문화연대 문화개혁감시센터 소장을 지낸 심광현 한국예술종합학교 영상원장이 각각 임명되었다. 문화관광부 장관 정책보좌관에는 이영진 작가회의 문화정책위원장, 김종선 노무현을 사랑하는 문화예술인들의 모임(노문모) 간사가 각각 임명되었다.

이어 4월에는 한겨레신문 논설주간을 지낸 정연주 씨를 KBS 사장에 임명하였으며, 한국방송광고공사 사장에는 김근 전 연합뉴스 사장을, 감사에는 남영진 전 '미디어 오늘' 사장 겸 편집인을 임명하였다. 7월에는 한국영상자료원에 진보성향의 영화평론가 이효인 씨가 임명되었다. 영상자료원장은 외견상 공모제 형식을 취하였으나 심사위원 7인 중 4명이 문화연대와 연관된 인물로 구성되어 사실상 특정 인물을 내정한 것이나 다름없는 상태에서 공모심사가 이루어진 경우였다. 문화예술계는 물론 관련업계, 학계 등에서 우려와 비판의 지적을 잇달아 내놓았지만 상황을 되돌리지 못하였다. 문화계의 주도세력을 대대적으로 바꾸어야 한다고 주장하였던 강내희 문화연대 집행위원장, 강찬석 문화연대 문화유산위원장, 이영욱 전 문화연대 부위원장 등 문화연대 참여인물들은 문화재청의 문화재위원회에 위원으로 임명되었다.

이런 가운데서 국립국악원장에 민족음악인협회 이사장 출신의 김철호 씨를, 국립현대미술관장에 민예총 이사장 출신의 김윤수 씨를 각각 임명하였다.

점증하던 문화예술계 내부의 비판과 반발은 2003년 9월 19일 연극계에서 활동하던 인사들이 중심이 되어 발표한 '문화예술단체장들에 대한 편파적 인사와 문화예술진흥법 개정에 항의하는 연극인 100인 성명'으로 표면화되었다.

원로극작가 차범석 예술원 회장(당시), 연출가 정진수 성균관대 교수, 배우 권성덕 전 국립극단장 등 연극인들은 "최근 문화관광부 소속 예술관련 기관 및 단체장들을 한국민족예술인총연합(민예총)이라는 특정 소수 조직의 구성원 일색으로 인선하고 있는 정부의 조치에 대해 깊은 우려를 감출 수 없다"고 밝히며, "예술계의 질서를 정치권력을 이용해 인위적으로 재편하려는 숨은 의도가 담겨 있는 것은 아닌지 의구심을 떨칠 수 없다"고 지적하였다. 문화예술단체장 인사가 이념적 편파성과 코드에 따른 정략적 조치의 일환이라는 사실을 정면으로 지적한 대표적 사례였다. 이들은 또 한국문화예술진흥원을 '한국문화예술위원회'로 바꾼다는 개정안 입법예고와 관련, "민간예술인의 활동마저 특정 세력으로 지배하게 하려는 의도가 숨어 있는 것은 아닌지 우려한다"고 밝혔다. 이들의 성명은 '전국대학 국악과교수 포럼'이 국립국악원장 임명무효를 주장하고 나선 데 이어 나온 것이었다.

이 같은 인사파문을 더욱 고조시킨 요소는 독임제 행정기구로 존속하던 문예진흥원을 민간 주도의 '문화예술위원회' 체제로 바꾸겠다고 밝힌 부분이다. 문예진흥기금 등의 재원을 관장하며 영화나 방송 등을 제외한 문학, 미술, 음악, 무용, 연극 등의 장르에 지원사업을 펴고 있던 문예진흥원은 규모나 위상, 지원의 범위 등에서 대표적인 예술지원기구로 활동하고 있던 터였다. 그런 문예진흥원을 위원회체제로 전환하겠다는 것은 조성된 재원과 지원행정, 조직 등을 그대로 유지하며 운영주체를 새롭게 전환하겠다는 시도로 받아들이는 시각이 우세하였다. 정부안대로 될 경우 참여위원(11명)의 성향에 따라 특정 세력이 지원금을 독식할 수 있다는 우려가 높았기 때문이다. 연극계에서 집단적인 항의성명을 발표한 것은 문화예술위원회 출범이 단순히 지원기구의 체제를 개편하는 수준이 아니라 문화예술계의 판세를 완전히 개편하려는 전략적 시도로 본 것이다. 이 같은 우려는 문예진흥원이 한국문화예술위원회로 개편되면서 현실화되었다.

문화예술계의 이 같은 비판과 반발에도 불구하고 '코드인사'는 계속되었다. 2006년 8월, 임기가 만료된 국립현대미술관장과 국립

표 2 주요 문화예술단체 소속인물들의 분야별 활동현황

단 체	주요 인물
노 문 모 (노무현을 사랑하는 문화예술인들의 모임)	이창동(전 문화관광부 장관), 심종선(전 문화관광부장관 정책보좌관, 광복60주년 추진위 기획전문위원), 정남준(서울예술단 기획팀장), 심광현(문화행정혁신위원회 위원), 김정헌(문화예술위원회 상임위원), 이효인(전 한국영상자료원 원장), 김혜준(영화진흥위원회 사무국장), 김동원(영화진흥위원회 위원), 이상우(문화예술위원회 위원)
민족문학 작가회의	현기영(전 한국문화예술진흥원 원장), 강형철(전 한국문화예술진흥원 사무총장), 송기숙(아시아문화중심도시조성위원회 위원장), 강연균(아시아문화중심도시조성위원회 추진위원), 이영진(문화중심도시조성 추진기획단 단장)
민 예 총	박인배(문예진흥원 이사, 한국문화관광정책연구원 비상임위원), 임정희(문예진흥원 이사), 박종관(예술위원회 위원), 김윤수(국립현대미술관 관장)
문화연대	전효관(예술위원회 위원), 심광현(한국예술종합학교 전 영상원장), 이영욱(한국문화관광정책연구원 원장), 원용진(영화진흥위원회 위원), 이동연(한국예술종합학교 전통예술원 교수)

국악원장에 전임 관장과 원장을 재임명하였다. 연임한 것이다. 이어 한국영상자료원장에는 한겨레신문사의 계열매체인 영화주간지 『씨네21』의 편집장 출신의 조선희 씨를 임명하였으며, 국립극장장에는 신선희 서울예술단 단장이 반대여론을 제치고 임명되었다. 이보다 앞서 영화진흥위원회 위원장에는 한겨레신문 기자출신의 안정숙 씨가 선출되었다. 위원장을 선출한 9명의 위원은 민예총이나 문화연대와 같은 '코드'인물들이었다. 신선희 국립극장장과 안정숙 영화진흥위원회 위원장은 유력한 여당인사와 가족관계에 있었다.

이 같은 인사의 후유증은 문화예술계뿐만 아니라 정부 내에서도 나왔다. 2006년 8월, 유진룡 문화관광부 차관은 한국영상자료원 원장과 아리랑TV 사장 인선문제와 관련해 청와대 등의 여러 경로

표 3 한국문화예술위원회 및 소위원회 위원 소속단체별 구성(소속단체에 따라 중복분류)

구분		예총	민예총	기초예술연대	문화연대	민족작가회의	미술인회의	기타
위원회		최완규(한국음악협회 부이사장), 심재찬(전 한국연극협회 부이사장)	김정헌(전 민예총 이사), 강준혁(민족음악인협회 자문위원), 박종관(한국민족극협회 부이사장)	심재찬(전 공동집행위원장)	김정헌(공동대표), 전효관(문화교육센터 소장), 박신의(문화사회연구소 자문위원)		박신의(정책연구센터 소장)	김병익, 김현자, 한명희, 김언호
소위원회	다원		김소연(민예총 컬처뉴스 편집장)		이원재(공동사무처장), 전효관(문화교육센터 소장)		김준기(이사)	박준흠, 이규석, 원영오
	지역	나호열(정책연구위원)	박종관(한국민족극협회 부이사장), 김기봉(지역문화예술위원장), 서영수(부산 민예총 사무국장)		전고필(광주전남 문화연대 운영위원), 지금종(지역문화위원회 위원장)			이종인, 함한희, 이춘아, 박승희, 양미경
	국제		박인배(한국민족극운동협회 이사)		박신의(문화사회연구소 자문위원)	김형수(사무총장)	박신의(정책연구센터 소장)	김성원, 최준호, 주재연, 김세준, 허 권, 김채현, 양성원

에서 압력을 가하고 있다며 현직에서 사퇴하는 사태가 벌어진 것이다. 그는 두 기관의 인사문제는 부분적인 사안에 지나지 않으며, 그보다 더 많은 경우에서 인사와 관련한 압력이 나타나고 있다는 발언으로 파문을 일으켰다. 그가 밝힌 인사압력의 구체적인 실체나 진위 여부는 논란 속에 희석되어 버렸지만 문화예술계의 인사에 정부 주무부처의 독자적인 판단과 결정이 아니라 외부의 압력이 크게 작용하고 있다는 현실을 드러내는 계기가 되었다.

결국 문화예술계의 기관·단체에 대한 인사는 이른바 진보계열의 인물들이 정권의 지원을 배경으로 삼아 대대적인 개편을 시도하는 과정으로 이어진 것이다.

4 그 후의 변화들—문화예술계 구도의 개편과 세력화

문예진흥원은 결국 한국문화예술위원회(문화예술위)로 바뀌었다. 2005년 8월에 출범한 문화예술위는 11명의 위원으로 구성되고 장르별 소위원회를 두어 지원업무를 심사하는 구조를 갖추고 있다. 문화예술위로 전환을 시도할 때 문화예술계가 우려한 것은 업무의 내용이 아니라 위원회의 구성변화에 따른 지형변화였다. 위에서 언급한 바와 같이 문화예술위 위원 구성은 문화연대, 민예총 등에 소속된 인물들이 중심을 차지하고 있다. 관련단체에 소속되지 않은 경우라 하더라도 이념적인 공유를 하고 있다는 점에서 안배적 차원에서 참가한 인물을 제외하고는 사실상 같은 코드의 인물들로 구성되어 있는 실정이다. 문화예술위의 지원규모 변화는 현실로 나타나고 있다. 문화예술계를 대표하고 있는 한국예술총연합회(예총)와 민족예술인총연합회(민예총)에 대한 지원규모가 변하고 있는 점,

여러 장르 중에서 문학부분에 대한 지원이 현저하게 편중되고 있는 점, 문화예술위 소속 위원과 소위원회 소속 위원들이 기금을 수혜하는 사례가 빈발함으로써 심사제도의 도덕성 및 공정성에 대한 논란이 간단 없이 제기되고 있다. 몇 가지 문제를 정리하면 다음과 같다.

① 예총, 민예총 등 단체지원에 대한 문제

- 예총에 대비하여 민예총 지원비가 점차 늘어나고 있는 것이 최근의 경향, 2005년도의 경우 두 단체 모두 5억 8,000만 원을 지원받음. 이는 민예총은 2004년 대비 65% 증가, 예총은 0.85% 삭감된 것
- 이 두 단체의 규모(회원수 예총 120만 명, 민예총 10만 명)에 비하면 부적절할 뿐 아니라 사업비 지원까지 합하면 민예총이 앞서고 있는 상태

② 문학지원사업에 편중

- 타장르에 비해 문학분야 지원사업비가 지나치게 불균형. 예술창작지원 예산의 25%를 문학에 할당. 또한 기초예술과 함께 하는 문화나눔사업(167억 원)은 이달의 우수문학도서 보급 및 문예지 게재 우수작품 선정지원(도합 52억 2,000만 원), 전통예술 대중화 세계화 지원(30억 원) 및 관객개발 지원(80억 원)으로 구성되어 있는데, 이는 문학편중현상으로 볼 수 있음(정부감사 지적사항).
- 모든 예술의 기초장르로서 문학에 대한 지원을 확대하는 것은 바람직하나 그 원인이 민족작가회의의 권력에 의한 것임은 부정적. 문화예술위원회 소위원회에는 총 11명 중 민족작가회의 소속 위원이 6명이나 되는 것이 현실

③ 위원회 위원, 소위원회 위원들의 기금수혜

- 위원(13억 원), 소위원(9억여 원) 관련 직접지원이 이루어졌고, 관련단체 지원까지 합하면 70억 원 이상(박찬숙 의원 발표)
- 심의위원의 친인척이 지원한 경우, 해당 위원회에서의 의사결정에 참여하지 않게 하는 각서를 서면으로 확보해 두는 제도가 시행되고 있음에도 불구하고 이런 결과가 나옴.

④ 별도 공모사업

- 별도 공모사업이 지나치게 많아짐. 언제 어떻게 하는지 일반예술인들이 정보를 얻기가 쉽지 않음. 일부 사업은 자체 형식으로 추진하고 있어 일반예술인들이 접근할 수 없는 사업임(예: 시각예술 기획사업).
- 이들 사업이 기금사업으로서 적정한 사업인지 검증되거나 동의되지 않은 상태에서 위원회 해당 분야 위원이 계획하면 추진되는 사업이 공정성이나 기금사업의 정체성, 기금의 흐름(지원집행)이 왜곡될 가능성 다분함.
- 2006년도 문예진흥기금사업 별도 공모사업 총 298억 원

⑤ 정부산하기관 경영평가에서 연기금 운영기관 16곳 중 영화진흥위원회 14위, 문화예술위원회 16위. 특히, 문화예술위원회의 지원심의 공정성 부분 D+

또 다른 현상은 유사한 법령의 제정이 잇따르고 그에 따라 새로운 조직이 만들어지고 있는 현상이다. 2004년 12월, 문예진흥법이 개정되어 한 달 뒤인 2005년 1월 27일에 공포된 개정 문화예술진흥법은 오랫동안 문화예술진흥의 기본법 역할을 해 왔다. 그러나

같은 시기에 문화예술교육 지원법이 별도로 제정되었고, 현재도 기초예술진흥법, 지역문화예술진흥법, 문화기본법, 예술산업법, 전통예술진흥법 등이 동시다발적으로 추진되고 있다.

넓게 보면 관련문화예술을 진흥시키고자 하는 긍정적인 의도라고 할 수 있으나, 유사한 법률이 중복적으로 제정되고 있는데다, 제정 이후 이 법들이 또 다른 규제로 작동할 수 있는 여지도 커지고 있다. 더 큰 문제는 새로운 기관의 신설이 계속되면서 특정 분야의 인물들을 위한 의도적인 전략이 아닌가라는 의구심도 자아내고 있다.

① 규제요소의 발생

- 문화예술교육지원법→문화시설에 교육전문인력 배치의무화, 시설평가 의무화 등을 명시하고 있음.
- 문화기본법→문화영향평가제를 추진함으로써 지역정부나 기업들의 활동에 제약을 줄 수 있으며, 또한 계량평가가 어려운 문화예술의 속성을 고려할 때 불필요한 제도임.

② 기존 법령과의 차별성 부족

- 또한 이미 제정되어 있는 법률과 별다른 차별성을 갖고 있지 않아 제정의 의미 자체가 없을 수 있으며, 또한 이로 인한 인력 및 재정의 낭비를 초래
- 문화기본법이나 기초예술진흥법은 그 속성상 이미 헌법에 명시되어 있거나 문예진흥법, 공연법 등에서 수정, 포괄할 수 있는 부분을 단순반복할 우려가 있으므로 법 제정에 대해 좀더 다양한 시각에서 검토할 필요가 있음.

③ 새로운 기관의 설립으로 인한 비효율 및 위인설관의 문제

- 문화예술교육지원법→문화예술교육진흥원, 지역문화예술교

육지원센터, 지역문화예술교육지원협의회
• 전통예술진흥법→전통예술진흥원

이 같은 문제들은 결과적으로 문화예술계의 구도를 전복적으로 변화시키는 데는 크게 기여하고 있지만, 정작 문화예술 진흥과 인간적 삶을 고양시키는 기반으로서의 문화를 진작시키는 문화를 창조하고 개발하는 일과는 더욱 멀어지고 있다. 문화와 예술이 일반국민들의 일상에 근접하는 것이 아니라 특정한 이념을 위한 수단화, 목적을 실현하고 지속시키기 위한 세력기반으로 오용되고 있는 것이다.

5 평 가

노무현 대통령이 이끌고 있는 참여정부의 문화예술정책의 가장 큰 변화는 이전의 우리 사회가 불가피하게 유보하거나 무시하였던 문화예술의 보편적 가치와 중요성을 새롭게 부각한 점이다. 정치나 경제의 하위 장르가 아니라 우리 사회와 국민의 삶을 받치는 기본영역으로 위상을 회복하려 한 것이다.

그러나 문화예술분야의 중요성을 강조하고, 각종 정책과 사업을 구상할수록 문화와 예술은 본래의 영역을 벗어나 정치적 사안으로 변질되는 모순을 피하지 못하였다. 노무현 정부에서의 문화예술은 여러 가지 구호와 명분에도 불구하고 이념적 코드를 확장하고, 세력화하며 기존의 가치와 체제를 전복적으로 대체하는 것에 집중해 왔다. 정치적 전략과 같은 궤적을 그리고 있는 것이다.

지역의 균형발전이라는 명분에도 불구하고 수도이전, 각종 지역개발계획 등은 고도의 정치적 행위로 받아들여졌다. 광주를 문화수도로 만들겠다는 이른바 '광주문화도시' 건설계획은 국토의 균형발전이라는 대명제의 타당성에도 불구하고 의사결정과정, 실효성, 투자비 대비 기대효과 등에서 여러 가지 논란을 제기하고 있지만 「아시아 문화도시 조성에 관한 특별법」까지 제정해 장기계획으로 추진하고 있다. 대통령 공약사항으로 제시되었던 사안이 실제 사업으로 연결된 대표적 사안 중의 하나이지만 광주지역이 갖는 현실정치에서의 무게를 감안한다 하더라도 사업의 결정과 추진과정, 사업의 내용과 실효성, 재원조달의 적정성 등 중요 사항들이 충분한 논의와 검토 없이 추진되고 있다는 지적을 극복하지 못하고 있다. 우리 사회에서는 유례가 없는 새로운 사업을 구상하는 것인데도 문화적 프로세스는 무시된 채 정치적 판단과 결정이 또 다른 압박요소로 작용하고 있는 것이다. 사업을 먼저 선언하고, 그것에 필요한 하드웨어를 구축하고 다시 필요한 콘텐츠를 구상하는 방식의 '역발상'은 반문화적 양태라고 하지 않을 수 없다.

문화예술계의 이른바 코드인사의 문제를 제기하는 것도 대통령의 통치이념이나 정책적 동질성을 공유하는 인물들을 배치하는 그 자체가 아니라 그 같은 결정이 담고 있는 인사의 폐쇄성, 문화예술의 위상에 대한 전복, 다양성과 차이를 인정하는 것을 중요한 문화적 가치로 내세우면서도 일방적인 가치만을 강조하는 이념적 편협성 등이 공격적인 요소로 나타나고 있기 때문이다. 우리 사회가 지난 4년 동안 끊임없이 요동치고 갈등하였던 이유도 반문화적 경직성, 이념적 편향성이 작용하였기 때문이다.

최근에는 이념적 성향을 공유하였다고 자부하던 이른바 좌파적 진보계열 내부에서도 현실정세에 대한 인식과 평가의 차이로 인한 대립과 분열현상이 나타나고 있다. 노무현 대통령에 대한 비판과 공격이 공공연하게 드러나고 있으며, 대통령이 이를 다시 반박하고 비난하는 태도를 보임으로써 내부갈등의 양상을 드러내고 있다. 문화예술계에서도 이 같은 양상은 비슷하게 나타나고 있다.

한·미 FTA 협상과정에서 한국 영화 상영의무일수를 제도적으로 보상하였던 스크린쿼터 일수를 연간 146일에서 절반인 73일로 축소하자 스크린쿼터문화연대 등은 노무현 정부에 대해 비판적 적대감을 보이기 시작하였으며, 정부가 문예진흥기금 폐지를 추진하며 문예진흥기금을 민간자금화하는 방안을 제시한 데 대해서도 문화예술위를 비롯한 문화예술계 내부에서 강력하게 반발하고 있다. 지난 해 11월 30일, '문예진흥기금의 민간자금화 반대 및 예술재원대책 촉구를 위한 범문화예술계 비상대책회의'는 "민간자금화의 이름으로 자행되는 사실상의 문예진흥기금 폐지를 강력 규탄한다"는 제목의 성명서를 발표한 것은 그 같은 갈등이 표면화된 사례로 꼽을 수 있다.

결국 참여정부의 문화예술정책은 이념적 과잉에 갇힌 채 문화, 예술을 우리 사회의 기반을 혁명적으로 개조하기 위한 수단으로 전락시킴으로써 그 위상을 정치화시키고 말았다는 비판에서 벗어나기 어렵다. 공산혁명 직후 영화산업을 국유화하고 모든 문예활동을 이념선전수단으로 동원하고자 하였던 러시아 상황과 별로 달라 보이지 않는다.

역설적으로 이 점은 개인의 창의성과 공동체적 자유와 품위와 연대감을 살릴 수 있는 건강한 문화와 예술의 회복이 중요한 과제라는 것을 제시하는 것이기도 하다.

저자약력

김경환

- 서강대학교 경제학부 교수
- 미국 프린스턴대학교 대학원 경제학 박사
- (전)아시아부동산학회 회장
  UN-Habitat, Finance Advisor
- 저서 및 연구실적
  『도시경제론』(공저, 홍문사, 1994)
  『미래지향적 수도권 정책』(공저, 서강대학교출판부, 2002)
  "Housing and the Korean Economy" (*Journal of Housing Economics*, 2004)

김용하

- 순천향대 경상학부 교수
- 성균관대 대학원 경제학 박사
- (전)한국개발연구원(KDI) 주임연구원
  (전)한국보건사회연구원 연구위원
  한국사회보험연구소장
- 저서 및 연구실적
  『국민연금 재정안정화 방안 연구』(한국보건사회연구원, 2002)
  「사회보험 관리효율성 제고방안」(2006)

김진영

- 건국대 경제학과 교수
- 미국 로체스터대 대학원 경제학 박사
- 한국조세연구원 전문연구위원
- 저서 및 연구실적
  「교육재정의 효율성 제고를 위한 연구: 성과평가를 중심으로」(2002)
  「수학능력시험 실시 10년간 대학의 서열 변화」(2006)

김형준

- 명지대 교양학부 교수
- 미국 아이오와대 대학원 정치학 박사
- 한국사회과학데이터센터 부소장
  한국국제정치학회 이사
- 저서 및 연구실적
  「한국 유권자 의식의 지속과 변화 노무현 정부에서 참여정치의 신장과 한계」(2004)

박효종

- 서울대 사범대 교수
- 미국 인디애나대 대학원 정치학 박사
- 교과서포럼 상임대표
  바른사회시민회의 공동대표
- 저서 및 연구실적
  『국가와 권위』(박영사, 2001)
  『민주주의와 권위』(서울대출판부, 2005)

안종범

- 성균관대 경제학과 교수
- 미국 위스콘신대 대학원 경제학 박사
- (전)한국조세연구원 연구위원
  기금운용평가단 총괄반 위원
- 저서 및 연구실적
  『예산사업의 사업평가 연구』(공저, 한국조세연구원, 2002)
  『인적자원 확충과 보호』(나남출판사, 2005)

유호열

- 고려대 북한학과 교수
- 미국 오하이오주립대 대학원 정치학 박사
- 한국정치학회 부회장

북한연구학회 차기회장
통일연구원 연구조정실장 역임
· 저서 및 연구실적
『북한의 재외동포정책』(공저, 집문당, 2002)
『북한의 사회주의 건설과 좌절』(생각의 나무, 2004)

윤창현

· 서울시립대 경영학부 교수
· 미국 시카고대 대학원 경제학 박사
· 바른금융재정포럼 이사장
뉴라이트재단 이사
· 저서 및 연구실적
『금융선물 옵션 거래』(한국금융연수원, 2003)
「파생금융상품을 이용한 효율적 환위험 관리기법에 관한 연구」(2003)

이종열

· 인천대 행정학과 교수
· 미국 뉴욕대 대학원 정치학 박사
· (전)서울행정학회장
정부혁신지방분권위원회 자문위원
· 저서 및 연구실적
『정책학 강의』(공저, 대영문화사, 2000)
"The Theory and Application of Urban Governance"

정인교

· 인하대 경제학부 교수
· 미국 미시간주립대(MSU) 대학원 경제학 박사
· (전)대외경제정책연구원 FTA연구팀장
한국통상학회 부회장
· 저서 및 연구실적
『글로벌시대의 FTA 전략』(편저, 해남, 2005)
『한·미 FTA 논쟁 그 진실은?』(편저, 해남, 2006)

조동근

· 명지대 경제학과 교수
· 미국 신시내티대학교 대학원 경제학 박사
· 한국재정정책학회장 역임
(사)시장경제제도연구소 이사장
· 저서 및 연구실적
『IMF개혁정책의 평가와 한국경제의 신(新)패러다임』(집문당, 2000)
「주한미군의 경제적 가치 추정」(2003)

조희문

· 상명대 영화학과 교수
· 중앙대 대학원 영화학 박사
· 영화평론가
영화진흥위원회 부위원장 역임
· 저서 및 연구실적
『한국영화의 쟁점 1』(집문당, 2002)
「초창기 한국영화사 연구」(1992)

현진권

· 아주대 경제학과 교수
· 미국 카네기멜론대 대학원 정책분석학 박사
· (전)한국조세연구원 연구위원
한국재정학회 편집위원장
바른사회시민회의 사무총장
· 저서 및 연구실적
『조세정책과 소득재분배』(한국조세연구원, 1996)

◎ 혼란과 좌절, 그 4년의 기록: 노무현 정부 4주년 평가

2007년 2월 21일 초판인쇄
2007년 2월 28일 초판발행
편저자 바른사회시민회의
발행인 노 현 철
발행처 도서출판 해남
서울특별시 종로구 교남동 45-1(202호)
전화 739-4822 팩스 720-4823
e-mail haenam30@dreamwiz.com
homepage www.hpub.co.kr
등록 1995. 5. 10 제1-1885호
정 가 15,000원 ISBN 978-89-86703-89-4

저자와
협의하에
인지생략